U0140066

上左起順時針：1937 年我從蘭開斯特男子高中畢業時的畢業照

Winters's Private Collection

在富蘭克林與馬歇爾學院就讀時，以油漆高壓電塔來賺取生活費

Winters's Private Collection

1942 年的喬治亞州塔可亞營。兩個被汰除的官兵傢伙站在小屋前，我是站在左邊的軍官　*Winters's Private Collection*

1942 年在喬治亞州塔可亞營的溫特斯少尉。接下來兩年我會在 506 傘降步兵團的 E 連服役

Winters's Private Collection

上左起順時針：在托塔可亞的訓練結束，秀一下我的新皮外套。

Winters's Private Collection

1943 年，華倫・勞許少尉、路易斯・尼克森少尉和迪克・溫特斯中尉（由左至右）還有賀伯特・索柏上尉，這張照片是在美國本土進行野戰訓練期間拍攝

Army Signal Corps Photograph

506 傘降步兵團 E 連首任連長賀伯特・索柏上尉。索柏上尉是一位強硬的指揮官，他在英格蘭時認為我怠忽職守，把我送軍法審判。從某種角度來看，他在美國本土實施的嚴苛訓練「造就」了 E 連

Army Signal Corps Photograph

我在長達三天三夜的野戰演習結束後休息

Winters's Private Collection

左：菲德烈・「穆斯」・海力格少尉叼著菸斗站在中間。「穆斯」是繼我之後的 E 連連長，1944 年 10 月時在荷蘭受傷 *Army Signal Corps Photograph*

右：溫特斯中尉在英格蘭一場為艾森豪將軍進行的示範跳傘前留影

Winters's Private Collection. Photo by Forrest Guth.

下：溫特斯以及魏許寄宿在英格蘭奧爾本巴恩斯夫婦的雜貨店樓上的房間。左邊的窗戶是我們房間的位置 *Winters's Private Collection*

波頓·克里斯登生下士畫了這張圖來說明帶著腿袋跳傘的適當方式。由於飛機速度過快，D 日當天大部分傘兵的腿袋都搞丟了 *Winters's Private Collection*

1944 年 6 月 5 日，E 連走向 C-47 運輸機，這些飛機將把他們載往諾曼第，以及他們與命運交會之地

Winters's Private Collection

本圖是 D 日當天在布里考特莊園外一門被破壞的 105 公厘榴彈砲。這張照片是在 1987 年時由泰勒將軍交給米歇爾・德・瓦拉維耶，目前在猶他灘頭博物館內展示

Army Signal Corps Photograph

D 日之後，佛洛伊德·泰伯特（左）和瓦爾特·戈登（右）前去拜訪法國農民並合影 *Winters's Private Collection. Photo by Forrest Guth.*

左：1944 年 6 月戰鬥暫時平息的空檔，布萊德雷中將頒發傑出服役十字勳章。一同獲頒傑出服役十字勳章的有 101 空降師師長泰勒少將（左）、卡西迪少校（Patrick F. Cassidy，502 傘降步兵團，左二）、本團牧師約翰·馬隆尼中尉（左四）、洛依德·帕奇上尉（Lloyd Patch，第 1 營，左五）和漢納少校（Harold W. "Hank" Hannah，506 傘降步兵團參三，左六）。我是左邊數來第七位 *Army Signal Corps Photograph*

右：1944 年 7 月返回奧爾本後，陸軍通信兵幫我拍攝的宣傳照片，他們告訴我不要微笑才能營造應有的戰士形象 *Army Signal Corps Photograph*

左：市場花園作戰期間在荷蘭被俘虜的德軍戰俘

Army Signal Corps Photograph

右：英軍第 43 師花了超過兩天時間，行駛了四十英里才抵達奈美根。這張照片顯示 1944 年 9 月 21 日費赫爾和烏登之間「地獄公路」的交通狀況

Army Signal Corps Photograph

1944 年 9 月 18 日，恩荷芬市民歡迎他們的解放者。之後德軍對恩荷芬發動激烈的空中轟炸和砲擊

Army Signal Corps Photograph

1944 年 10 月，兩名 E 連傘兵在「島嶼」作戰期間看守堤防上的防線

Army Signal Corps Photograph

1944 年 10 月 5 日，E 連消滅兩個德軍步兵連之後，在「島嶼」堤防上的狀況

Army Signal Corps Photograph

左：1944 年 10 月 5 日堤防之戰結束之後，副營長迪克・溫特斯上尉在位於荷蘭舒恩德洛赫特的營部外。我滿是不願地離開 E 連去接任營部參謀的職務

Photograph by Al Kroachka / Army Signal Corps Photograph

右：12 月 18 日，E 連第 3 排在穆爾默隆登上十噸火車。次日，E 連和第 2 營在巴斯通東北方進入防禦陣地，以抵擋德軍穿越阿登森林的攻勢 *Army Signal Corps Photograph*

溫特斯上尉（左）和路易士・尼克森（右）。請注意尼克森鋼盔的正面沒有階級徽，如此一來敵軍就不會認出我們是軍官 *Army Signal Corps Photograph*

1945 年 1 月 15 日，第 2 營進攻並奪取巴斯通東北方的高地後，我們進入比利時的諾維勒。就在進攻前不久，我把諾曼・小戴克中尉解職，並指派隆納德・史畢爾中尉接任 E 連連長

Army Signal Corps Photograph

1945 年 3 月，艾森豪五星上將在法國穆爾默隆頒發總統集體嘉獎給 101 空降師，以感謝他們成功防衛巴斯通。這是有史以來首次以一整個師為單位受到如此肯定

Army Signal Corps Photograph

在前往貝希特斯加登的路上，第 2 營解放了德國蘭德斯堡城外布克洛集中營裡的扣留者。親眼目睹納粹暴行後，我告訴自己：「現在我知道為什麼我會在這裡了！」

Army Signal Corps Photograph

上：1945 年 4 月下旬，德軍部隊沿著高速公路朝慕尼黑前進，注意四周沒有美軍警戒兵力。即使是德軍都明瞭戰爭已然結束

Army Signal Corps Photograph

中：1945 年 5 月，我在貝希特斯加登的營部指揮所。1945 年 5 月 7 日，我在這裡收到德國無條件投降的消息

Army Signal Corps Photograph

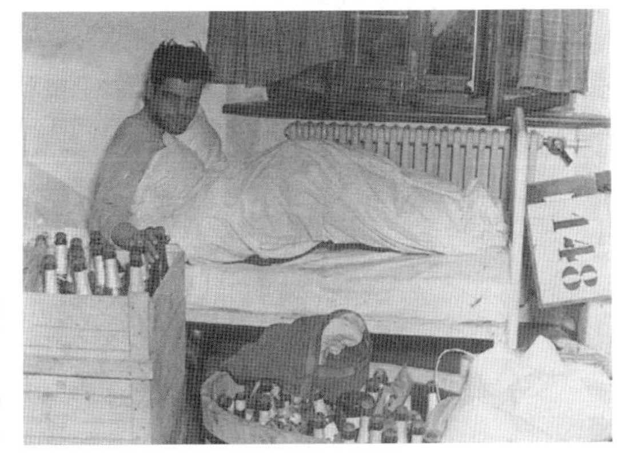

下：託帝國大元帥赫曼·戈林的福，路易士·尼克森上尉正在慶祝歐洲勝利日

Photograph by Al Kroachka / Army Signal Corps Photograph

左：506 團 2 營在貝希特斯加登的營部。體會戰爭結束後那種心滿意足的感覺。從左到右分別是約翰．澤林斯基（John S. Zielinski）、－、－、－、－、史蒂夫．米霍克、尼克森、韓德森（J.D. Henderson）、溫特斯、哈提（Hattie）、考克斯和魏許

Army Signal Corps Photograph

右：佛洛伊德．泰伯特士官長測試德軍的轎車擋風玻璃是否防彈，之後還站在車子上。答案是不防彈。泰伯特是 E 連的資深士官，我認為他是 E 連最棒的士兵

Photo by Al Kroachka / Army Signal Corps

Army Signal Corps Photograph

506 團 2 營在 1945 年 5 月攻占希特勒的鷹巢

Photo by Al Kroachka / Army Signal Corps

我們認為德國南部就跟圖畫一般美麗，但卻比不上奧地利卡普倫的天然景致，2 營在那裡執行占領軍勤務

Army Signal Corps Photograph

任務結束！ 2 營軍官在奧地利卡普倫合影。我站在前排右邊數過來第三個

Photo by Al Kroachka / Army Signal Corps

左：最後終於返鄉。1945 年 12 月，我返回賓州蘭開斯特時拍攝了這張照片

Winters's Private Collection

右：1960 年代，我在農場上敲開石塊，準備建造住宅。我在 D 日時許願，若是活下來，就要一磚一瓦親手打造往後的平靜生活

Winters's Private Collection

希特勒輸掉戰爭的其中兩個原因。2001 年 6 月 6 日，前 E 連連長迪克・溫特斯（左）和隆納德・史畢爾（右）在法國諾曼第會面，參與 HBO 影集《諾曼第大空降》首映活動

Photo by Jake Powers, official historian for Easy Company, 506th PIR. Winters's Private Collection

2001年時，迪克・溫特斯與在HBO影集中飾演溫特斯的演員達米安・路易斯（Damian Lewis）在溫特斯的農場上

Photo setup by Kimberly Butler of People magazine, actual photograph taken by Ethel Winters

2004 年，小布希總統在參訪賓州赫希時和迪克・溫特斯少校握手致意

White House photograph, Winters's Private Collection

2001 年 5 月，迪克・溫特斯和湯姆・布羅考在紐約的海德帕克，作為美國陸軍的代表，獲頒富蘭克林・羅斯福基金會的四大自由／免於恐懼的自由獎。

Photo by Matthew Gillis. Winters's Private Collection

BEYOND BAND OF BROTHERS

溫特斯

作戰・領導・同袍

一位傘兵指揮官的戰場回憶

506傘降步兵團二營營長
Major Dick Winters
理察・溫特斯 少校
Colonel Cole C. Kingseed
柯爾・C・金西德 上校
——合著
于倉和——譯

目錄

第二部　進入阿基里斯的時期

第三部　戰爭的黑暗煉爐

第四部　烽火歲月後的平靜

For Ethel

獻給艾娑

作者序

首先，這不是虛構作品，這些是第二次世界大戰期間發生在真實的人身上的真實故事，其中有我領導的弟兄，還有和我並肩奮戰的士兵。即使到了現在，我依然和許多經過六十年後依然健在的人保持聯繫。

史蒂芬．安布羅斯（Stephen Ambrose）在他的書中稱呼我們是「兄弟連」。然而我們照顧彼此，保護彼此，一同歡笑、一同悲傷，我們甚至真的比親兄弟還更加親密。我們就像孿生兄弟——不管我們當中一人發生什麼事，都會在我們所有人身上發生，我們所有人一起承擔結果，分享感受。

安布羅斯把書寫完之後，整理一番，然後準備寫下一本書，是本大部頭——《D日：諾曼第的巔峰時刻》（*D-Day: The Climactic Battle of World War II*）。他所謂的整理，就是把一個超大的箱子寄給我，裡面裝滿了在《兄弟連》這本書寫作期間所有派上用場的個人傳記，我家因此成了所有這些記憶的儲存庫。我花了一整個冬天的時間來把這些文件分類，並把它們加進我已經為弟兄建立的檔案記錄當中。安布羅斯是按這些資料派上用場的章節順序來大略歸檔，因此我費了好大一番功夫來整理及閱讀，才能把每個人的傳記湊在一起。

我在閱讀這些資料時發現很多好故事，卻基於篇幅原因沒有收錄在《兄弟連》。我當時想過，現在也是這樣覺得，有這麼多故事還「沒有道盡」，實在遺憾。自從這本書出版，尤其是湯姆．漢克斯（Tom Hanks）和史蒂芬．史匹柏（Steven Spielberg）製作的HBO影集《諾曼第大空降》（*Band of Brothers*）播出之後，粉絲的信件蜂擁而至把我給淹沒了。他們有許多疑問，他們想要聽更多故事——我的和弟兄的都要。

這本書就我所知是唯一的辦法，可以觸及那些來自世界各地許多渴望想要更深入了解的人們。不論我閱讀粉絲來信，或是外出演說，聽到的吶喊只有：「告訴我們更多！告訴我們更多！」我不可能寫信給所有這些人或跟他們談話，但其中一位粉絲的來信，簡單扼要地總結了跟我服役過的弟兄的廣泛訴求，以及我想要傳遞的訊息：「艾森豪將軍、巴頓將軍和蒙哥馬利將軍、羅斯福總統、邱吉爾首相都是世界舞台上的巨人。不過，您和您的部下對我來說不一樣。您出身的城市、背景和地方跟我是一樣的，您也會面對一些相同的問題和狀況。您的勝利主要是依靠品格，是超越了能力和天分所致。我並非暗指說您或您的部下缺乏天分和能力，而我對你們的天分和能力深有同感。我絕對沒辦法像邱吉爾那樣滔滔不絕，或是像巴頓那樣野心勃勃，但我可以擁有E連從容的決斷力。我能夠當領導者，能夠忠誠，能夠當好戰友。這些特質是您和您的弟兄在最艱難的狀況下所展現出來的，所以我一定也可以在我的日常生活中做到同樣這些事情。」

另一位從英格蘭寫信給我的年輕人提到，他和二戰沒有特殊淵源：「沒有有趣的家族戰爭故事，也沒有親屬在英勇的行動中陣亡。」然而他對這場衝突有著強烈的情感。有一天晚上他收看《諾曼第大空降》的紀錄片《卓然而立：E連的弟兄們》（*We Stand Alone Together*）時，不禁熱淚盈眶。他細細回想，想要表達對E連弟兄的感激之情：「我對像你這樣素未謀面的人能有什麼情感？還不是因為您在前線賭上了自己的性命，以確保像我這樣的年輕一輩能夠擁有現在的生存環境而換得的尊敬？是因為您可以一天又一天活下去，看著朋友中槍倒地或被炸成碎片，但第二天依然起床準備面對相同的恐懼而敬畏？或者也許是當死者的亡魂看著您如何度過他們無法度過的餘生時，對於您和您的戰友怎麼在戰後恢復到相對平常的狀態而入迷？」

隨著時間過去，馬齒徒長，人們逐漸凋零，就如同戰地記者恩尼・派爾（Ernie Pyle）說的，「古老的戰爭兄弟會」最後一次纏上了我，因此我想要盡可能好好地說出這些「沒有說過的故事」，以榮耀那些曾跟我一起作戰的人們。這些故事有許多都發生在那些不在我們身邊的人們身上，我不知道對他們和他們的家人來說還有什麼比這個更好的東西可以留給後人。更重要的是，我想要分享我的個人回憶，目的是希望我的經驗可以給當今領導人物作為範例，並且供在第一線上獻出性命以維護自由，並且要做出困難決定的那些未來世代參考。

回憶錄的本質是非常個人化的。在戰鬥中，士兵只能描述他對交戰現場的記憶。因此士兵和士官的記錄一般而言會徹底忽略軍隊有指揮鏈、以及那條指揮鏈通常會發揮作用的事實。士官通常會忽略部隊有尉級軍官。有時候有可能會提到連長，或是更罕見的狀況下會提到營長。但大部分回憶錄從不會提及營、團或師級參謀的存在。通常弟兄看起來只會跟團長溝通。

當在整理想法時，我無時無刻都會試圖避免表現出以上提到的種種傾向。我的往事回顧是以我撰寫的戰鬥日誌和我在戰爭期間寄出的信件為基礎，也把真實記錄和當時的作戰報告進行交叉比對。雖然我和史蒂芬．安布羅斯分享了許多往事，但這些回憶還包括許多從未公開出版的素材。我真的非常希望，這些回憶可以幫助你們每一個人，在這個動盪的世界裡能找到屬於你個人的平靜和獨處時刻。

平裝版前言

第二次世界大戰結束五十年之後，歷史學家史蒂芬・安布羅斯在《兄弟連》這本書中講述了第五〇六傘降步兵團E連的故事。十年後，史蒂芬・史匹柏和湯姆・漢克斯製作了贏得艾美獎的ＨＢＯ同名影集。本書可說是作為E連和其傘兵同袍故事的完結篇。那場戰爭持續為當時曾經參戰的國人造成長期負面影響。但也因為如此，其他人才可以自由地生活下去。

當我的傳記終於出版後，我原本期盼只會能找到願意接納它們的讀者，但大眾的反應卻遠超過我的期待。當年最讓我感到愉悅的驚喜，就是這本書的成功。它成功登上《紐約時報》的暢銷書排行榜，這是我從來沒有想過的。我知道這本書已經被翻譯成多種語文，有這麼多讀者想要知道一個普通軍人對戰事的觀察的這件事，就是對E連官兵犧牲的事實的直接回響。弟兄們如此英勇，因此我仍然殫精竭慮，以找出適合的詞彙來形容他們甘願為彼此犧牲一切的奉獻精神和英雄氣概。

除了成千上萬來自世界各地的信件和祝福以外，荷蘭的恩荷芬（Eindhoven）市議會授予我和所有冒著生命危險解放他們家園的盟軍官兵「恩荷芬市獎章」（Medal of the City of Eindhoven），這份獨一無二的獎勵正是我有幸指揮的弟兄英勇和犧牲的證明。我最喜歡的一則故事，就是有個醫生朋友打電話給我，說當他入境布魯塞爾時，海關官員注意到他來自賓夕法尼亞州，便問他是否知道要如何跟迪克·溫特斯聯絡！

正是在這樣的背景下，我帶來了《溫特斯》的平裝版。對我們這一群弟兄來說，他們的功績都記載在這本書裡，但他們也已日薄西山。有許多人已經加入了躺在大西洋兩岸白色十字架下的戰友行列。我很榮幸能夠為他們流傳後世的傑出貢獻盡一份微薄之力。

在我記憶的黃昏時刻，我的思緒總是會回到E連身上。回到一群年輕人聚集在一起，為自由而戰，並且解放了這個世界免於暴政的快樂時光。格外珍貴的是我們和家人、朋友和E連弟兄共同分享經驗的回憶。他們將永垂不朽。這就是我們的故事。

堅持不懈！

迪克・溫特斯

序言

飛機按時起飛，平順又舒適。通常在這樣的飛行中，每個人都會小睡片刻，但今晚我強迫自己醒著，如此我就可以迅速思考和反應，但那些暈機藥似乎讓我的情緒慢了下來。過了一會兒之後，一兵霍根（Joe “Red” Hogan）打算唱首歌，我們有幾個人跟著一起唱，但飛機發動機的轟鳴聲隨即把歌聲淹沒了。我開始做最後的禱告，這是一次漫長、艱難、真誠的祈禱，但根本沒有真正的結尾，因為我在剩下的旅程中會繼續沉思和祈禱。當我們飛抵英吉利海峽上空後，那個景象真的是美極了，但此時此刻我還是沒辦法好好欣賞這個景致。

「二十分鐘後跳傘，」一從飛行員那裡走回來，然後我們的機工長把機門打開。身為這架飛機的跳傘長，我站了起來，並把引張線勾好，再走到機門邊瞧了一下。我可以看到我們前後的飛機排列成大雁編隊、九架並排，它們看起來似乎要把空中給塞滿，天空裡充滿了它們的推力。然後我望向英吉利海峽，看見由各種大小船艦組成的艦隊——規模無比龐大——也正朝著我們要去的地方航行——瑟堡半島。這些船上滿載官兵，他們要依靠我們為其開路。我心裡頓時明白，我們是歷史上最大規模反攻作戰的關鍵部分，我將率領手下士兵首度投入實戰。我繼續祈禱，希望我能夠應付挑戰。

我們通過海岸外的兩座島嶼（海峽群島〔Channel Islands〕的根息島〔Guernsey〕和澤西島〔Jersey〕）；海水一望無盡，編隊很漂亮，還沒有遭遇敵軍火力，接著就飛到陸地上空了。我站在門邊，可以看到高射砲火，而當我們接近後來發現是聖艾格里斯（Ste. Mere-Eglise）的地方時，我觀察到一座巨大的穀倉正在起火燃燒，以及導航組（pathfinder）架設的著陸燈。當德軍用探照燈和高射砲火點亮夜空時，飛行員很自然地開始做出迴避動作，我們進場的速度太快，高度太低。載著密漢中尉（Thomas Meehan）的飛機被擊中，最後墜毀在地面，E連連部除了我以外所有人都陣亡，但我當下還不知道這件事。

「好了，弟兄們！起立，掛掛勾。現在最好隨時準備要跳傘，萬一被擊中，我們不會坐在這裡等死。」

紅燈亮起時，是晚上〇一一〇時，十分鐘過去，一片靜寂。我看見一些高射砲火——藍色、綠色和紅色曳光彈不斷朝我們飛來，情緒也迅速亢奮起來。哇，砲火看起來飛得很慢，但正因為如此，它們看起來非常瘋狂。注意，它們現在都飛到了我們的後方。因為飛機的速度，直接對準我們射擊沒有什麼用，所以德軍開始想辦法調整。高射砲火看似畫出一道弧線，卻落在我們的後方，現在又飛到我們前面，距離近到當它們飛過時，你可以聽見爆裂聲，然後我們的機尾被砲火打中了。直直往前看，我可以看到跳傘區上亮起的燈光。我的老天啊，綠燈亮了。我們現在的速度是每小時一百五十英里，還要飛八分鐘。好，我們走——「比爾．李」（William Carey "Bill" Lee，前一〇一空降師師長）！我的腿袋就這樣不見了，我擁有的每一樣裝備就跟著飛走了。看好啊，弟兄們！看好啊！我的老天爺，他們想用機槍把我打掉。我不斷地下降，試著想要靠近那個腿袋，它就掉在那道籬牆旁邊。那挺該死的爛機槍。這裡有一條路，還有樹木——希望我不會撞到它們。「碰！」好吧感覺還可以，現在趕快把傘脫下來。

我躺在法國的土地上，忙著解開降落傘，機槍子彈每幾分鐘就從我頭頂上呼嘯飛過。更多機槍曳光彈追著飛機打，降落傘一朵接一朵張開。我們所有人都因為離開機身時馬上遇到衝擊力而弄丟了腿袋，裡面裝著大部分武器。我實在想不通，為什麼我們在訓練期間從來沒有練習如何使用腿袋，卻要在這次跳傘中實驗使用這種東西。我之後發現，我們E連這一小股人的腿袋全都不見了，最後只能使用從陣亡士兵身上搜集而來的任何武器。不幸的是，我們不知道這些槍枝是否有適當歸零。但除了生存以外，沒有太多時間考慮其他的事情了。

在小鎮（聖艾格里斯）外圍，我看見一大團火球，後來才發現是一架被擊落的飛機。在遠處，有人不斷敲響教堂的鐘，通報鄰近村落，有空降步兵正在著陸。而每當鐘聲響起，我的背就感到一陣刺痛。著陸時，我身上下唯一的武器，就是我塞在靴子裡的刀子。我把刀子插在地上，然後才去處理我的降落傘。在這種狀況下開始打仗實在是有夠糟糕。

第一部

弟兄們

Band of Brothers

從今天到世界末日……

我們永遠會被記得……

我們這些幸運的少數，我們相繫相依的弟兄。

誰今日與我共同浴血，他就是我的兄弟。

威廉・莎士比亞，《亨利五世》

第一章　一切的起頭

這些青年的臉龐和姓名依然縈繞在我的心頭，他們是年輕的空降官兵，但卻沒有機會在這場戰爭結束後返回家鄉，展開新的生活。我就像其他承擔戰鬥苦難的老兵一樣，生活中不時會浮現當年的景象，都是許久之前的記憶，像是D日當天進攻德軍砲陣地、突擊卡倫坦（Carentan）、在荷蘭朝一條堤防上刺刀衝鋒、還有酷寒的巴斯通（Bastogne）。這些陰沉的回憶沒有逐漸褪去，它們和你一起存活，成為你的一部分，每個人都得克服內在的恐懼。無論是在戰時還是在之後的六十年間，我對我所身陷的戰爭的看法始終如一。我覺得那些在作戰中負傷的士兵是幸運的，因為他們得以因此返回家鄉。對他們來說，戰爭已經結束了，我們其他的人還得日復一日繼續奮戰。如果你有個戰友不幸陣亡，你會凝視著他，希望他可以安息。但我沒辦法確定他們這麼快就擺脫戰爭，到底是幸或不幸。就是因為有這麼多人逝去，其他的人才得以存活。沒有人明白這到底是為什麼。

尋求寧靜的和平是每一位士兵的夢想。不過對某些人而言，他們花費的時間會比其他人更長。不過就個人經驗來說，我發現尋求寧靜比尋求和平簡單得多，真正的和平必定要發自個人內心。隨著我的戰時弟兄以越來越快的速度凋零，遙遠的記憶再度浮現，重新湧現的記憶不再是那些難熬的日子，而是回到令人愉快的時候，回到那些和我有著獨一無二聯繫的夥伴身上，回到那些以各種字面意義來說是我的兄弟的人身上。我每天都和這些人同在，情感依舊強烈。以下就是在戰爭的背景下，我以及我有幸認識的最優秀人物的故事。

——

我是理察・溫特斯（Richard Winters）和伊迪絲・溫特斯（Edith Winters）之子，一九一八年一月二十一日出生在賓夕法尼亞州的蘭開斯特郡（Lancaster）。當我出生的時候，我們家住在蘭開斯特附近的一座小鎮紐荷蘭（New Holland），出生後不久便搬遷到艾夫拉塔

（Ephrata），到了八歲時就定居在蘭開斯特。我對幼年時期最鮮明的記憶，就是我很害怕上學，也害怕身邊的陌生人，簡直怕得要死。等到上了初中的時候，我總算適應了不斷變動的環境，並開始展露某種程度的領導天分。校長很喜歡我，我因此當上學校的交通導護人員，我猜這就是我第一次身負可以展現領導才華的角色。我的成績中等，最喜歡的科目是閱讀和地理，也非常喜歡上體育課，尤其是美式足球、籃球和摔角。我的父親在愛迪生電力公司（Edison Electric Company）擔任領班，週薪四十美元，為了家庭勤奮工作，以確保我們生活無虞。他是個好父親，常常帶我去費城和附近的社區看棒球賽。我的媽媽也是很棒的人，她來自信奉基督教門諾派的家庭，但從未皈依這個信仰；她非常保守，從第一天起就把誠實和紀律灌輸到我的腦海裡。毫無意外，母親無疑是影響我這輩子最深的人。母親生了我，哺育成人、堅持紀律，並教導學會尊重。母親是每天早上最先起床的人，為我和妹妹安（Ann）準備早餐，也是每晚最後就寢的那個。從許多方面來說，她是理想的連長。在潛意識中，我確信我的領導能力是模仿這位傑出女性所樹立的典範。我早年在家生活時，她總是讓我留下要尊重女性的印象。父親則一再告誡我，如果我打算喝酒，應該在家裡喝。不過我下定決心不喝酒，並且一直以來都尊重女性。

我以前最崇拜球星貝比・魯斯（Babe Ruth）和商人米爾頓・赫希（Milton S. Hershey），後者當時在賓州蘭開斯特附近打造出了巧克力王國。每個美國男孩都景仰貝比・魯斯，他是那個時代最受歡迎的棒球選手。至於赫希，他不僅是個精明果斷的生意人，也是偉大的慈善家。一八五七年，赫希出生在賓州中部的一座農場，他相信財富應該用在有益他人的用途上。他運用巧克力生意帶來的財富，進行兩項大規模計畫：在一九〇三年開發賓州的赫希鎮，以及在一九〇九年創辦供孤兒就讀的赫希工業學校（Hershey Industrial School）。學校現在稱為米爾頓・赫希學校，其最早的信託證書上規定，「前來本校就讀的孤兒，可獲得簡單健康且符合衛生的膳食、樸素整潔且舒適的服裝，並提供合適的住宿。主要目標是訓練年輕人實用的手藝和職業技能，這樣他們才能養活自己。」任何願意在生命中致力於為孤兒做點事的人，一定都是好人。因此我非常尊敬赫希先生。

我在大蕭條期間成長，過程十分艱辛，但蘭開斯特郡絕大多數居民就業不成問題。蘭開斯特位於賓州荷語區的中心，當地居民從我們的傳統、門諾教派及艾美許人（Amish）[1]背景的宗教關聯當中發展出一套職業倫理。這套職業倫理深植人心，並說明了一個事實，那就是每一天你都會盡全力精益求精。

一九三七年，我從蘭開斯特男子高中畢業，並獲准進入富蘭克林與馬歇爾學院（Franklin & Marshall College）就讀。我總算開始努力用功讀書，比高中時更加倍努力。我在學校的時候，自然而然地閱讀了大量書籍，涵蓋從詩歌和文學到哲學、倫理道德、宗教、社會學、心理學，以及所有和自由教育有關的其他主題。為了打平學院的開支，我身兼多職，透過除草、在雜貨店工作、為愛迪生電力公司粉刷高壓電塔來賺取學費，尤其後者可能預告了我未來的傘兵生涯。由於學習、工作加上手頭一直都很緊，因此我沒有機會到處去開開眼界，但卻有很多時間能夠透過閱讀來激發我內心的思考和想法。一九四一年六月，我以優異的成績從商學院畢業，獲頒科學和經濟學士文憑。

之後我打算經商，覺得人生光明坦途正在前方等著，但我沒有讓當兵這件事打亂生涯規劃，反而是立即志願加入美國陸軍。由於國會最近剛施行的《兵役暨軍事訓練登記法》（Selective Training and Service Act），每名男性都得服一年兵役，所以我的目的是在自己想要的時間服役，盡我應盡的兵役義務，然後拍拍屁股走人，兩不相欠。我在一九四一年八月

1 編註：門諾派的分支，艾美許人拒絕汽車及電力等現代發明，日常生活維持簡樸。

二十五日正式入伍，雖然我有強烈的責任感，但我一點都不想要加入此時此刻正捲入歐洲的戰爭。我寧可置身事外，也希望美國保持中立。入伍服志願役只不過是擺脫服義務役最快的辦法。我決定不要自告奮勇做任何事情、做事情只做最低限度，只要服役年限一到，就立即返回蘭開斯特老家。我在愛迪生電力公司的領班之前也是個軍人，隨著陸軍入伍的日期逐漸接近，我跟他透露我只是想要打發時間而已。結果他馬上跳起來，態度非常明確地跟我說，我每天都要做到最好，絕對不要變得敷衍取巧。在接下來幾年，我透過父親寄信給他，感謝他當時一語驚醒夢中人。

九月，我在南卡羅來納州的克羅夫特營（Camp Croft）接受新訓。當時付給二等兵的薪俸是每月二十一美元，這個金額跟我在入伍前領的薪資相比根本是天差地遠。我蠻適合軍旅生活，但待在美國陸軍的頭幾個月，最大的特色就是絕大部分時間生活無聊乏味，中間偶爾穿插一些可以振奮精神的短暫活動。到了十二月初，當我隸屬的營裡大部分官兵都部署到巴拿馬時，我卻留在克羅夫特營，訓練徵召進來的新兵和志願兵。我還是喜歡閱讀，但自從加入陸軍後，我便無法享受年輕時的充滿夢想和抱負的奢侈時光。軍隊千方百計地占用了一天二十四小時當中的大部分時間。而到了每一天結束，降旗號響起時，我的身體已經半死不活，大腦關機不能運作了。如果有什麼要說的話，那就是我的人生正漫無目的地漂流著。

不過到了接下來的星期日，我的世界卻發生了翻天覆地的劇變。我們的單位收到了日本人攻擊珍珠港的消息。當我聽說攻擊發生的時候正在休假，於北卡羅來納州艾西維爾（Asheville）郊外的比爾特摩莊園（Biltmore Estate）度過週末。我從最剛開始的震驚回神後，下一個反應卻有點自私，因為我想到我會在部隊裡待超過一年。每個人都心知肚明，自己正在戰爭期間服役。不久之後，我們每個人都會奉派前往戰區。當中沒有人能夠完全確定各自會受到怎麼樣的影響，但唯一的例外是我們全都有腦袋一片空白的感覺。我們國家在沒有做出任何挑釁的狀況下就受到了攻擊。這個國家現在正處於戰爭狀態，我身為教官的職責也急遽轉變。軍隊現在有了明確的目標，軍營裡裡外外的節奏也明顯加快速度。軍官對待我們變得嚴厲許多，不但宣布取消聖誕節休假，信件也要接受審查，每件事的做法都要依據戰時法律來決定。這些改變剛開始讓我覺得毛骨悚然，但當我從不同的角度觀察後，感受就沒有那麼糟了。我們越快報復日本，戰爭就會越快結束。

現在回過頭來看，當戰爭即將爆發的時候，陸軍卻絲毫沒有任何準備。日軍襲擊的兩週之後，克羅夫特營的補給士官把所有人的防毒面具收集起來，運往太平洋海岸，原因是害怕日軍對加州海岸地帶發動攻擊。我無能為力，只是想著這些沒幾個、微不足道的面具——至少是訓練用面具——對於戰爭的結局能有多大的影響。在戰爭的現實讓陸軍徹底脫胎換骨之前，我搭便車回到蘭開斯特的老家，和家人享受了長達十天的假期。

到了一月中旬，陸軍加快了腳步，迅速從和平時期的組織編制轉變為戰爭時期的軍事部隊，整週無休取代了週休一天，這使得我有機會能夠更仔細觀察某些軍官。克羅夫特營裡的大部分軍官都直接從預備軍官訓練團（Reserve Officer Training Corps, ROTC）來的，我的排長也是。但不論是他，或是其他排長，都不曉得自己要做什麼。在一個下雨天，一位中尉前來教導我們的排使用陸軍剛剛採用的新式Ｍ１格蘭德（Garand）三〇－〇六半自動步槍[2]。當他解說這款新武器的術語和操作方式時，他卻拿起了一支一九〇三「春田」步槍（Springfield），然後講Ｍ１足足講了四十五分鐘。這位中尉根本沒發現他手上拿的根本不是Ｍ１步槍，這是我在這天感受到最深刻的挫折。我認為這根本是不應該發生的事情，怎麼會有排長可以蠢成這副德行。

我知道自己比見過的大部分軍官都還要好，所以我想乾脆簽下去。當我們的指揮官問我是否有興趣擔任軍官時，我已經在找機會進入軍官候補學校（Officers Candidate School,

OCS）。我能夠入選可說是非常幸運，因為那個時候我還只是名二等兵而已，大部分指揮官都會挑選身為職業軍人的士官，這種人的經驗顯然比我更加豐富。從那個時候開始，一切事情的進展就變得飛快。我填寫完申請表後，輕輕鬆鬆地通過了另一次體檢，然後接受軍官委員會的審查。我原本希望可以有幾個小時的時間讓我準備面談，但我收到通知，當天下午就要報到。我盡可能表現出充滿自信的樣子，結果顯然成功了。我奉命參加在克羅夫特營為候補軍官舉行長達三週的預科訓練課程。

訓練課程競爭相當激烈，我必須努力才能取得好成績，這是因為差不多每位參與這項課程的學員都至少是中士，而我只是個暫代下士。我把自己和那些老練的士官相比，感覺自己就像是森林裡的小白兔。不過我在經驗上缺乏的東西，可以透過努力學習來彌補。我和其他候補軍官相比有一個優勢，就是受過大學教育，我非常明白學習的重要性，也會把功課做好。

課程內容十分廣泛。頭幾天，來自情報、通訊和重兵器等學校的教官給我們上了綜合

2　編註：是指該槍所使用的子彈型號。「三〇」是口徑為〇．三〇英吋，「〇六」是指一九〇六年的定型年份。由於是由春田兵工廠研製，因此又稱「春田步槍彈」。

課程。到了為期三週的課程結束時，我們對陸軍的每一方面都有簡單扼要的了解。總之我非常投入這個預科課程，也很高興可以接受額外訓練，然後才到喬治亞州的本寧堡（Fort Benning）報到。我埋頭苦幹，以優異的成績結訓，唯一的問題是我到底會被分發到哪個軍官候補班。收到最後的命令，謎底揭曉，我留在克羅夫特營。

正當等待下一個派令的消息時，我曾短暫考慮過另一個職缺，轉調到肯塔基州的諾克斯堡（Fort Knox），參加那裡的軍官候補班，以成為裝甲部隊的一員。這樣有機會可以把所有的不確定畫下句點，並且迅速展開新的生活。我可以在幾天之內就打包離開。不過經過再三考慮，並詢問其他軍官的意見後，我不顧他們大部分人的建議，決定留在步兵。我在這個地面兵種已經有七個月的資歷了，而在本寧堡長達十三個星期的訓練能夠使我的資歷更加紮實，可以讓我有足夠信心。在裝甲部隊，我應該會坐冷板凳。如果想成為軍官、但又沒辦法成為好軍官的話，我會遭天譴。四月六日接獲通知，我要離開克羅夫特營，參加在第二天開訓的課程。

本寧堡位於喬治亞州的哥倫布市郊外的紅色山丘間，別具一格的軍事據點，歷史悠久的陸軍軍營，有現代化的設施。寬闊的道路兩旁有整齊排列的樹木，磚造的兵營內部有現代化家具和閱覽室。候補軍官住在木造營房中，就像在克羅夫特營，但這座營區卻比我曾經待過的要乾淨許多。伙食的份量稱不上多，但整體品質還不錯，事實上甚至跟家裡煮出來的幾乎一樣好。

課堂中使用的設備相當齊全，而且是最好的。每次我走在路上時，都可以看到戰車從旁邊經過，有人從飛機上跳出來，或是從為傘兵建造的跳塔上跳下來。我對繞著本寧堡營區、揹著全套裝備慢跑的傘兵印象格外深刻，聽到他們的精神答數，就知道這個單位士氣高昂且充滿熱忱。

花了幾天把事情確認過一遍之後，我打算問問父母的意見，他們是否會在意我任官之後加入傘兵部隊。當終於說出我的意圖時，他們強烈反對，朋友和鄰居反對的人更多。我通常會聽父母的建議，但是這一次我下定決心要相信自己的判斷。我越是看著傘兵，就越想從軍官候補學校結業後就加入他們的行列。我在本寧堡看過的所有單位中，就屬他們看起來最帥氣、體格也最精實。經歷長達十個月的步兵訓練後，我了解到自己否能生存，取決於身旁的人是誰。傘兵看起來就像是我一直在心目中認定的軍人印象：刻苦、精實、一身古銅色且強悍。當他們在街上走路時，一群人表現出趾高氣昂的驕傲模樣，對其他不是傘兵的人卻表現出還算可以忍受的輕蔑態度。於是我想了又想，決定要和這樣的菁英份子一起合作。在步兵學校裡，傘兵是最精銳的士兵，我想要和最精實的傢伙在一起，而不是我在基地裡常常見到的那些冒失鬼。

此外，體能訓練相當吸引我：跑步的量相當大——早餐前要跑五英里，還有白天去每一個地方也都是用跑的。唯一拖累我的就是游泳，我對游泳很不在行，但這是加入傘兵的要求。另一個賣點是空降部隊的少尉每月薪資達到二百六十八美元，一直持續這個水準蠻不錯的。然而，前提還是要被同意加入才行，所有傘兵都是志願加入，而且是經過精心挑選，才能成為精銳的空降部隊。我認為這就是他們高人一等的原因。最後我如願加入傘兵，但這就意謂著我要在本寧堡多待一個月，然後要去專門給傘兵軍官的進階傘兵學校。

候補軍官課程本身對於體能和心智的要求相當高，但沒有我預期中的那麼困難。一九四二年時，候補軍官學校是個初階課程，其概念是由陸軍參謀長喬治．馬歇爾將軍（George C. Marshall）提出，並由步兵學校校長奧馬爾．布萊德雷准將（Omar N. Bradley）實施。候補軍官一個星期有六天要上課並進行野戰演習，星期六下午和星期日休假。課程的重點在戰鬥領導的基本要素和熟悉武器裝備、步兵戰術，以及一般軍事課目。在一天日常訓練結束後，每晚我們平均還要唸兩個小時的書。經過幾個星期，班本部開會評估，以決定哪幾位候補軍官會是最佳的軍官人選。令人吃驚的是，我這個上了年紀的菜鳥大兵居然贏過老練的士官們。

候補軍官學校的其中一項特色，就是班職幹部異常嚴格。我待在克羅夫特營將近八個月的時間，每日例行檢查從未因為任何毛病被刁難過。不過在四月，我卻在一次兵營檢查時因為兩個小缺點而被記點。和一般的候補軍官相比，這已經算好的了，他們幾乎每天都會被揪出毛病。我們必須把鞋子精準地擺在定位，制服用衣架掛起時間距必須相等，摺疊的毯子大小是七英吋而不是六英寸。幹部在進行每一項檢查的時候，會帶著量尺走來走去，他們每天都在找我們的碴。我們每個人每天晚上都像呆瓜一樣唸書，要是集合時人沒有到，就會被退訓。由於和哥倫布市之間的往來交通非常不方便，我乾脆留在營區唸了三個月的書，偶爾看看電影，吃些冰淇淋。

課程內容涵蓋大量軍事主題，從示範補給的功能到用戰車和卡車對防禦工事進行火力展示。每個星期，軍官和士官都會告訴我們，下個星期會是最困難的一週，而且他們講的都是真的。在兩個星期內，我們就進行了可以說是本班在本寧堡受訓期間最嚴苛的一項考試。主考課目是地圖判讀，但在唸完大學後，考試看起來像是非題般簡單。我一點也不擔心唸書，但是我唸書只是為了要滿足自我。行軍的距離和強度逐漸增加，花更多時間在野外和射擊場上。靶場演練有一個項目引起我的興趣，就是要練習在友軍部隊的頭頂上發射機槍並擊中敵人。我們也要學習如何瞄準某一個目標，然後擊中另一個目標，這個項目的用意是如果敵方施放煙幕，掩蔽主要目標的話，你還是可以有辦法擊中。在結訓前兩個星期，我們完成了課程中有關武器的部分，我鬆了一口氣，滿腦子想的都是手拉柄、閉鎖鐵座、操作桿，還有氣動和復進射擊機制。

我們耗費了大量時間在靶場，之後開始我格外喜歡的戰術訓練。總算可以再動動腦了。有一次的野外演習課目，是要我們觀察一個營對著一條河發動攻擊，而一個工兵連要在冒著敵火、煙幕掩護和敵機攻擊的狀況下搭建人員便橋、車輛便橋和一個渡口。現在回想起來，我覺得這個課程就像是在喬治亞州的沼澤裡進行長達十三個星期的馬拉松。隨著課程即將告一段落，我依然野心勃勃地想要加入空降部隊。我越是深入了解步兵，就對不加入他們一份子這件事越加肯定。本寧堡流傳著一個故事，就是有高達五成的步兵會因為生活在汙穢的環境染病而亡，或是在前線受傷而死亡。在對步兵的生活進行第一手觀察後，我認為步兵是瘋子才幹得下去。

我在後補軍官學校的時候注意到一位候補軍官。路易士・尼克森（Lewis Nixon）出生於一九一八年九月三十日，是名富家子弟。尼克森的爺爺是最後一位以個人身分設計戰鬥艦的設計師[3]，「尼克」在耶魯大學和麻省理工學院受教育，比班上絕大多數其他同學都更有教養。他曾遊歷過世界各國，之後返家在家族經營的尼克森硝化廠（Nixon Nitration Works）任職。這是一家由工業用途轉型的工廠，生產硝酸纖維素，可用在筆、鉛筆、撲克牌用的紙卡和眼鏡架的套子上。尼克森在紐澤西州的迪克斯堡（Fort Dix）入伍，並在克羅夫特營完成新訓。尼克森嗜酒如命，有著自由奔放的心靈，喜好野外生活，並且只和最要好的人派對狂歡。從表面上來看，世界上不會有哪兩個人比起尼克森和我性格更加南轅北轍。我這個人滴酒不沾，也從來不咒罵，比起哥倫布市或是附近阿拉巴馬州的費尼克斯城（Phenix City），我更喜歡在兵營度過寧靜的夜晚。儘管生活型態差距頗大，但我查覺到我們的感受

3 編註：路易士・尼克森一世是一名海軍造船官，生於一八六一年，參與設計美國第一款現代化的印第安納級前無畏艦型戰艦，並且在日後監督美國海軍第一艘潛艇霍蘭號（USS *Holland*, SS-1）的建造工程。

和看待生命的態度是共通的。我能夠理解他，也可以幫助他了解我，以及了解他自己。我們自然而然地建立了友誼，他馬上變成我最親密的朋友。尼克森是跟我在槍林彈雨作戰時，所見識過的第一流的戰鬥軍官。他絕對可靠，且絲毫無所畏懼。

當我們快要結訓時，我發現我對於人生的這一階段即將結束並不感到特別興奮。這是自從我最後一次休假以來感到最沮喪的一次，因為我不知道下一份派令是去哪裡或是去做什麼，還要加上我是否能得到下一次休假。如果我能夠加入傘兵，很可能在結訓的隔天就要奉命報到。若是沒有的話，就可能會收到一份密封的命令，意味著沒有休假，然後直接出發上戰場。這種不確定性讓我感到非常難受。

我們的候補軍官班在一九四二年七月二日結訓。我對這個訓練的整體印象是相當簡單，雖然它稱不上是一段假期，但我卻相當享受這段過程。我們現在踏入了一個令人稱慕的階級，一個陸軍在內部有顯著地位的群體。我們現在贏得了尊重和權威。這是每一個大兵從進入陸軍服役的第一天起的夢想，如今我們即將要唾手可得。小細節現在似乎變得更加重要，像是購買制服。樣式不同的軍官制服已經在幾天前送達，我們的兵營看起來就像一場時裝秀，人們如遊行般到處走來走去，充滿閃閃發亮的階級章和各種飾品，臉上也堆滿微笑。就算我們當中有些人三天之內就要啟程投入戰場，也不受影響。我認為就是這樣，自己好好過，也讓別人好好過。不過，我有時候也很難以置信，我現在已是名軍官了。

隨著結訓，我從美國陸軍光榮退伍，再經由政府的安排，接受軍官的正式任官令，成為一名少尉。在軍官俱樂部用完午餐之後，我們就可以自由地去想去的地方，不過實際上我們當中有少數幾個人已經有任用了。尼克森奉派前往加州的奧德堡（Fort Ord），向當地的憲兵單位報到。空降部隊此時沒有開缺，我返回克羅夫特營訓練另一批剛抵達的士兵。我沒有以軍官的位階在克羅夫特營待太久。準確地說差不多五個星期後，我就收到命令，前往喬治亞州的通斯營（Camp Toombs），向五〇六傘降步兵團（Parachute Infantry Regiment, PIR）報到。剛開始時我痛恨離開克羅夫特營，因為我對我的老單位以及我剛被指派的新連隊相當熟悉。我的排裡面還有四名士兵跟我同鄉，其中包括一位和我一起上大學的，我們還在學校裡一起摔角過。我們之間沒有階級之分，其他軍官對我和這些士兵間的關係相當不悅，但我一點都不在乎。我非常努力地教導這個排。在我出發前，除了兩名士兵以外，他們全都通過射擊考核。在我離開克羅夫特營之前，整個排的人一起送給我一組西華牌（Sheaffer）鋼筆和鉛筆組，以示對我的尊敬。然後我就離開了，離開這座帶給我多采多姿回憶的軍營。

第二章 E連一點也不輕鬆

塔可亞營（Camp Toccoa）前稱通斯營，是五〇六傘降步兵團的誕生地。這座營區位於藍嶺山脈（Blue Ridge）的山麓丘陵間，在喬治亞州的荒野間自成一格。通斯營在改編成空降部隊訓練中心之前，曾經是舊喬治亞州國民兵營區，塔可亞是距離最近的城鎮，它隨即成為第一座傘兵訓練中心的名稱。一千七百四十英尺高的酷拉利山（Mount Currahee）俯瞰著營區，這個字在切羅基（Cherokee）語中是「自立自強」的意思。我被分發到的五〇六傘降步兵團是在一九四二年七月二十日正式成軍，羅伯特・辛克中校（Robert Sink）和羅伯特・斯特耶少校（Robert L. Strayer）分別出任五〇六團團長和第二營營長。他們是最早抵達塔可亞的兩位軍官。兩人會很快就升官，並在E連的命運，以及對我個人的軍人生涯中扮演重要的角色。

辛克是西點軍校一九二七年班校友，將會在整場大戰中指揮五〇六傘兵團。他是個不會含糊其辭，維持嚴格的領導統御手段，並堅決主張絕不可打破紀律的軍官。斯特耶是一名後備軍官，在一九四〇年七月投入現役的行列，他稍後擔任五〇二傘兵團下一個連的連長，然後在一九四二年五月前往本寧堡的步兵軍官學校受訓。位階是少校，作為辛克的主要參謀軍官，直到他在一九四二年九月接任五〇六團二營營長。斯特耶少校在一九四三年初晉升中校，他的營是由營部連、D、E及F連構成，營部連包括一個通訊排、一個輕機槍排和八一公厘迫砲排，以及營部醫官與他的參謀。

經過短暫休假後，我在八月中旬抵達塔可亞。我和尼克森搭乘南部鐵路公司（Southern Railway）的列車，在塔可亞棺材廠（Toccoa Coffin Factory）旁下車後，就直接坐上一輛前往「通斯營」的陸軍卡車。一抵達營區，我們馬上就被帶進五〇六團團部向辛克上校報到。他歡迎我們加入空降部隊，並告訴我們五〇六團是一支實驗部隊——第一個從平民徵兵、並把他們訓練成精銳空降部隊的團。辛克說明，他打算把五〇六團打造成美國陸軍中「他媽最好的部隊」。我向來自詡有識人之明，而辛克上校還真的是激勵人心的人物。當我第一次和辛克碰面時，他正坐在辦公桌後面抽菸，我多少感到畏懼。他帶著西點那種「就是比你強」的態度走過來，我總是會因此而覺得不安。不過，我很快發現我的第一印象錯了。辛克上校是個能力格外出眾的軍官，他對每一位剛上任的軍官都有所期許——他期待軍官做好榜樣，並且在執行任何事情時都要在前方領導。

我被分派到五〇六傘兵團二營E連。當E連在一九四二年七月編成時，它的組織編裝表上總計有八名軍官和一百三十二名士兵。這個連下轄三個步槍排和一個連部組，每個排下轄三個每班十二人的步槍班，還有一個六人迫砲班。E連的每個步槍班都配有一挺機槍，每個迫砲班都有一門六十公厘迫擊砲。來自伊利諾州芝加哥的賀伯特·麥克斯威爾·索柏中尉（Herbert Maxwell Sobel）是E連的第一位成員，也是其連長，副連長是克雷倫斯·赫斯特少尉（Clarence Hester）。每個排都分配了兩名軍官，以防預期中的傷亡，並準備對應美國陸軍的持續擴編。當中絕大部分都是來自候補軍官學校剛分發、或是來自全國各地多間大學的預備軍官訓練團。除了我這個二排排長之外，尼克森、瓦爾特·摩爾（Walter Moore）和薩夫·馬瑟森（Salve "Matt" Matheson）共同成為E連的元老軍官，馬瑟森少尉和摩爾少尉分別擔任第一和第三排排長。

跟辛克上校一樣，索柏中尉也清楚表明，他絕對不會容忍E連出現破壞紀律的狀況。索柏告訴所屬軍官們，E連做任何事都力求第一，而且一定會做到最好。他期待E連在每個可以評量的項目都要成為五〇六團的領頭羊，包括體操、道路行軍、射擊、體能狀況和野戰訓練等方面。要是投入戰鬥的話，索柏要E連能做好萬全準備。在此之前，他會好好訓練這個連，在身心各方面的準備都要達到高水準。和團長相反，索柏中尉並沒有讓我感覺到他能征善戰的印象。但他是連長，我因此下定決心做好我的份內事，把我的排打造成全連第一。

我在塔可亞的第一天就經歷了震撼教育。我在陸軍已經待超過一年，但我所有的經歷都是在更完善的營區，像是克羅夫特營與本寧堡。有那麼一瞬間，我覺得我回到新兵訓練時期，軍官宿舍是由瀝青油紙搭成的小屋，兩名軍官共用一間。宿舍沒有門、沒有窗戶、也沒有電燈，因為這個營區還在建設中，唯一的電燈在廁所裡，一切都很克難。但如果你打算成為傘兵，那你就會知道將過得很辛苦。第一個晚上我坐在那裡，蚊子大軍幾乎要把我生吞活剝。我學到寶貴的一課，就是沒有什麼事情是不會改變的。不過你要想辦法適應，你在小地方習慣了，並期盼狀況可以變得更好。

E連的最初成員當中只有少數人熬過塔可亞的考驗。根據最後任職營部和團部參謀的原E連排長馬瑟森少尉收集的統計數據，在超過四百名志願加入的軍官當中，最後只有一百四十八人成功通過接下來長達十三個星期的訓練。而在超過五千三百名志願入伍的士兵中，有一千八百人通過選拔，可跟著五〇六團到本寧堡去跳傘學校受訓。你想在任何時候退出都可以，你所需要做的，就是從山丘上走下來，前往團部然後報告：「我不幹了。」我決定要咬緊牙根留下來，因為我想要成為最頂尖的一員。幸運的是，我的體能正值顛峰狀態，體能訓練一點也難不倒我。當在塔可亞加入E連時，我身高六英尺，體重一百七十七磅（約八十公斤）。

編成各連後，隨著官兵適應了軍旅生活，訓練也正式開始。訓練計畫持續進行十三週。剛開始幾個星期大部分時間都是在提升官兵的體能，絕大多數人都是最近才入伍，體能普遍不佳。每天要做的體操包括引體向上、仰臥起坐、深蹲、開合跳和跑步。令人吃驚的是，到了第一個星期結束時，這些人的體能開始達到空降部隊的指標。沒有辦法適應的人則被調走。辛克上校要求進行高強度體能鍛鍊——讓每一位官兵都操到筋疲力竭。每一件事情都要用跑的去完成，包括長達六英里來回跑酷拉利山頂。每天都有障礙訓練、體操、無窮無盡的體能訓練、背或不背野戰背包的九英里行軍，刺刀、步槍和機槍每天不離身。二兵羅伯特．

T・史密斯（Robert T. Smith）[1]便發現隨著每一天過去，訓練越來越艱辛。他提到障礙訓練包括「各式各樣的新奇裝置，設計目的是讓你身體的每一條肌肉都會運動到。」

塔可亞的所有士兵都是以平民的身分報到，然後直接展開最初的「新訓」生活。他們的動機不外乎空降勤務的額外加給，以及渴望和「菁英」待在一起的想法。五〇六團可以只保留它想要的，然後將剩下的人員送到其他陸軍單位。它是第一支有權力這樣做的單位，不論是軍官、士官還是士兵都一視同仁。表現無法符合空降部隊嚴苛標準的人，就會被派往「W連」，接著迅速被送往其他部隊。W連是一個特殊單位，編成的目的是要接收部隊，但也要把那些體能不合格、或是在訓練期間「出局」的人送走。幾乎每天都有人成群結隊來到營區，進行比他們在接收中心經歷過更加詳盡的體能評估過後，就會分發到五〇六團的其中一個單位。部隊在營帳過夜，直到陸軍興建足夠的臨時營房為止。軍官剛開始是住在尚未完工、沒有電燈的小屋，下雨時就會泥水橫流。每天晚上都冷得要死，都需要蓋兩條毯子。

定期跑步往返酷拉利山這件事，需要官兵的體能維持在最佳狀態。在營區的閱兵場上，高聳的酷拉利山矗立在眼前，雄偉壯觀。一個星期三或四趟的上山三英里，下山三英里，成了我們體能訓練中不可或缺的一部分。跑步異常艱苦，是真正的致命殺手。要把整個連帶到酷拉利山上，你領著連上弟兄慢跑，一邊精神答數，然後當你感覺到隊伍因為壓力而開始分散，你就把腳步放慢，回到「齊步」行軍；等到隊伍再度靠攏，部隊官兵呼吸回到正常狀態，你又重新加快腳步，回到慢跑。登上酷拉利山的最後一哩路通常是齊步行軍多於慢跑。在一場登上酷拉利山頂再返回營區的自由跑比賽中，我不記得有誰真的能夠用「跑」的到酷拉利山上。來回跑酷拉利一趟的紀錄是四十二分鐘，我自己的最佳紀錄則是四十四分鐘。我根本不是什麼跑者，要咬牙堅持才能完成。

當E連沒有跑上山的時候，索柏中尉就會要求我們跑障礙訓練。在大部分的體能訓練中，障礙訓練是需要在一定時間內完成的練習，每名士兵都得在三分鐘內完成。有些人總是無法做到，他們隨即就被踢出五〇六團。障礙物有各種形式，變化多端，但每個都需要一定程度的靈活度和體力才能克服——所有障礙物的設計都是要鍛鍊跳傘和面對冗長戰鬥時必須運用到的肌肉力量。強化臂力的方法是在一個水平架設的梯子上，只能以兩手交錯抓握的方式通過三十英尺長的水池。一個導致許多人被踢出連隊的特殊障礙是一堵十英尺高的原木

1 編註：最後掛階至上士，擔任連部補給士官。

牆，要自己想辦法爬上去，不能有其他弟兄幫忙。有一名軍官想要喘口氣，於是就躲在牆後面，直到下一個連隊通過這裡。不囉嗦，這位軍官沒多久就被踢出塔可亞了。在每個各別的障礙之間有需要跑步越過的山丘，需要穿越的壕溝，以及需要直接跳躍過去的溝渠。任何人完成這些課目後，早就已經累得不成人形。隨著日子一天天過去，通過這些障礙不費吹灰之力，每位士兵的個人耐力都有顯著改善。

要說塔可亞的訓練強度有多高，這只是保守的講法而已。辛克上校堅持採最高標準，所有人員都是精心挑選出來，而且隨時會被替換，他決心要打造出美國陸軍最精銳、訓練最紮實的單位。在一個星期內，團裡面的每個連都熟悉了制式教練、來回行軍，以及依照兵器手冊操作各人配置的槍械。就我在克羅夫特營和軍官候補學校的經驗來看，跟其他更為艱辛的訓練相比，制式教練可說是令人愉快的消遣活動。野外狀況下的體能訓練要求更高，穿越喬治亞州鄉間的二十五英里健行取代了十英里健行。我們進行的第一場夜間行軍距離是十一英里，索柏中尉要求這樣的耐力檢測要搭配飲水規範：在行軍結束前，所有士兵水壺裡的水一口都不准喝。除了野戰行軍以外，陸軍的志願役士官會負責授課，內容有武器、戰術和跳傘訓練。其中一件需要花點時間來適應的事情，就是刺刀訓練。完成第一次練習過後，你心裡就會不停地深思。把刺刀插進人身體裡，不是一件你可以輕鬆以對的過程。我之前曾經練過摔角，徒手格鬥並不會讓我感到不安。但是要把鋼製的刺刀插進某個人身體裡——多少需要調適。

塔可亞也有模擬用的跳塔，高三十四英尺，能夠讓迫切想要成為傘兵的人練習跳出、引導降落傘和著陸的必要技巧。與實際跳傘相比唯一不同，就是少了離開飛機時螺旋槳造成的強勁氣流。爬上跳塔後，每名傘兵都要綁上降落傘套帶，連接到一條十五英尺長的布帶，也就是引張帶。這條引張帶本身連接在一組滑輪上，滑輪再安裝在一條六十英尺長、通往地面的纜繩，士兵就會在纜繩的終點重重著地。傘兵在跳出假門時，需要擺出正確的姿勢，並做出適當的動作，以專注在跳傘的基本原理，好避免在著地時受傷。另一個訓練站則有懸吊的套帶。綁上套帶後，士兵就會懸掛在那個裝置上，各兵下身的各個部位被壓縮，並感覺到來自各種不同方向的拉扯。綁上套帶懸空後，我們每個人都要練習跳傘五點——檢查身體姿勢並數「一秒鐘、兩秒鐘、三秒鐘」、檢查傘衣和跳傘姿勢、背對風、準備著陸、著陸。

我們在塔可亞的時候，訓練的要求一直都很高。在長達十三個星期的野外訓練期間，我們體驗了喬治亞西部典型的夏季炙熱和紅色塵土。不論天氣狀況，我們的訓練日以繼夜不停歇。面對訓練的步調和強度，有些人則變得意志消沉。無窮無盡的野外行軍，在可以想像得到最糟糕的天氣裡徹夜訓練演習。還有暴露在惡劣天氣，耗盡意志不堅定者的體力。沒有哪個週末是在放假的，大部分星期六上午要花在檢查裝備、步槍、兵營和服裝。沒有多少人可以經過最近剛晉升上尉的索柏檢查之後，而沒有被挑出任何毛病。沒有通過檢查的人——E連大部分人都不曾通過——就會被禁假，還得多跑一趟酷拉利。

隨著訓練進行，在這個講究凝聚力的團級部隊裡頭，長官將E連打造成一個紀律優良的單位。這當中絕大部分要歸功於辛克上校、斯特耶少校、索柏上尉，以及我的同僚排長們。E連面對每一項挑戰，表現超出所有的要求。辛克和索柏都要求每個連要滿足他們建立的現存標準。要是有任何士兵再也無法承受我們的指揮官給E連帶來的沉重壓力，馬上就會被送走。留下來的人只能繼續忍耐。

到了初秋，連上的步兵前往南卡羅來納州，在克萊門森大學（Clemson University）附近宿營，睡在雙人小帳棚裡。他們在該大學所屬的射擊場上完成檢測[2]。機槍兵則留在塔可亞，睡在自己的兵營，並在營區餐廳吃飯。馬瑟森少尉負責機槍射擊場，他擔任教官的表現十分優異。這兩群人都花了整整一星期的時間在射擊場上。每名士兵奉命要非常熟悉連上的每一件武器，從M1格蘭德步槍到四五手槍，再到六〇迫砲。額外訓練的重點著重在組合及分解輕型機槍。當天氣險惡，我們待在兵營無法外出時，地圖和指南針判讀就成為當天的功課。

E連表現卓越的其中一個原因，無疑就是索柏上尉。一九一二年，索柏在芝加哥出生，畢業於卡爾佛軍事學院（Culver Military Academy）[3]，從伊利諾大學畢業後加入後備役軍官，接著於堪薩斯州賴利堡（Fort Riley）擔任憲兵軍官，之後從那裡前來五〇六團。歷史作家史蒂芬·安布羅斯把索柏形容為「散發出傲慢氣息的小暴君」。安布羅斯的講法雖不盡正確，亦不遠矣。索柏身在一個類似船長的絕對權力位置，他是個嚴格的紀律執行者，用鐵腕來統治E連。索柏被大家稱為「黑天鵝」，不論是軍官還是士兵都一樣，而且沒多久這個稱號就因為他的專橫指揮方式而進化成「黑天鵝賀爾」（Herr Black Swan）[4]。他擔任連長，絕對不容忍任何違反紀律或不忠誠的行為，無論是真的還是想像出來的。

2 編註：當時應該是稱克萊門森學院，是一所ROTC體系的民間學校。二戰期間超過六千五百名畢業生被委以軍官職務。直至一九五五年才改制為一般大學。

3 編註：位於印第安納州，是一所高中等級的軍事學校。

4 編註：Herr為德語「先生」的意思，以此暗諷如同當時專橫的納粹政權。

我總以為在基層士兵的眼裡，資淺的連級軍官應該要試著以擔綱連長的分身。可是E連的年輕軍官發現他們就是沒有辦法仿效索柏的形象，也無法內化成那個樣子。索柏不只有不公正而已，他實在是太刻薄了。隨著時間過去，壓力從訓練平民士兵轉移到驗證與考驗連上的領導統御，索柏卻在這時開始畏縮，性格也變得越來越不可理喻。他要是心情不好，就會在檢查的時候看完一行的士兵，然後從中抓出五、六個沾滿髒汙的架槍環或是武器背帶。然後他可能會轉去揪出三或四名「耳朵不乾淨」的士兵。如果索柏看不慣某個人，那他就不可能通過檢查，只能說我們的連長看不慣的人非常多。

每一位在E連服役過的士兵都講得出他所知道的索柏故事，當中有許多都在安布羅斯的《兄弟連》一書中重現。上兵伯特．克里斯登生（Burton P. Christenson）講述他剛開始遇見索柏的故事，跟我自己的經驗沒有太大不同。在向連長室報到後，克里斯登生記得索柏說過：「這個連裡面的每個人都會學到紀律有多重要，並實踐之，否則就沒辦法在這個單位長久待下去。如果你沒有完成指派的工作，或是沒辦法通過審核，你就會被懲處。如果你持續沒有辦法完成我認定是你職責的職務，你傘降步兵的資格就會被拔除。」克里斯登生對這個連長一點好感都沒有，他回想起一起事件，索柏是如何惡毒地羞辱了一名士兵，而他的主要罪狀只不過是輪到他要被連長奚落。在一次的例行檢查，索柏站在上等兵威廉．杜克曼（William Dukeman）面前，上兵杜克曼身高六英尺一，身材健壯魁梧。他的制服總是整潔無暇，然而索柏就是站在那裡，持續仔細觀察杜克曼。接著索柏突然把臉湊近到離杜克曼的臉不到幾英寸的地方，然後用平靜的語氣問：「阿兵哥，你穿的衣服是幾號？」

杜克曼回答：「報告長官，十五號！」

索柏馬上把臉繃緊，開口大吼：「操他媽的，我可以把兩根手指塞進你的脖子和衣服中間！」

杜克曼只回答：「是！長官！」索柏迅速走到下一個人面前，然後在後者身上要找出類似的毛病。

不過就算是索柏，也會暗地取笑一些人在休假或週末點休時的出糗行為。就拿二等兵韋恩．「史基尼」．西斯克（Wayne "Skinny" Sisk）來說好了，他是第一批加入E連的士兵。在一九四〇年代，為了贏得女孩子的芳心，西斯克會使出他身為傘兵的微笑、風趣和魅力。有一次，憲兵在某個星期六下午逮捕了「史基尼」，理由是他和女朋友在鐵軌上親熱。當索柏要他解釋自己的行為時，西斯克回答：「火車到了，她也到了，我就到了。」

可以說索柏是一位難懂又反覆無常的軍官，不管是對上還是對下都難以服眾，不得人心。對在本連服役過的我們來說，他對所有人就是一律打從心底瞧不起，不論是軍官還是士兵都一樣。他三不五時就會脫口罵：「小日本馬上就要做掉你」，還有他那句「衝啊，駿馬！」（Hi-Yo Silver!），讓許多人都在他背後捧腹大笑。我們的連長索柏上尉在戰術環境裡根本無法讓人心安，他沒有辦法判讀地圖，時常迷路，且在遭遇意料之外的狀況時往往會陷入恐慌。他隨即就失去了所屬官兵的敬重。這些人之所以會聽從他的命令行事，只因為想要取得傘兵徽，他們打從心底根本不把他放在眼裡。如果他無法在野外行軍或軍事演習中領導官兵，試問他到底有什麼辦法在戰鬥中領導E連？他無法以身作則，或無法在危機中保持冷靜，很快就會成為全連的麻煩。

儘管索柏有個人缺陷，但他還是驅策連上每位弟兄成為菁英戰士，並且具備把戰火帶到希特勒所在的德國的能力。從這個意義上來說，賀伯特．麥克斯威爾．索柏透過打造一個上下一心行動的戰鬥連隊的方式「成就」了E連。之後到了歐洲，在戰場上獲得任官的卡伍德．李普頓（Carwood Lipton）就提到過，E連跟辛克的五〇六團中每一個連的弟兄都非常類似，不過還是有一個地方不同，E連會團結起來提防索柏。在這樣的狀況下，E連最後的樣貌就跟索柏所預想的有所不同。索柏努力不懈地鞭策我們，當其他連都已經原地解散去洗澡時，他還在繼續操練我們。當五〇六團的其他主官都已經在洗熱水澡並提早用餐時，我們還在外面操練，沿著操場多跑一圈，還得立正站好，看還有沒有人動來動去。沒多久其他連的人都知道索柏上尉這號人物，甚至連團部上上下下的各個軍官都聽說了。沒有人羨慕我們，但是索柏正在打造一個超群不凡的連隊。只是話說回來，我不會無視E連第一批從基層中拔擢的士官所做出的貢獻：卡伍德・李普頓、喬・托伊（Joe Toye）、比爾・葛奈瑞（Bill Guarnere）、佛洛伊德・泰伯特（Floyd Talbert）和其他人。

但也是要幫索柏說點話，他對自己也同樣嚴格要求。他的職責是在相對短的時間內，把「老百姓」轉變成一支有作戰能力的隊伍，他幾乎不讓自己有多餘的享受。斯特耶少校接任營長後不久，他想起有一次因為麾下連長沒有準時參加幹部會議而被懲處。為了證明不是說好玩的，他把各連連長在營區裡關禁閉一整個週末，他們的妻子氣得暴跳如雷。索柏是唯一一位總是準時出席的連長，會按照收到的指示行事，因此沒有受到懲處。另一個值得讚揚的地方，就是他會為了部下能夠調往更高層級的單位，而站出來幫忙說話。E連在前往港口搭船啟程之前，我們的營長有權把任何他認為不適合調度的軍官留下。當索柏聽到斯特耶打算把某位軍官從名單中排除時，他前往營部，慷慨激昂地辯護，最後使得斯特耶同意把當事人留在單位裡，不管改調到營部擔任參謀，讓該員遠離官兵。

困擾E連軍官——包括我在內——的事情，並非索柏著重嚴格的紀律，而是他想要透過恐懼，而非以身作則來領導的欲望。他每天晚上都會抽考我們當日教習過的野戰教範。他的批評非常不留情面，不給你轉圜餘地，語調非常尖銳，就跟銼刀一樣。他大聲斥喝，而不是以正常的方式說話，只會使我們感到煩躁，沒完沒了。軍官可以容忍鋼鐵紀律，但是索柏以無上的權威為武器，趕走連上的任何人。他的行為已經逾越了界線，對待平民士兵的方式令人無法接受。如果在檢閱的時候沒有發現違反紀律的狀況，他就會捏造缺點，以證明他的觀點是對的，或是彰顯他身為連長的權威。對個別士兵而言，索柏吹毛求疵的習性就是十足的懦夫行為，曾經當過步兵的知名作家保羅・福塞爾（Paul Fussell）是這樣說的：「這是心胸狹隘、卑劣，並且把小地方無限放大。」

其他時候，我們的連長會在其他人面前故意讓排長們難堪。毫不意外，索柏快速成為E連內部怨恨和嘲笑的核心對象。一名軍官總結了我們整體對他的評價，說索柏致力於照章行事，但他似乎目光狹隘。他不能、或是不會看見或預料到他的訓練方法用在人身上的結果。

因此，E連弟兄將他們的忠誠和奉獻給予自己的排長，排長則反過來盡一切努力照顧好下面的人，並緩和索柏的獨裁行為。不過有幾名同袍，包括理察・「瑞德」・萊特（Richard "Red" Wright）、泰倫斯・「索提」・哈里斯（Terrence "Salty" Harris）和瓦爾特・摩爾少尉等人，卻為了要擺脫索柏的暴虐，因此志願加入導航組的行列。

E連連長和連上軍官之間存在的任何關係，依然維持高度的專業水準。索柏在連上沒有任何朋友，團裡也寥寥可數。當一天結束時，他走他的路，我們軍官走另一條路，並且希望不要在軍官俱樂部裡碰見他。隨著訓練在一九四三年上半年持續進行，索柏笨拙的戰術指揮方式，加上我們前往海外部署的日期慢慢接近，他的偏執行為日益明顯。我們對他的領導統御完全喪失任何信任。我自己和索柏上尉之間的關係令人痛苦難忘，以至於即使是戰爭結束六十年之後，我回想起第一次和他見面的情景，依然感到痛苦不堪。

那為什麼辛克上校和斯特耶少校要把索柏上尉留任指揮職務呢？我猜測是基於E連相對於團內其他連的表現上。索柏的鐵腕手段，不論好壞，都會產出一個紀律嚴明且體能優異的空降傘兵連。上級長官容忍索柏走鐘的行為，因為他帶來了大家想看到的結果。E連在五〇六團內表現成功的一項指標，就反映在連內軍官被拔擢到營部和團部的人數。高級長官只會安排最有才華的軍官擔任總部參謀，辛克上校和斯特耶少校也不例外。在E連編成的頭八個月，馬瑟森中尉、拉文森中尉（George Lavenson）、尼克森少尉和赫斯特中尉全都分發到二營營部擔任參謀。赫斯特、馬瑟森和尼克森一直擔任斯特耶的參謀，直到辛克上校提拔他們出任團部參謀。就馬瑟森而言，他在D日前就已經奉命前往團部；赫斯特在荷蘭轉調到三營，而尼克森在巴斯通作戰期間加入團部參謀行列；拉文森在卡倫坦城外身負重傷。在戰爭後續時間，營級參謀一有出缺，就會被E連的軍官遞補。從這點來看，索柏確實有一部分功勞。他是個令人滿意的教官，但毫無疑問不是部隊的領導者。我猜想，他應該已經做到最好，但做的是錯誤的工作，只是這不是他的問題。他在芝加哥市區長大，非常不適應擔任精銳步兵單位領導者所要求的戶外生活。索柏比較適合行政勤務，他留在E連，直到作戰迫在眉睫才決定了他的去留——但這些全都是之後的事了。

撇開人際關係和指揮問題，在塔可亞的訓練一如以往的高標準。經過幾個星期的高強度體能訓練後，在大部隊抵達並進行基本步兵訓練之前，辛克上校安排了一架C－47達科塔式運輸機（Dakota）來考核麾下軍官。塔可亞營區的飛機跑道是把一座叫做「迪克丘」（Dicks Hill）的中等大小山丘山頂夷平修築而成，是由勒圖諾土方工程公司（Le Tourneau Earth-

Moving Company）從差不多半山腰的地方剷平，然後加以整地成為飛機跑道。這條跑道非常短，本來是要給派珀「幼崽式」聯絡機起降用的，而不是陸軍的C－47。C－47載運傘兵起飛時所需的長度，可能要到跑道的末端才夠勉強起飛。為了達到起飛速度，飛行員必須沿著山坡的下坡方向俯衝，真的是令人捏一把冷汗。若要降落，飛行員不能直線停下來，因此當來到山坡邊緣，飛行員必須向左或向右轉，同時機翼會伸出到斜坡邊緣上方。從飛機直接跳出，都比它降落要安全得多。

辛克上校為了決定誰來當第一批軍官學員的跳傘長，舉行了一場「小型奧運會」。比賽內容包括在最短時間內來回跑酷拉利，做最多的伏地挺身，做最多次引體向上，還有最短時間內完成障礙訓練。在跑上酷拉利山的時候，我兩腿抽筋，只有瓦爾特．摩爾中尉贏過我；不過我贏得了整場比賽，獲得的獎勵便是成為第一批在塔可亞跳傘的人員當中第一位跳出的人。當飛機爬升到一千英尺時，它在空投區盤旋，速度降到每小時九十英里左右。一名現役陸軍中士指示我們「起立、掛鉤」。把引張帶勾在開傘掛索上後，我就把我的左腳踏在敞開的機門邊緣。我往下盯住空投區，看著底下的玉米田，並把雙手放在機身外緣，接著綠燈亮起，中士大喊：「跳！」

一腳踏進稀薄的空氣，重力帶著我向下，只能任由大自然無情力量的擺布。這是一種興奮的感覺，但我並不覺得有在往下墜落。在首次跳傘的過程中，我的傘差點纏在橫越玉米田、同時也是我們的著陸場的高壓電線上。平安著陸後，我又和其他軍官一起回到飛機上，直到那天晚上我們全都完成五次跳傘。我們全都拿到跳傘資格，可以「捲起褲腳」，這是傘兵的傳統標誌。辛克上校依照這個測考模式，跟著三或四批軍官一起跳傘，直到飛機在降落時發生了意外，他才認為這種方法太過危險，因此團裡剩下的人就改在本寧堡接受測考。當天夜裡，所有軍官聚集在軍官俱樂部，慶祝我們順利成為傘兵軍官。此時杯觥交錯，大家也起鬨跟我開起玩笑，因為我滴酒不沾。

每位經歷過新訓的士兵都可以講出不少故事，且這些故事會隨著時間流逝而不斷加油添醋。辛克和斯特耶都研究出創新的訓練流程，以提升我們的士氣，凝聚單位的向心力。五〇六團離開塔可亞前，辛克上校指示進行最後一次體能鑑測，以汰除團內不適任人員。各連輪流前往鑑測中心，由來自其他營的士官在各關卡負責評量。其中一名士兵，波頓．克里斯登生還記得鑑驗前一天，E連早已準備就緒，自信滿滿地認為每位弟兄此時都正值年輕力壯階段的體能巔峰。鑑測當天，我們從障礙場開始。如果士兵能夠在三分鐘之內順利通過，就可獲得十分，若是未滿三分鐘，每三秒鐘他就能多得到一分。障礙場後，E連行軍前往伏地挺身區，每名士兵都要在這裡做三十個伏地挺身才可獲得十分。每多做一個，受測人就可以多得一分。連上許多人已經打賭索柏沒辦法做到三十個伏地挺身，但是他成功通過這關。下一關是立定跳遠，也是十分，跳得愈遠就可額外加分。

辛克的十項全能接著還有引體向上關卡，每名士兵必須使用單槓，從懸掛姿態做六次正手引體向上到下巴位置。下一關是朝著一堵十英尺高的牆跑去，接著跳躍以抓住牆頂，然後把整個人拉上去越過，這樣就能得到十分。再下來則是在三十五秒之內以鴨子步行走五十碼，這項技藝遠比它聽起來要困難得多。接著要在一塊長滿大約四英寸長青草的平地上衝刺一百碼，若要拿到十分，你得在十三秒內跑完。這個其實不是很難，只是到了這個階段，全連官兵早已快要耗盡體力。最後一關是在一條半英里的跑道上跑一英里。當士兵跑到折返點時，要大聲報上自己的姓名，然後就能得知花費的時間。如果你在六分鐘內跑完這一英里，就可以得到十分。如果在三分鐘內跑完半英里，那就可以另外多得到十分。在這項體能競賽，E連獲得最高分的人有波頓・克里斯登生、戈登・卡爾森（Gordon Carson）、喬治・萊納（George Rainer）、卡伍德・李普頓和羅伯特・范・克林肯（Robert Van Klinken）。他們集體獲得的獎勵包括在連上誇耀的權利，以及在第二天代表連上參加營級競賽的機會。

有關感恩節期間的「豬和內臟考驗」有很多人寫過了。這事情雖然聽起來很嚴重，但實際上沒有那麼糟。這項活動的準備包括用帶刺鐵絲把大約十八英寸高的木樁從頂部串起來，最後形成一張網，大小約為五十至六十英尺長、二十英尺寬，地上會鋪滿豬隻內臟，像是豬心、豬肝、豬腸等等。為了確保你的頭和屁股沒有抬高，他們會架設兩挺三〇機槍朝鐵刺網上方發射實彈，機槍的槍管會靠在二英寸乘四英寸的支架上，三腳架的支腳會用沙包壓住。從基本步兵訓練的角度來看，這樣的安排是要模擬真實的戰場氛圍，我們出於現實的情境，所以會把自己的頭和屁股都壓在內臟上。我真心覺得這項演練棒極了，每個人都記得這件事。

在塔可亞的時候，E連所經歷過最折磨人的操練，就是朝亞特蘭大的野戰行軍，距離是一百一十八英里，時間是一九四二年十二月一日到十二月四日。有些報導指出行軍距離是一百一十二英里，也有的說是一百一十五英里。但誰在意啊？總之累死人！五〇六團部署到本寧堡前，辛克上校發現一篇新聞報導，內容是說日本人實施強行軍，在七十二小時內前進一百英里，穿越了馬來亞半島。辛克下定決心要證明他的手下可以表現得比日本人更好。他挑選二營來證明他的觀點，一營搭乘火車前往喬治亞州的哥倫布市，三營則從亞特蘭大直接行軍前往本寧堡展開傘訓。已經成為營部參謀群擔任行政官的薩夫・馬瑟森中尉，為斯特耶少校規劃路線。這次行軍是全副武裝在罕見的惡劣天氣中進行。上兵史密斯還記得，出發行軍時，是假定本營已經在敵境著陸，只有正常份量的戰鬥口糧和裝備。這場大約一百英里遠的行軍是在崎嶇且泥濘不堪的道路上進行，每天的氣溫都低於冰點。行軍展開時共有五百八十六人，只有十二人沒能從頭到尾走完。根據營的表揚信所載，這整場演練耗費的時間是七十五小時又十五分鐘，實際的行軍時間是三十三小時又三十分鐘。

當全營朝亞特蘭大展開艱苦行軍時，大約在離塔可亞營區大門七英里處，冰冷的冬雨轉變成了冰雪。第一天結束的時候，我們行進了四十四英里，次日則前進了四十英里。我記得第三天的早上最糟糕。由於前一天已經下了一整天的雨，因此當我們在那天深夜紮營時，泥巴足足有一整隻軍靴那麼深。當我們躺下來睡覺時，根本就是人陷在泥巴。我把靴子脫下來，放在我頭旁邊的泥巴。當天夜裡，氣溫驟降，泥巴結凍，等到我醒來的時候，睡袋被凍在泥巴裡面。我全身上下僵硬痠痛得要死，但最慘的部分則是我的靴子被牢牢地凍住，我幾乎沒辦法穿上去，即使把鞋帶全部鬆開也一樣。那天早上我學到的教訓，而且這輩子絕對不會忘記，就是鞋子永遠要買好一點的，寬一點也長一點，因為你的腳在劇烈的壓力下一定會腫脹。

上兵羅伯特．史密斯把這次野戰行軍形容是他所曾經歷過「最悲慘的體驗」。等到了行軍告一段落時，史密斯的膝蓋和腳踝腫得跟什麼一樣，在接下來的三天幾乎沒辦法走路。另一位E連弟兄，戈登．卡爾森還記得那是他所度過最煎熬的四天。從星期二早上七點三十分開始，E連就在寒風和大雨中行進，在喬治亞州的後山間穿過泥濘和雨水。我們在中午十二點十五分停下吃飯，一個小時後繼續行軍，中間沒有停歇，直到晚間八點四十五分抵達紮營區。風勢十分強勁，弟兄們沒辦法順利生火，卡爾森說在星期二夜裡，「是我這輩子所度過最難受的夜晚。」星期二，卡爾森從來沒那麼冷過；星期三，卡爾森從來沒那麼累過。我依然記得清清楚楚，我們最優秀的士兵泰伯特扛著他的機槍吃力地走著，我還可以看到他臉上堅毅的神情。日後我們還建立了跨越階級的私人情誼。泰伯特體格壯碩，十分敬業。你知道一旦你命懸一線，他一定會出現。另一名在我第二排的士兵，德威特．洛厄里（DeWitt Lowery），不只帶著他的輕機槍，也把本連忠誠的吉祥物「酷拉利」裝在他的背包裡。當二營大部分人員抵達塔可亞後不久，我們就收養了酷拉利。牠在E連待了相當久，足以見證所有合格的傘兵在結訓那天收到得來不易的傘徽。

D連和F連也經歷了和E連同樣的苦難。F連的上兵雷歐納德・希克斯（Leonard Hicks）還記得第一天的時候，冷冰冰的雨水把每一樣東西和每一個人都淋濕。他的痛苦加劇，因此開始出現幻覺，聲稱當他們正奮力穿越喬治亞的森林時，他在某一個地方看見兩或三個「強尼・雷布」（Johnny Reb）正看著本營在行動[5]。極度惡劣的天氣也影響到F連的二等士官長威利・摩里斯（Willie Morris），他原本慣有的熱情也隨著整日行軍而逐漸消退。在其他同袍協助下，希克斯和二營其餘官兵於第三天晚間抵達奧格索普大學（Oglethorpe University）的校園。

在「把造物主創造的一切全都詛咒了一遍」之後，經過一夜在奧格索普大學校園停留，全營總算抵達亞特蘭大。據說日後在D日陣亡的三營營長羅伯特・渥佛頓中校（Robert L. Wolverton），只穿襪子就完成了行軍。此刻，我們的行軍壯舉已經是每一家報紙和廣播電台的熱門話題。E連瓦爾特・摩爾中尉的第三排通過終點線時，全排所有人都是自行跨越該線，沒有任何人由他人攙扶，所以由他來率領本營，沿著桃樹街（Peachtree Street）直抵亞

5 編註：意旨南北戰爭時期，南方邦聯的軍人。喬治亞州在內戰時是南方邦聯的一員。

特蘭大市中心的五角區（Five Points）閱兵遊行。其他排反對，因為摩爾違反了「交戰守則」，也就是他的手下為了行軍，把機槍的槍管拆下。但無論如何，第三排還是成了鎂光燈焦點。亞特蘭大市長和其他貴賓向我們道賀，並致贈該市的市鑰。在五角區舉行慶祝儀式後，我們行軍前往火車站，大家一心只想坐上火車前往哥倫布市。

當我回顧過往戰爭期間在E連服勤的官兵，我的思緒總是會回到熬過塔可亞的那群人。直到今天，我的書桌上依然有一份當初塔可亞弟兄的名單，我每天都會拿起來瞧一瞧。每一個在塔可亞之後加入E連的傘兵都只是替補人員。他們當中有許多都是優異的軍人，但終究只是替補人員。塔可亞弟兄們是特別的一群，我總是會最先想到他們。

第三章　從本寧堡到尚克斯營

從抵達本寧堡到部署到英格蘭的這段期間，我們進行了密集的訓練，目的是讓E連做好前往戰場的準備。五〇六團一營比我們更早抵達本寧堡，因為我們花了三天「朝亞特蘭大行軍」。跟在我們之後的是三營，他們進行從亞特蘭大到本寧堡的強行軍。再次回到本寧堡後，我回憶起待在軍官候補學校的那幾個星期，相比之下沒有太多變動，除了營區內士兵的數量，以及營區四周的忙碌活動而已。就像本團其他連一樣，E連預計要進行長達四個星期的傘訓，最密集的時段是跳傘週，那些在塔可亞沒有獲得資格的人需要搭乘C-47跳傘五次，才可獲得夢寐以求的傘徽。一群技術熟練的士官組成的小組負責監督傘訓的過程，弟兄們很高興可以從索柏上尉的直接指揮暫時解脫。軍官就沒有那麼好運，我們大部分人都已經在塔可亞跳過了五次傘了。

在本寧堡的第一個星期都在體能訓練中度過，但五〇六團官兵體格整體看來就是比指導我們進行體能訓練的現役幹部要好很多。不到兩天，幹部就建議全團立即展開下兩個階段的訓練，也就是今日的陸軍所熟悉的「跳塔週」。我們雖不必穿著套帶被吊在半空中幾個小時，但要在三十四英尺高的跳塔上進行額外訓練。一旦通過這些關卡，連上弟兄就要從本寧堡二百五十英尺高的跳塔練習跳傘。幹部仔細鑑定著陸過程，以及個別官兵在下降的過程中操控降落傘的能力。當士兵在一處名為「平底鍋」（Frying Pan）——營房和訓練場所在區域度過他們的時光，軍官則在教室裡上課，並練習操作武器。在課堂和「平底鍋區」當中，軍官要學習騎乘摩托車的基本原理、要上游泳課，還得練習如何和馬匹「相處」。

十二月的最後兩個禮拜，E連是在空投區度過的。只要天氣許可，弟兄們就會完成五次跳傘，然後取得傘徽。第四次跳傘是在聖誕夜當天，經過一天罕見的休假後，弟兄們在十二月二十六日完成最後一跳。面對最後的關鍵時刻，全連只有兩個人當場呆住，拒絕離開飛機。每名士兵此時都收到一份證書，上頭聲明他是一名合格的「傘兵」，並且開始有權利配戴代表傘兵的銀色飛翼徽章。為了慶祝這一刻，辛克上校批准給予每位士兵應得的休假，並告誡我們行為舉止要端正，並在假期結束後準時收假。我十天假期都待在賓州的老家，在那裡度過了跨年。家依然是美妙的地方，但是有了過去幾個月的經驗後，覺得自己成了朋友之間的陌生人。看起來老家的人們似乎沒有意識到，戰爭正在發生當中。

一如所預料到的那樣，某些剛掛上傘徽的傘兵沒有準時收假，但考量到一九四三年一月那時交通網尚未完善，這點還算是尋常事。但辛克上校為了強調他的不悅，他召集全團集合校閱，以迎接遲到的傘兵。馬瑟森中尉下令「稍息」後，便大聲念出每一個連沒有準時收假官兵的姓名。被點到名字的倒楣阿兵哥，就會由兩名持衝鋒槍的士官護送，從隊伍出列來到前面。當團鼓手敲出憂傷的節奏時，軍官就把士兵袖子上的團徽撕了下來，拔下他的傘徽，然後把帽子上的傘兵章也除下。接著一輛吉普車開過來，把這位名譽掃地的士兵的大行軍包放在他腳邊。在全團眾目睽睽之下，這名被懲處的士兵硬著頭皮把褲子脫下來，脫掉傘兵靴後，換上一般的軍靴。隨著鼓聲持續傳來，士官護送這名灰頭土臉的士兵離開空降區。在現場見證這誇張場面的官兵，沒有人不把這當一回事。對一般的步兵來說，因為被譴責而感到尷尬已經很糟了，但在曾一起當兵六個月的朋友和同袍面前從空降團被貶到普通步兵，那就是徹頭徹尾的羞辱了。

雖然有些人也許會質疑辛克上校的作法，但他傳達的訊息絕對是清楚、明白。辛克絕對不會容忍五〇六團出現任何違法亂紀的狀況。從我的觀點來看，上校的懲處並不構成犯罪，但他已經建立一套我不會轉頭就忘記的標準。幾個月之後，E連到了英格蘭，我擔任營部體能教官，當副團長在離各連營房八英里遠的地方說要開會時，我在認為足夠的時間出發前往。然而因為車子沒有出現，我最後遲到了。當被問到遲到的原因時，我解釋了，但副團長質問我為什麼只是在原地等車，而不是直接跑過來。就像辛克上校的「開除儀式」，訊息很清楚——沒有理由：「不要跟我講是別人的錯。把工作做好就對了！」在這次事件過後，直到戰後我從軍中退役為止，我總是戴著手錶。

返回喬治亞州之後，E連和五〇六團其餘官兵行軍十英里，跨過查塔胡奇河（Chattahoochee River），接收本寧堡位在阿拉巴馬州這一側沼澤地中的新營區。官兵現在可以享受更加寬敞的住宿環境，每十五個人共用一座營舍，而不是於本寧堡訓練期間在河的另一邊每二十到二十四個人共住在營舍內。在阿拉巴馬州這邊的時候，我們又跳了一次傘。這段時期的重點是班級和排級的野戰演習。大約同時，斯特耶少校終於得到遲來的晉升，成為中校。

我們的下一站是北卡羅來納州麥考爾營（Camp Mackall），在一九四三年二月抵達。這座軍營是先前的霍夫曼營（Camp Hoffman），在北和南卡羅來納州的荒野中占據面積達六萬二千英畝。麥考爾營的名稱是源自於一名士兵約翰・「湯米」・麥考爾（John "Tommy" Mackall），是二十二歲來自俄亥俄州維斯韋爾（Wellsville）的傘兵。他隸屬於八十二空降師，是第一位在二戰期間捐軀的美國傘兵。由於麥考爾在盟軍登陸北非時陣亡，陸軍部（War Department）於一九四三年二月八日頒布「第六號一般命令」，正式把霍夫曼營更名為麥考爾營。麥考爾營距離北卡羅來納州布拉格堡（Fort Bragg）五十英里，現在是空降指揮部（Airborne Command）的總部和駐地所在。

我們在麥考爾營又另外進行四次傘訓，包括全副武裝跳傘。為了準備海外部署，在野外花了大量的時間。大部分時候，這裡的天氣比起我們朝亞特蘭大的行軍壯舉期間經歷的要糟糕許多。由於在野外待了非常久，弟兄們抱怨從來沒有在暖氣營房的床鋪上好好睡一覺，就一點也不讓人意外了。跟之前的營區相比，現在的訓練更進階，重點擺在排和連的訓練，一連二或三天的野戰演習變得司空見慣。我們接受了嚴格的武器專精訓練，每名士兵都要交叉訓練使用輕步兵連編制內的其他武器。現行的標準作業程序要求傘降步兵攜帶持續三天戰鬥所需的每一樣東西跳傘。傘降步兵仍在襁褓階段，忙於發展戰術準則，結果E連就得實驗各種不同的裝備負荷，把需要小組操作的武器拆解，分給每一名組員。五月二十三日到二十八日，我們從麥考爾營的封閉環境中短暫解脫，前往南卡羅來納州的康登（Camden），在那裡進行野戰訓練演習。

就我個人而言，我正式肩負副連長的職責，其實我已經在這個位子上幹了三個月，卻沒有真除。我去年十月就已經升中尉，所以我的新職務比較符合目前的官階。身為副連長，我的工作就是要在索柏上尉不在的時候指揮本連，並注意連上的行政作業。此時我擔任中尉的資歷已經有六個月，因此有資格繼續往上升，但當然這是不可能的，因為根本沒有缺額。我最想看到成真的事情是，E連越過大洋、投入到戰場。我對於在北卡羅來納州、南卡羅來納州、喬治亞州和阿拉巴馬州的訓練早已心生厭煩。當這場戰爭結束後，我希望自己可以拿出來說嘴的，不是只有在這些南部地方受到的折磨而已。

現在弟兄們都是合格的傘兵，不再是一竅不通的新手。索柏動不動就恐嚇的企圖也開始消失。不過他有時候還是會發作，像是有一次我們這位連長在一次跳傘期間受了點傷。返回營房區之後，他就帶著士官長把E連所有人的儲物箱、衣物和個人用品都翻了一遍。當E連其他人還在打野外時，索柏沒收了所有他認為是違禁品的東西，差不多每一位士兵都有東西被沒收。他過後列出一份清單，寫明違禁品的名稱、物品所有人以及懲處。當這些人回到營房時，他們因為在野外待了好幾天而筋疲力竭、兩腳痠痛、渾身髒兮兮，結果卻發現他們的個人物品亂成一團，有些有價值的私人物品還不見了。對上兵愛德華・提普（Edward Tipper）來說，這種「未經授權的沒收」就是壓垮駱駝的最後一根稻草。他一直就不喜歡索柏上尉，但現在不喜歡已經升級成毫不掩飾的仇恨。結果令人訝異的是，他發現自己轉調到連部擔任索柏的傳令兵，所以在提普的「幫助」下，索柏有時在最需要地圖或指南針的時候，卻發現這些東西不見了。很明顯，弟兄們都希望他們的連長把事情通通搞砸，直到他被撤換，E連部署到戰區時就不會由他坐鎮指揮。

弟兄們關心他們的連長是否有能力在壓力下做出理性決策的這一層顧慮，其實合情合理。在麥考爾營的某一天晚上，連上進行了一次野戰演習，當時E連在樹林裡建立了防禦陣地，我們的計畫是留守陣地，不發出任何聲音，放敵人走進我們的防區，這樣就可以伏擊他們。當我們等待敵人上鉤時，突然間一陣微風吹過，樹上的樹葉開始窸窣作響，索柏馬上跳起來，扯開喉嚨大喊：「他們來了！他們來了！」我們大夥心裡面全都在想，「老天啊，我居然要跟這種人一起上戰場，他會害我們全部陣亡。」

某次演習期間，弟兄們確實做到某種程度的復仇行動。有一回醫務兵抱怨缺乏實地演練，因此包括索柏和D連的傑爾．格羅斯中尉（Jerre Gross）等幾個人被指派擔任「傷患」。如此一來醫務兵就可以練習用繃帶包紮傷口、應急石膏和夾板固定，還有疏散傷患前往團醫療站。到了夜間，醫務兵把格羅斯的鬍子刮乾淨，並給索柏一種麻醉劑，使他失去知覺，然後他們做了一個小切口，模擬「盲腸切除手術」。索柏醒來後，勃然大怒，但醫務兵不知道跑到哪裡去了，也沒有任何一位E連的士兵可以證實醫務兵到底做了哪些事情，所以最後也沒有進行任何調查，而這件事情也成為索柏流傳至今眾多軼事的其中之一。

為消磨少得可憐的自由時間，E連官兵無論何時只要一有機會，他們就會說說笑話，或是打撲克牌。要是收到家中寄來的烘焙食品，通常都會跟同班或同排的同袍分享。E連三排的兩位傘兵「卜派」．文恩（Robert "Popeye" Wynn）和達瑞爾．「席福弟」．包爾斯（Darrell

“Shifty” Powers），兩人直接從維吉尼亞州朴次茅斯（Portsmouth）的造船廠一起加入陸軍，他們都有點安靜且內向，笑起來就跟他們同排的「洋基佬」弟兄一樣開懷。包爾斯還記得一件事，瓦爾特．戈登（Walter Gordon）把他的最後一根香菸給了佛洛伊德．泰伯特，但之後又跟他收取了一毛錢。

到了此時，E連已經成為團內戰力最強的單位，而每一位配戴五〇六團團徽的官兵也都引以為傲。當時收音機中有一首受歡迎的歌曲《傑羅尼莫》（Geronimo），很快就被拿來當成傘兵的歌曲。「傑羅尼莫」成為一種口號，當傘兵即將跳下去時，都會大喊這個字，但是辛克可不會接受在五〇六團裡有這些東西。當時五〇六團是唯一還沒配屬給空降師的合格傘兵團，因此辛克想要做的事情是讓他的團與其他空降部隊區別開來。當我們跳出機艙時，傘兵都會喊出「酷拉利」，藉此與其他曾和我們激烈競爭，甚至可說是彼此帶著容忍的輕蔑看待的部隊與眾不同。就我個人而言，我曾經希望我們以獨立團的身分被派出去，而不是空降師下面的一個單位，且避免掉另外接受六個月的訓練。但我的層級太低，低到還沒有資格做出這種決定。這段期間，辛克上校還著手出版團部的刊物，以提升單位榮譽和向心力。

我們還在麥考爾營的時候，E連還有其他的改變。自塔可亞開始就在監督我們訓練的最早一批士官，已經離開去訓練另一個新編成的空降單位。為了遞補他們，中士詹姆士・迪爾（James Diel）、索提・哈里斯和麥克・芮尼（Mike Ranney）被提拔為上士。比爾・葛奈瑞、卡伍德・李普頓、約翰・馬丁（John Martin）[1]、鮑伯・雷德（Bob Rader）、鮑伯・史密斯（Bob Smith）[2]、巴克・泰勒（Buck Taylor）和莫瑞・羅伯茨（Murray Roberts）則晉升為中士。此外，一些E連的軍官也調往營部擔任參謀，包括尼克森、克雷倫斯・赫斯特和喬治・拉文森。由於我和尼克森感情很好，他離開E連我很難過。一直要到後來我才發現，原來斯特耶中校營長早已得知尼克森正在尋求機會調走，好擺脫索柏上尉。營長在和副營長奧立佛・荷頓少校（Oliver Horton）討論過這個狀況後，決定把尼克森調來擔任參二情報參謀，即使編裝表（TO&E）上的營參二並沒有空缺。事後證明，這將是斯特耶最神來一筆的決定之一。

為了填補排長職位的空缺，幾位新軍官直接從軍官候補學校過來。其中小個子的愛爾蘭硬漢哈利・魏許（Harry Welsh），奉命擔任第一排排長。魏許在賓州東部的煤礦區長大，是位出色的運動員，在游泳和跳水項目獲得州冠軍。珍珠港事變後，他志願加入傘兵，被派往八十二師，卻因為打架，而被從中士降級到列兵總共六次。魏許前往軍官候補學校受訓後，加入五〇六團E連，我們馬上變成密友，之後當我們到達英格蘭時，還會分配到同寢室。

離開麥考爾營之前，本營又進行了一系列漫長的體能測考。二營的合格率約為百分之九十七，是有史以來的營合格率最高的。總部裡一些人懷疑斯特耶中校竄改成績，因此命令我們回到原地，在陸軍部派來的雅布隆斯基上校（Jablonski）監督下重新測驗，這一次外部的觀察人員堅持所有的廚師和勤務人員都要和步兵連官兵一起接受體測。弟兄們為了維護本營的榮譽，上下團結一心，結果總合格率提升到百分之九十八。華府派來的觀察人員證實了測驗結果，並通知斯特耶，他的單位的成績是美國陸軍所有的營級當中最高的。當然不用說，辛克上校和索柏上尉對這個結果都格外高興。

到了五月底，我們連把裝備打包完畢，前往肯塔基州的斯特吉斯（Sturgis），從一九四三年六月五日到七月十五日進行一系列野戰演習，範圍橫跨三個州。演習展開五天後，五〇六團正式納入一〇一空降師節制，師長是空降兵先驅威廉．李少將（William C. Lee），之後在諾曼第陣亡的唐．普拉特准將（Don F. Pratt）則是李少將的副師長，安東尼．

1 編註：有時候也會暱稱為強尼．馬丁。
2 編註：即羅伯特．T．史密斯。

麥考利夫准將（Anthony C. McAuliffe）則奉派出任師砲兵指揮官。在編組一〇一空降師時，陸軍參謀長喬治．馬歇爾和八十二空降師師長馬修．李奇威少將（Matthew Ridgway）把八十二空降師編制內的軍官撥一部分出來，組成至今為人所知的一〇一「嘯鷹」空降師最早的核心軍官團。成為美國陸軍的第二個空降師，我們感到相當光榮。但我還是得老實說，我們以曾經身為獨立傘兵團的一員為傲。

我們在斯特吉斯營接受的訓練是到目前為止最逼真的，來自陸軍部的管制官監督最大規模的傘兵和滑翔機機降步兵聯合演習。儘管索柏上尉在戰場上缺乏信心，但E連擔任紅軍的一部分，和藍軍對抗，表現相當好。正當領導高層還在消化西西里島的空降作戰教訓，以及有關美國海軍在西西里島的基拉（Gela）上空擊落二十三架搭載第五〇四傘降步兵團的運輸機的誤擊友軍爭議時，我們則專心在排級和連級戰術演練。距離更遠的野外行軍，在夜間對敵軍部隊進行迂迴機動，涉水渡過小溪和河流，都為我們帶來在本寧堡或麥考爾營都沒有體驗過的逼真感。演習期間，E連進行了兩次跳傘訓練，其中一次是C－47運輸機拖曳滑翔機到釋放點，之後再把傘兵投放到另一個空降區。從這個空降區開始，我們行軍了幾英里，搭船渡過坎伯蘭河（Cumberland River），最後在肯塔基州的布雷肯里奇營（Camp

Breckinridge）外結束這場野戰演習。演習告一段落，新師長特別褒揚了二營，E連是其三個建制的步槍連之一，李將軍特別提到：「由衷祝賀斯特耶中校率領的二營在最近的行動中表現十分亮眼。」李將軍點出「在軍官和士兵方面，高標準的訓練和幹練的指揮」以及「凌厲的攻擊行動、健全的戰術準則和訓練有素的個人」，表示他「期盼二營所屬人員繼續恪守該營在軍人行為舉止方面所建立的優良名聲。」

七月中旬，我們連進駐布雷肯里奇營。營區內的營房和熱水澡設備讓我們可以擺脫野外的爛泥和塵土，在休息時感到心情愉快，和任何我們曾經待過的地方相比，這座營區簡直就是天堂。布雷肯里奇營距離幾座大城鎮都不遠，且其本身也設有大型PX營站、電影院和士兵俱樂部，這些地方為那些在野外環境待過太多時間的士兵提供宣洩壓力的出口。在七月下旬移防北卡羅來納州布拉格堡，以為海外部署做準備之前，大約有三分之一的人輪流獲得十天休假。收假後，一〇一空降師全體便搭乘火車前往北卡羅來納州。布拉格堡是部署到戰區前的集結地，此時的E連已經滿編，每位士兵都配發全新的裝備。連上花了許多時間在射擊場上，以確保每個人的武器都有適當歸零。我的日常行政工作十分繁忙，但隨著啟程日越來越靠近，我就越來越焦慮。我身為副連長，其中一項職責就是擔任軍郵官（postal officer），這是一項費力的工作，消耗掉我大部分時間。儘管如此，我還是趕上了迫在眉睫的部署時程。不過沒有人確切知道，我們到底是要去太平洋或是歐洲。

思考過去這一年來在E連的訓練，我很驚訝地發現我是多麼喜歡和我一同當兵的弟兄。你想，兩個月沒有在床上好好睡一覺，骯髒的衣服，在田納西州的丘陵間跋山涉水，任何人都會愛上布拉格堡的平靜環境。我唯一想抱怨的，就是他們宣稱特地為傘兵部隊設計的緊急口糧，也就是K口糧和D口糧，這兩種都可以在很短的時間內讓士兵反胃。如果你仔細看口糧的成分表，表面上看起來非常好，但是這種口糧只要吃上一段時間，就不是正常人可以忍受的，因為它們濃縮過頭了。

我們在布拉格堡的時候，辛克上校決定所有軍官都應該有新的軍用雨衣款大衣。他同時還希望軍官俱樂部能夠儲備波本威士忌。每位軍官估計都可獲得一件大衣和一瓶威士忌。我不喝酒，從來沒喝過，所以我根本不曉得他們為什麼選擇我到費城去領大衣和一瓶威士忌的任務；買大衣沒有問題，我手上有一張我要買的大衣尺寸和數量表，以及要聯絡的供應商名稱，波本威士忌就是另一回事了。

現在是戰爭時期，不管什麼東西都要配給，而我正打算購買一卡車的「南方安逸」香甜酒（Southern Comfort）。我搭乘計程車在費城市區繞來繞去，翻遍電話簿，到處尋求建議，但徒勞無功。之後我回到蘭開斯特老家，打電話回團部，希望有進一步建議。第二天，副團長蔡斯中校（Charles Chase）打電話過來，給我一個辛雷威士忌（Schenley）的紐約市經銷商地址。我搭火車前往紐約，找到這家經銷商，見到一位坐在椅子上，腳踩凳子的矮胖男子。我一開始覺得這傢伙應該是有痛風，然後圍繞在他身邊的每一位秘書，都比我這輩子看過的外表更加美艷，打扮更加光鮮亮麗。要是說我在當下感到局促不安，簡直是無法形容我的感受，但我有任務在身——要嘛買到波本，不然就會被槍斃。我處於一股完全陌生的氛圍中：一個出身自門諾派家庭的小孩正面對一個肥仔主管和一群艷麗的秘書，而他是唯一可以幫忙我的人。我告訴他我手上的任務，以及我想要的東西是什麼。他面露微笑並說：「好的，這份訂單我可以處理。」從我的觀點來看，就在此時此地，那位老兄已經為協助打贏第二次世界大戰貢獻了一份力量。接下來的一個小時，我都在簽匯票，因為我當時實在不懂事，居然把錢兌換成二十美元和五十美元的小面額匯票。

一九四三年八月二十二日，全師登上火車，前往北方的尚克斯營（Camp Shanks）。營區位於紐約市以北三十英里遠的哈德遜河畔。當時天氣涼爽，哈德遜河河谷因為秋天到來而充滿五顏六色，十分漂亮，讓我想起賓州南部的起伏丘陵。尚克斯營位於紐約州的奧蘭治堡（Orangeburg），占地二千英畝，是二戰期間美國陸軍最大的啟運營。尚克斯營是以一戰期間紐約港的啟運指揮官大衛・尚克斯少將（David C. Shanks）來命名，於一九四三年一月啟用。戰爭期間，共有一百三十萬名軍人經由這座營區部署到海外，因此這裡有個外號「美國最後一站」（Last Stop USA）。整整四分之三參與D日行動的士兵，還有總計十七個前往歐洲的步兵師都曾穿越它的大門。在前往尚克斯營的路上，我和尼克森及哈利・魏許同坐一節車廂，一起討論我們的最終目的地。當我們繼續向北行駛時，大夥兒相信會前往歐洲。九月一日，五〇六團已經接近尚克斯營。下火車後，弟兄們排成四路縱隊，朝指定的營房行進。每座營房的大小是二十乘一百英尺，設有兩排床鋪和三座燃燒煤炭的大肚爐，可發揮最低限度的暖房功能。由於每位士兵都攜帶一大堆裝備，因此移動前往營舍的路程就顯得十分漫長。大家都希望能夠休個短假前往紐約市，但是士官卻安排我們忙著接種各種疫苗。波頓・克里斯登生說，他挨了那麼多針，導致他的「手臂就像軟綿綿的繩子掛在身體上」。當弟兄終於拿到前往紐約的通行證時，卻因為安全理由，被迫脫掉他們的跳傘靴，把空降部隊章從制服上拆下來。指揮高層擔憂德國間諜會辨識出一〇一空降師，並查明其最終目的地。

又過了幾天，E連前往啟運港。只要搭一小段火車，便可抵達威霍肯（Weehawken），也就是紐澤西州的港區所在，那裡有港勤船可以接駁部隊前往八十八號碼頭。碼頭上，運兵艦已經穩穩繫牢，等待官兵上船。要把五〇六團運往英格蘭的船花費了將近一整天的時間裝載。我們心裡想著索柏上尉寄給我們父母的一封信，他在信中讚揚他們各自的兒子接受的訓練和奉獻的心力，也鼓勵親人要經常寫信，以便「賦予孩子戰鬥的心智。」

登上莎瑪麗亞號（SS *Samaria*）時，軍官菲德烈．「穆斯」．海力格（Fred "Moose" Heyliger）接獲通知，他的太太剛生下一名男孩「小穆斯」。這個消息的副作用，就是全連其餘的人被迫整晚都要聽穆斯唱歌，因為他要慶祝兒子誕生。我們剩下的人惶恐不安，但每位弟兄都感到安慰的是，他是全美國陸軍最精銳單位的其中一員。當我們踏上莎瑪麗亞號的登船跳板時，每個人都心知肚明，不會回頭了。E連要出發前往戰場了。

第四章　心比天老

一九四三年九月初，E連登上英國輪船莎瑪麗亞號，展開橫渡大西洋的旅程。當我們離開紐約港，經過自由女神像時，我很想知道自己到底能不能回來。我跟家人道別了嗎？我們會在沒碰上德軍潛艇的狀況下抵達英格蘭嗎？縱使我們都明白，任務是空降敵後，並且註定要在寡不敵眾的情況下奮戰直到援軍到來，但身為傘兵的身份，仍帶來些許安慰。我們無人有任何戰鬥經驗，對於戰鬥會是什麼樣子也沒什麼概念。隨著紐約逐漸消失在地平線上，我離群而自內心探索，默默向上帝禱告，希望可以平安返家。

我記得最清楚的，就是船上的衛生狀況，髒亂到讓人根本無法忍受。惡劣的伙食，加上我們居然是在垃圾桶裡洗餐具，讓我幾乎都要嘔吐出來。來自賓州阿倫鎮（Allentown）的傘兵福瑞斯特．葛斯（Forrest Guth），他和兩位朋友羅德里克．洛斯托爾（Roderick Strohl）與卡爾．芬斯特馬克爾（Carl Fenstermacher）一起加入傘兵。他還記得船上的傳言，是說英國船員都在吃美國食物，所以傘兵被迫要吃英國食物。而讓他受到最沉重打擊的事情，就是廚師居然在早餐準備了巧達魚湯。在莎瑪麗亞號上待了十天之後，感覺我的肌肉已經失去了所有張力，尤其是雙腿。我不禁想到，萬一我們下船後得直接投入戰鬥的話，想必到時會十分辛苦啊。九月十五日，我們抵達利物浦，立即前往位於倫敦以西大約八十英里處、索茲斯柏立平原（Salisbury Plain）上的威爾特郡奧爾本（Aldbourne, Wiltshire）。奧爾本是典型的古色古香英格蘭小鎮，房舍由磚塊和石頭砌成，繁花盛開，大部分的住家都有打理得相當漂亮的院子，還有五顏六色、美不勝收的花園。我擔任副連長，負責在索柏上尉不在的時候指揮全連，並且在E連進駐新住宿地的時候處理相關行政手續和後勤需求。在抵達英格蘭後的幾天內，部隊就住進新營舍，是尼森式鐵皮屋和油紙小屋，有兩座大型大肚爐可用來暖房。軍官則是先擠進巨大的莊園宅第裡過夜，直到搬進私人房舍。

在接下來的九個月，奧爾本就是E連的家，直到本單位前往出發機場，準備反攻法國。我們在英格蘭鄉間的第一個星期，時間主要是花在熟悉新環境。為了確保美國軍人可以了解同盟國合作的錯綜複雜之處，美國陸軍部發給每位前往英國、準備反攻歐洲占領區的美國軍人一本小手冊。這本小手冊公開傳達的目標，就是要讓年輕的美國大兵準備好在一個迥然不同的國家生活，如何防止和當地居民產生任何摩擦。這本《美國軍人駐英須知》（*Instructions for American Servicemen in Britain*）於一九四二年印行，吸引了眾人的注意力。它坦率地反映了我們在大西洋這一邊的人是如何看待英國人的觀點。這本小冊子告誡美國人要注意行為舉止，當中包括各種命令，諸如不要把美國革命時期「過去的戰爭和老掉牙的怨恨拿出來掛在嘴邊」。如此一來，希特勒的「宣傳伎倆就會失效」，無法離間大西洋的夥伴。如果他的把戲奏效，那麼他的「勝率就會回升」。當局也告誡不要使用我們的盟友可能會感到被冒犯的片語和口語。而評論英國政府或政治、或是批評英國國王，則是兩項不可原諒的罪行。陸軍部向我們保證，英國方面會把我們當成朋友和盟友般歡迎。但我們也應當謹記在心，光是遠渡重洋而來並不會把我們自動變成英雄，「英國有成千上萬穿著圍裙的家庭主婦和穿著短褲的年輕女孩，她們在空襲中經歷過的高爆彈爆炸場面，比許多士兵在上一場戰爭的猛烈砲擊中看過的還要多。」簡單地說，我們的政府指導官兵行為舉止要端正，不要擺出架子，也不要「招搖」，因為美國軍人的薪資通常比英國軍人高。於是E連舉辦旅遊活動，拜訪當地酒吧，會見村鎮官員，大致上熟悉了英國習俗。我們隨即發現，英國人有很多地方跟美國人類似。但從其他方面來看，我們就像是從另一個星球來的，建築管線、電燈線路、家具、暖氣和烹飪看似比我在美國已經習慣的要落後好幾個光年。大部分英國人都沒有吃過爆米花、棉花糖、熱狗和其他被他們定義為完全是美國佬才會吃的食物。他們也不像我們那樣擁有大量且變化多端的表達形容詞，而且我們的表達方式對他們來說往往意味著完全不同的意義。

我們在英格蘭度過第一個星期後，軍官經過分配，住進私人住宅。我們這間莊園不是那麼寬敞，我想找機會逃避擁擠的環境，因此前往一間當地的教堂，結果幸運地遇見巴恩斯。在不久前的不列顛之役期間，巴恩斯家失去了一個在皇家空軍服役的兒子。我第一次見到這對夫婦，是在我到英格蘭的第一個星期日的教會禮拜之後，我步行前往毗連的墓園，坐在一張長椅上，花點時間自我思考一些事情，並單純地享受片刻的孤寂。我環顧墓園，注意到一對年長的夫婦正在照料其中一座墳，他們之後就坐在旁邊的長椅上，我們三個人聊了將近一個小時。他們告知，自己是法蘭西斯·巴恩斯（Francis Barnes）夫婦，他們正在祭拜兒子羅伯特。巴恩斯夫婦邀請我一起喝下午茶，我親切地接受他們的邀請。接下來的幾個星期，我都會偶爾碰到他們，之後當我們單位提出在當地社區安排住宿的要求時，巴恩斯家自願接待兩位軍官，只要其中一位是我就好。

我和哈利．魏許少尉搬了進去，巴恩斯家很快就接納了我，視我為家中一份子。巴恩斯家還接待了一個來自倫敦的孩子，十三歲的艾蓮．史蒂芬斯（Elaine Stevens），她因為倫敦遭受轟炸淪為難民。我的妹妹安也是十三歲，他們因此成了筆友。我的個人住所就在他們家雜貨店的樓上，和他們一家人住在一起。空間不大，我們睡在行軍床上，但因為有著家庭的舒適感，因此成為遠離人群和軍營、令人愉快的喘息空間。哈利．魏許在閒暇時都會去離我們住處沒幾步路的酒吧，而我整晚都和巴恩斯一家人在一起。

我覺得和巴恩斯家一起生活非常適合我，我十分感激法蘭西斯．巴恩斯和他的太太為我做的一切。他們讓我有個家、有家人，在一天的訓練結束後有個壁爐可以取暖，他們待我如他們的兒子。法蘭西斯．巴恩斯是奧爾本三間教堂其中一間的義務牧師，每逢星期日，他們總是特別邀請我前往教堂，巴恩斯先生負責佈道，巴恩斯夫人則彈管風琴。我會穿著全套軍裝，坐在前排的中間。大部分的禮拜日，我是教堂裡唯一的軍人，但是我明白，即使我一個字不說，大家都知道我的生活面貌。

晚間一般的狀況，巴恩斯太太會在晚上九點前敲敲我的房門，然後說：「溫特斯中尉，你要下樓聽新聞，順便喝杯茶嗎？」我們圍繞有大塊泥炭悶燒的壁爐四周坐下，聽著英國國家廣播公司（BBC）播報新聞。接著每個人聚集在桌子周圍，巴恩斯先生會讀聖經裡的一段話，然後禱告。之後巴恩斯太太會給大家茶和餅乾，或一些新鮮的麵包。大約晚上十點左右，巴恩斯先生就會宣布該上床睡覺了。

我和巴恩斯一家人往來，是我這輩子感到最愉快的經歷之一。他們讓我為接下來的任務做好心理上的準備，我觀察到他們的喪子之痛，而當我在諾曼第及隨後的戰役裡失去一些弟兄時，也體驗到類似的感覺。巴恩斯夫婦給了我時間反思，在反攻展開前九個月的時間裡研究各種教範，幫助我塑造了自我人格，並磨練我的領導技能。這段塑造我人格的重要時期，延續並發展了我父母啟蒙的根本特質，對我的人生產生了深遠的影響。今天，我明白巴恩斯一家所做的，是幫助我發展出優良領導統御中的最基本元素——以身作則，樹立好榜樣。戰爭過後，巴恩斯太太又活了多年，我依然十分珍惜他們給我的記憶。好幾年之後，我和史蒂芬・安布羅斯一起重返奧爾本，便抽出幾分鐘的時間前往他們的墓前獻花，然後坐在許多年前第一次遇見他們時所坐的同一張長椅上，遙想這對令人難以忘懷的夫婦。

我們到英格蘭是為了要準備上戰場，不是到鄉間旅遊，日子在激烈的訓練中度過。一個星期有六天都在訓練，一般而言每週的訓練包括長時間行軍、射擊訓練和模擬夜間攻擊。行軍的距離視情況而定，有時候會長達二十五英里，並且會格外注重體能調節。地圖判讀依然是每一場野戰演習中的重要課目，E連每星期都會進行一場二或三天的野戰訓練演習。索柏上尉在野外的表現依然差勁，讓手下排長和弟兄們感到更加惱怒。他的行為作風依然專斷獨行，缺乏彈性且充滿偏執，就好像他還在塔可亞那樣。連上的緊張氣氛不斷升高，尤其是軍官之間，因為他們一肩扛起讓手下官兵做好戰鬥準備的主要責任。

壓力最明顯的地方就是來自索柏本人。他在美國國內所實施的懲罰往往是卑鄙且有損人格的。但在英格蘭，懲罰卻超出了正常狀態，變成徹徹底底的慘無人道。如果有人太晚返回營區，他就得在一天的訓練結束後，在夜間用他的掘壕工具挖出一個六英尺見方的大坑，而不是派去做廚房雜役。當這位士兵挖好大坑後，索柏會告訴他：「把坑填滿。」我們的指揮官沒有能力做出決策，再加上無戰術能力，結果就是不論軍官還是士兵，都更離心離德。雖然索柏在他可控制一切的事情上還是可以發揮部分效果，但在靈活變通與制敵機先才是存活關鍵的戰鬥情境中，他可是一點用處都沒有。士官隨即開始抱怨，E連上下充斥著分歧。雖然這樣的言論在任何單位對紀律絕對是有害，但索柏就不是一塊能夠領導戰鬥的料子。雖然官兵可以忍受嚴格的人，但就是害怕由索柏帶領他們投入戰鬥。抵達英格蘭後的第二個月，事態終於一發不可收拾，我發現自己正處於風暴的中心。索柏上尉和我之間緊接而來的衝突，凸顯出E連內部最佳和最差的領導能力之差異。

十月三十日，斯特耶中校表定將檢查E連內務。索柏命令我在上午一〇〇〇時檢查廁所，也就是斯特耶抵達前的一小時。〇九三〇時，我也收到來自營部的命令，要審查士兵的信件。我完成這項例行工作後，在一〇〇〇時準時進入廁所。令我感到詫異的是，索柏已經在裡面，並親自檢查。他一個字也沒說就離開廁所，經過我身旁時完全忽略我的存在。走在他後面的是負責打掃廁所的一兵約阿金・梅洛（Joachim Melo），他手上還拿著濕拖把。梅洛全身上下濕透，整個人髒兮兮，鬍子沒刮，頭髮也沒有梳整齊。他看起來（我確定感覺得到）就像是剛完成苦差事一樣。索柏一個字也沒說就離開了。我自己繼續檢查，發現梅洛把差事幹得相當好。我在四十五分鐘後步行前往連部時，連士官長伊凡斯（William Evans）

遞給我一份正式文書。文件上要求我以簽署的方式回覆，事緣本人是否願意因為在上午〇九四五時沒有依照連長的指示檢查廁所而接受內部的懲處，或我是否要求上軍事法庭。我立即前往索柏的辦公室澄清這項誤會。

「上尉，我收到的命令是在一〇〇〇時檢查廁所。」

他回應：「我把時間改到〇九四五時。」

「我沒有收到改時間的通知。」

「我打過電話了，還有派傳令兵。」

我真的是受夠了——又一個索柏把持E連連長這個位子時，耍卑鄙伎倆的例子。索柏上尉此時正在質疑我的正直和責任感，我的懲罰是直到十二月中旬前都得禁足，不得有四十八小時的離營休假。但我一點也不在乎，因為我比較喜歡待在巴恩斯家裡研讀各種手冊，無論如何我已經很少離開奧爾本了，現在原則才是重點。斯特耶中校檢查內務完畢，E連也以優異表現順利通過，我立即返回索柏的辦公室，要求接受軍法審判。奧爾本就是個小村落，沒多久全連的人都曉得這件事了。過了幾天，斯特耶中校指示副營長進行初步調查，而在這段過渡期間，他把我轉調到營部連，指派我擔任營部食勤軍官，直到軍法審判結束。我對這樣的轉調感到十分心碎，因為我不再是指揮作戰的軍官。按照慣例，食勤勤務都是由那些未達標準的軍官負責。想深一層，我可以理解斯特耶沒有太多選擇，如果連長要對自己的副手進行軍事審判的話，把我留在E連是不利的。這次調動無法舒緩因我離開與其一起訓練了一年多的弟兄而感受到的痛苦。這是自從我加入陸軍以來，第一次不是在野戰部隊，或不是擔任部隊指揮職。

我突然被調到營部和營部連，隨即引爆連上士官的滿腔怒火。由於索柏仍擔任連長，士官們決定要把事情鬧大。當我的軍事法庭審判正式公布時，我馬上就聽到有人打算造反的傳言。麥克·芮尼和「索提」·哈里斯上士就是幕後推手，他們呼籲所有連上士官到休息室集合，討論他們接下來要做的事。只有少數士官沒有出席，這是因為芮尼和哈里斯不希望在他們決定採取什麼樣的行動之前，就先走漏風聲讓索柏知道。他們邀請我參與會議，我現身了，但告訴他們什麼事情都不要做——任何造反行為本身就是要受軍事審判的罪行。正當我懇求他們不要做出任何反抗的舉動時，索柏就在這時走了進來。現場每一個人都呆住了，頓時鴉雀無聲。芮尼第一個回過神來，繼續開口說出類似「現在我們要怎麼改善體操計畫」之類的話。但我敢說這當然瞞不住索柏，不過他一句話也沒說，拿了本書就走了。我隨即離去，返回營部。經過仔細商議後，士官們決定繞過營部，直接對團長辛克上校提出正式抗議。每個人都寫了一封針對索柏的正式抗議信函，並辭去士官職務。

面對E連內部的反抗聲浪，以及瀰漫全團的領導危機，辛克把士官們集合起來，痛罵了他們一頓。他直接了當地告訴這些士官，根據《軍律條款》，他絕對可以把他們都槍斃。最後團長把哈里斯調離本團，把芮尼降級成一兵。在D日之前，芮尼回到E連，但哈里斯仍留在導航組，在即將來臨的反攻行動中扮演重要角色，隨後在荷蘭陣亡。這次「士官叛亂」規模之大，很可能防止了對其他士官採取懲戒處分。過了幾天，辛克指派索柏去布爾頓福里（Chilton Foliat），指揮本師新的訓練中心。然後在一九四四年二月，指派B連的湯瑪斯．密漢中尉來指揮E連。索柏在E連的任期就以這種不光彩的方式劃下句點。A連的派翠克．史威尼中尉（Patrick Sweeney）暫時接手擔任副連長，直到我在反攻行動前夕返回，重新擔任此職。

十一月十一日，斯特耶中校根據《軍律條款》，撤銷了對我的懲處。不久之後，副營長荷頓少校攔住我並笑說：「你給我弄了個棘手的問題，得想法子找出如何搓掉軍法審判的辦法。我們拿出軍事法庭手冊，並且花了好幾天的時間拼命研究。」當我重新回到E連，我不再是副連長，而是第一排排長。不用說，我重獲指揮部隊的職務，我當然非常高興。現在索柏已經離開，E連再度恢復正常。戰爭期間，我只見過索柏一次。當時我們的營正駐防在穆爾默隆（Mourmelon），我已經是少校，索柏上尉在一條廢棄的商店街從我身旁走過。他完全不理會我，自顧自地走著。在他完全從我身邊經過且沒有打招呼之後，我停下了腳步，轉身說：「上尉，我們應該要懂得識別且尊重官階！」索柏停了下來，轉過身，立正站好，並說：「是，長官！」我們相互敬禮後，他就繼續往前走。這是我甜蜜的復仇——索柏欠我的東西，這下總算給我討回來了！

———

辛克上校對我的軍法審訊過程所做的調解，是他個人第二次出手干預，挽救我的前途。當還在塔可亞的時候，辛克首度觀察我帶頭做體操，我就對他懷有無比的尊敬。他之後提拔我為中尉，確保我可以擔任副連長。由於我近期與索柏的衝突，在一般狀況下，我絕對無法重返E連。我之後發現士官私底下要求我回去。辛克讓這件事成真，而在接下來的戰時歲月，他密切注意我的升遷歷程。我不知道為何對我這麼有興趣，但身為主官，他在讓我升遷的這件事情上，一直發揮著重大作用。

不知不覺，我們度過了一九四一年十二月七日的第二個週年。日軍的攻擊已經過了兩年，但從某些角度來看感覺似乎是更久之前的事情。與剛服役時相比，我確實感覺更成熟、更堅強。空降部隊帶給一個人各式各樣的痛苦與傷痕。而從好的方面來看，身為精銳部隊的一員，也讓每個人留下等量齊觀的回憶：有些好的，也有些不那麼好的。無論如何，密漢中尉的到來，為E連帶來了更為和諧的領導統御環境，而我們也隨之進入了自塔可亞時期以來最嚴苛的訓練階段。

進入一九四四年之後，軍事行動日趨升溫。每個人都預期反攻作戰將會在春天展開。聖誕節罕見地放了一天假，二月下旬，我休假一星期，遊覽了蘇格蘭。在歐洲戰區待了六個月之後，我相當渴望看到一些能讓我想起家鄉的事物，格拉斯哥和愛丁堡都正合我意，之後又遊歷了普利茅斯、牛津和倫敦。有很多事情等著我去做：溜冰、舞台表演、高檔劇院還有眾多的餐廳等等。儘管如此，在英格蘭旅遊或出行不是什麼很有趣的事情。燈火管制讓我跌跌撞撞，迷失在陌生的城市，希望上帝讓我擺脫這一切，投入真正的戰鬥。不過我還是為家人買了一些東西，給妹妹買了一頂蘇格蘭帽，給母親買了漂亮的銀項鍊和項鍊盒，買給父親一把刀柄鑲了珍珠的刀子。此外，我也買了一把「匕首」，或斯提雷托折疊刀（stiletto），塞在我的靴子裡。總而言之，在下一輪的訓練之前，這次休假確實讓我好好地放鬆了一下。

英格蘭冗長的冬季充滿許多漫長、黑暗且大霧迷茫的夜晚。之後春天終於到來，人們忘記了英國鄉村的特色，就是連續幾個月太陽沒有露臉，陰雨綿綿且遍地泥濘。從三月到五月，E連一如往常，經常進行野外訓練。我們進行夜間操演，包括夜間跳傘與夜間進攻。在D日前的春季這段期間，我們在英格蘭進行了五趟跳傘訓練。這些練習當中只有一次，也就是在三月十二日的空投，是夜間跳傘。為了熟悉每一樣武器，我嘗試每次跳傘都攜帶不同的武器。一般來說，把武器放在裝備包中投下會很難找到它們，或是將人在裝備包旁集結。這點在夜間跳傘來說尤其如此。雖然我們尚未收到反攻行動的正式命令，但不難判斷接下來會發生什麼事。大部分野戰演習，我們對火砲陣地、堤道、橋梁和其他可能的堅強據點展開攻擊。為了迫在眉睫的反攻，我們進行的預演包括全師的大規模空投，例如五月十二日在紐伯里（Newberry）舉行的「老鷹行動」（Operation Eagle），這次跳傘有一千零五十架飛機和超過一萬五千名傘兵參與。在前往空投區時，我們飛了兩個半小時才離開飛機。幸運的是，本連的表現相當好，大家都迫不及待想投入戰鬥。

在春季這段時間，許多高階將領都前來視察一〇一空降師。搶頭香的是二十一集團軍司令蒙哥馬利將軍。他要做的事情，就是對駐紮在英格蘭的每一個師演講——他把這稱呼為「作育」部隊。蒙哥馬利有個本事，就是他可以用官兵都清楚易懂的語言來對他們演說，而不是用高高在上的態度跟他們講話，或是想辦法讓大家對他的軍階和地位留下印象。從各種意義上來說，他是軍人中的軍人。蒙哥馬利讓我印象最深刻的是，他的生活方式沒有任何可指摘之處，而且很容易讓他身邊的參謀以他為榜樣。蒙哥馬利讓我們圍繞在他的吉普車周圍，並告訴我們脫下鋼盔，這樣他才可以看見我們的面容。他提到，德國佬遭遇我們的時候，他會多麼地憐憫對方。緊跟在蒙哥馬利之後的，是最高統帥艾森豪將軍，還有美軍第一軍團司令布萊德雷中將。英國首相邱吉爾也加入艾森豪和布萊德雷的行列，在三月下旬視察英美聯軍跳傘。看台上還有我們的新師長麥斯威爾・泰勒將軍（Maxwell Taylor），他在李將軍因輕度心臟病發返回美國後接任師長。

泰勒是位有趣的師長，但他從未享有如同前任「美國空降之父」受到的尊敬和欽佩。在連這個層級，我幾乎不會接觸到這位新師長，直到反攻前兩個月。那次相遇並沒有讓人感到愉快，甚至使人回想起索柏上尉仍是連長時E連官兵的遭遇。在當時，身為第一排排長，我的工作是確保師部的安全，毫無疑問我努力地保持警覺，也讓每個士兵都同樣這樣做。泰勒將軍的作戰命令，規定每個士兵都要隨時隨地戴著鋼盔。一天早上，我外出視察哨所，碰巧泰勒將軍也離開了他的主帥帳。我手下一名士兵因為他的突然出現而嚇了一跳，就從睡夢中坐起身來，然而就在起身的過程中，他的鋼盔從頭上掉了下來。當泰勒的吉普車從旁邊經過的時候，他就要車子停下來，記下那名士兵的名字，並問他的排長是誰。不到幾個小時，我就奉命前往師部報到，並且根據「軍律條款」受到懲處，原因是在最近的一次模擬戰鬥中，我沒有做到要求手下的人員戴好鋼盔。根據師長本人的意思，我未能嚴格執行訓練備忘錄相關規定的行為，證明了「沒有充分了解這道指令所具備在實戰中保障本人指揮權的重要性」。由於我的輕率，罰款二十五美元。當時的二十五美元是相當大的金額，真的讓我很痛。我覺得泰勒所謂的違規行為是不正當、不公平且不合理的。我個人認為，鋼盔意外掉落幾乎用不著採取紀律處分，但我只能心不甘情不願地接受懲罰。

於公於私，一九四四年的春季也對我造成深遠影響。四月時，我寄了足夠的錢回家，幫助父母償還他們的房屋貸款。我對自己感到滿滿的驕傲。我曾經提過，有意從歐洲返鄉經營農場，父親說他會幫我留意。不過自從我加入陸軍，經歷過一些事情後，現在的我不太確定可以滿足於留在一座小鎮上度過餘生。我後來明瞭，認為自己解甲歸田後，把制服脫下換成便服，就可以適應平民生活這個想法是不正確的。當這場殘忍的戰爭結束後，我再也不要留在家裡去適應平民生活。我開玩笑地說，我也許會在一艘不定期貨輪上找到一份普通船員的差事，或是在一艘客輪上從事某種工作四海為家，直到我好好見過了世面，或是直到我厭倦了旅行。我知道遲早要開始找新的謀生方式，但過去的生活方式對我已不再有任何吸引力。戰時沒有太多休閒娛樂，我的壓力隨著反攻日期逼近而與日俱增。

這些少許娛樂的其中之一，就是積極安排體育活動，目的是緩和瀰漫在本連的憂慮氣氛。我擔任籃球隊的教練，而在英格蘭加入我們的林恩．「巴克」．康普頓少尉（Lynn "Buck" Compton）則擔任我的助理教練。康普頓在一九四三年二月加入陸軍，他身高六英尺，體重兩百一十五磅，天生就是塊運動員的料。服役前，他在加州大學洛杉磯分校就讀，曾經參與過玫瑰盃賽事。康普頓從本寧堡的軍官候補學校結訓後，分發到大型基地的示範單位，這是很常見的狀況，因為資深軍官在駐地成立體育聯盟，他們會想要他去打足球和棒球。不過他並沒有選擇當其他人在海外作戰的時候過上舒適的日子，反而是志願加入傘兵，因為分發到重要部隊的請求必然會被批准。康普頓是位精力充沛的軍官，他之後因為跟別人賭博而遭我斥罵，軍官絕對不能把自己置於一個從手下身上拿走任何東西的位置，也絕不藉由行為或忽略等手段來虐待他們。身為指揮官，一定要隨時準備好付出所有——包括他自己——給他所領導的人。你付出時間，努力地維持公平，絕不顯示出任何偏袒。就我個人來看，康普頓因為和某些士兵有不當的關係，因此危及他作為領導者的地位。康普頓沒有很認真看待我的忠言，但我覺得我的職責就是確保他可以明瞭我的感受，並且和在他排內的士兵維持專業上的關係。

無論如何，籃球隊的體驗充滿趣味。我們沒有籃球場，因此沒辦法練習，當然也沒有制服。我們和航空軍指揮部的球隊比賽時，我們就前往他們的球場。如果天氣冷的話，我們會穿他們的長袖內衣褲打球，或是穿任何他們可能會有的短褲。航空軍的弟兄總是會有漂亮的服裝和運動套裝可搭配，這些服飾很明顯都是飄洋過海從美國帶過來的。大部分航空軍的球隊通常是由前大學球員組成，他們喜歡飛行員訓練學校裡簡單、輕鬆的任務，他們日後會成為飛行員。因為我擔任教練，E連的人自然具備優勢，可以進入五〇六團的球隊。這些球賽至少可以說是相當有趣的體驗——外表酷炫、訓練有素的航空軍球隊對上看起來矮小、穿著內衣褲跑來跑去的粗野傘兵球隊。如同我前面提過的，我們沒有場地可以練習，因此沒有攻擊戰法，也不會有守備計畫。我們就是到了那裡之後，想辦法跑，然後會衝撞，接著繼續跑，之後再衝撞，然後多跑一些。到了下半場結束時，我們就已經搞得航空軍球隊精疲力竭了。

有一場和我們的姐妹團五〇一團在一座航空軍機庫進行的比賽，深深烙印在我的記憶。那天是發薪日，辛克上校來串門子提醒我，這是五〇六團的發薪清冊對上五〇一團的發薪清冊。我們一定得贏。接下來的比賽打得非常狂暴兇猛，當比賽還剩沒幾秒，雙方比數打成平手。我注意到我們的主控球員巴洛中士（Barlow，來自A連）的腿已經不行了，他是球隊隊長，已經打了一場精彩絕倫的比賽。我把他換下來，派戈登．卡爾森下士上場。戈登控球，來了一記長射，成功得分。他不只是為五〇六團贏得這場比賽，也拯救了我們的薪餉。那晚以後，卡爾森對我來說就是個英雄。

靜候即將展開反攻行動的同時，舉辦體育活動只是打發時間的手段之一。瓦爾特．戈登和他的朋友保羅．羅傑斯（Paul C. Rogers）想到了一個主意，只要他們排上有任何成員遭受連部懲處，就要創作一首打油詩。有時候，即便沒有受到行政處分，也能贏得一首詩來紀念。當全排集合起來後，馬上就有人把這種荒謬的詩句朗誦起來，被懲罰的倒楣鬼會感到尷尬不已。當場暴怒是司空見慣——戈登和羅傑斯就是要看到這樣才高興。被處罰的士兵感到越難堪，打油詩的創作人才會感到滿意。佛洛伊德．泰伯特中士顯然容易成為目標。就在一九四三年聖誕節前不久，上頭決定士官要為所屬阿兵哥在聖誕節晚餐上菜。當天現場準備了餐具，並發放了餐盤、玻璃杯和其他各種餐具。泰伯特帶著堆滿食物的餐盤進來。為大家上菜後，他坐到座位，準備加入這場饗宴。不過卻在此時發現他的刀叉神祕地不翼而飛。其實最快的辦法就是再去拿一套就好，但泰伯特的作風就不是這樣。他的臉頰頓時漲得通紅，大吼要求惡作劇的人自己出來承認。大夥兒繼續吃飯、竊笑。當然也提供了一些可供選擇的建議，像是泰伯特該怎麼處理他餐盤上絲毫未動的食物裡的火雞腿。我們大家就這樣看著泰伯特表演，這起事件最後的高潮就是他一口飯都沒有吃就衝出餐廳。羅傑斯和戈登交換了一下眼色，他們馬上知道又可以編一首詩了。戈登不久之後在營舍遇見泰伯特，喝斥說他很可能錯過了他在這個世界上的最後一頓聖誕節晚餐。幸運的是，泰伯特在戰後還活了很多年，我認為他是本連最棒的士兵。

現在離反攻行動只剩幾個星期了，我重新把工作重點放在手頭上的任務。不管我願不願意承認，過去幾個月都是一系列精神上的消耗，沒有人比我更疲憊了。我都在教堂尋求心靈慰藉，在過去超過八個月的時間，只錯過了三次聚會。和巴恩斯一家人一起生活，讓人感到愉快，可以抽離軍隊的勤務、喘口氣。我為自己身為一名軍官而感到欣慰，但我寫信給家鄉的一位朋友說，這並非想像中的那麼簡單。一方面，社交生活似乎是我往上的主要障礙，我沒有什麼需求，所以一概謝絕任何大部分軍官都會參加的派對和社交聚會。儘管我已經擔任副連長長達十五個月之久，且是唯一一位從這個單位在塔可亞成立至今仍留在連上的軍官，我依然掛著中尉官階。但這個還是可以接受的事情，因為我了解我的工作、我的連、我的阿兵哥。我有自信，即使是面對敵火，我會有正確的答案。我真正在意的是：我是「混血兒」。我確實是軍官，但在內心我依然是個大頭兵。我努力工作，盡到我的責任，但講到玩樂，我的處境就很糟糕，只有和其他人一起運動，我才會真正享受到樂趣。我陸軍生涯中最快樂的日子，就是在克羅夫特營：很棒的營舍，非常溫暖的氣溫，還有在建築中設有盥洗室。當然我每個月的薪餉只有二十一美元，所以到了月底，能用在個人娛樂的花費寥寥無幾。即使我在過去兩年遊覽了很多地方，做了很多事，卻比不上我在陸軍的前幾個月來得有趣。現在看來那些日子似乎是上輩子的事情了。

過了六十年之後回想，我可以說自己並不是太關注反攻行動。對於我是否能通過實戰的考驗，老實講我從來不曾懷疑，我更關切的是自己所指揮的那些弟兄的安危。任何我身為戰場指揮官成功的地方，都是基於個人特質、詳加研究，以及關心部屬所致。我曾在一封信中，畫了一幅美麗、感傷又動人的肖像，以說明領導統御是由什麼構成的。試想，有一個小部隊在反攻發動前夕，於英格蘭的鄉間進行演習。在潮濕寒冷的清晨，一名大兵帶著他的機槍坐在路邊，他一直在行軍連續長達二十四小時，途中完全沒有休息和睡覺。他很疲憊，疲憊得快要翻過去，疲憊得腦袋一片空白。他全身濕透、飢餓，又痛苦，他在戰友睡覺時保持警戒，這是件相當困難的工作，尤其他此時已經如此精疲力盡，而且他知道太陽再過半個小時就要升起，接著又要繼續行軍。他要怎麼做？他拿出距離超過三千英里外女友的照片仔細端詳。在內心平靜的狀態中，他夢想著有那麼一天，他可以再次享受她所象徵的那種生活。有一位軍官沿著路走來——是我。沒有其他人會想要在黎明之前起床。「謝普（霍威爾，Shep Howell），如何啊？你在做什麼？」然後我們一起研究和討論他女友的優點和美德。他要我答應他，會確保他在即將來臨的戰鬥中生還——我無法真誠地做出承諾，因為我不知道戰鬥的最後結果是如何。我只能對謝普說，我盡一切努力來確保他平安返鄉——我一直謹守這個諾言。

當你想到像那樣的小朋友，你明瞭背負的責任十分重大，並為此而做了一些努力，那麼你馬上就變得比原本的年齡更加老成。在三年之內，我老成了許多，我雖然只有二十六歲，但我覺得大學時期的單純時光、距離我隨心所欲過著平民生活的日子，已經是很久以前的事情了。這一定是一場夢，是我的生命中一個微小而短暫，但美麗的部分。現在的我只有努力——以軍官的身分努力工作以追求自我的進步；努力工作來讓士兵進步、成為戰士；努力工作來讓他們成長為男人。這樣的結果，就是我變得比我的實際年齡更加蒼老，不是身體上的老，但可以讓我堅強到使其餘的人看起來就像還沒長大的高中生，老到我的部屬全都因為體力不支而躺下睡著後，我還可以繼續前進，我可以繼續前進，就像生病且筋疲力竭的孩子睡著之後，依然繼續忙碌的母親。老到如果需要任何決定或建議的時候，我做出的決定背後的智慧都是正確無誤的。對，我覺得我老了，我已經厭倦把這些人訓練成如他們現在這樣的強大戰士。我希望這樣的努力能意味著他們當中有更多人可以回到美國那些女孩身旁，而不是使家人和朋友成為被安慰的對象。

現在反攻行動已經逐漸逼近，各高階指揮部突然間十分在意我們的機場會很容易受到德軍空降突擊隊襲擊、破壞跑道和裝備。當局採取的步驟就是把傘兵組成小隊，到航空軍的基地巡迴，對飛行員實施基本的步兵訓練。E連有幾名傘兵參加了這類巡迴工作，他們的報告並不盡然讓人感到寬心。在訪視第九傘兵營（英軍）時，評估人員注意到，雖然個別的英軍士兵對於分配到的武器操作非常專業，「英軍對我們的整體反應，在剛開始時普遍是用漠不關心的態度來表現。」一直要到美軍傘兵接手訓練計畫的大部分內容，讓他們有機會向英軍證明，美軍士兵「有兩下子，」英軍才把我們視為與之對等的同志。一名營部軍官注意到，雖然英軍在訓練方面相當有條理，但是花太多時間在「內務整理，但在偵察和巡邏方面做得還不夠多。」我的工作是教授徒手戰鬥。我對於我所訓練的航空軍人員的印象，就是他們很弱。如果投入實戰的話，我會很感謝我是一〇一空降師的一員。我在E連跟我的傘兵待在一起時，會比和任何飛行員及後勤人員在一起時感到更加安全。

五月十六日是母親節，我在這個特別的時間點上，訂購了一打玫瑰花送給母親。我也買了一個手提包給巴恩斯太太。過去超過八個月，他就像母親一樣，而且她看起來真的就像我的母親。買了這些東西之後，那個月剩下來的日子裡我身上一毛錢都沒有——就像過去在學校以及在克羅夫特營那樣。當我在下個星期參加教堂禮拜時，教友慶祝英國人所說的聖靈降臨節（Whitsun）或兒童節。我看著那些孩子們站起來誦經，令人十分愉快，然後回想起，還不到很多年以前，我也曾經穿著一樣的鞋子。有一個大概只有四歲的小女孩，穿著一件非常漂亮的粉紅色小洋裝，戴著一頂白色帽子，搶盡全場的鋒頭。她一下站起來又坐下去，打哈欠，伸懶腰，自顧自地唱起歌來，向台下的朋友揮手，然後忙著整理她的新衣服、帽子和鞋子。太有趣了！當所有的儀式結束後，我不禁想到我是否還有機會跟所愛的人共度另一個母親節或聖靈降臨節。我還可以看到次年春天盛開的花朵嗎？

在即將進行大規模部署前，保留來自家裡的東西很重要。空閒的時候，我經常回想部署到海外前在美國的生活，這些過去的事情現在看起來十分遙遠。不過我還是不可能和任何在本土或在英格蘭的人交換參加這種大場面（D日）的資格。為了見證這個歷史時刻，我已經努力了那麼久、那麼用心，現在我不會和他們分開。我們準備好了。

五月二十九日，E連官兵行軍前往村子的聚集點，登上排列整齊的卡車，奧爾本有一半的人都出來為我們送行。我們很感謝這些英格蘭的東道主們，在過去這八個月和他們之間建立起了牢不可破的情感連結。基於安全的理由，我沒辦法對任何人說任何有關我們即將要前往那裡的訊息，但奧爾本的居民都知道我們要離開了。巴恩斯一家和我道別，不用說也知道這回是真的了。這時已經是要前往出發的機場的時候了。我和巴恩斯家含著淚說再見，當我們坐在卡車上沿著路往前開時，我還是可以看到我的英國「妹妹」艾蓮走在我們的前面，並且在我們的車子經過時轉身揮手道別。有關反攻行動的時間和地點的謠言自然而然地流傳開來。密漢中尉和我實際上已經確定了我們的傘降計劃區概略位置。有一天晚上，我們坐在帳棚裡，透過想像討論我們之前的飛行時間和航向變動。我們拿來一幅地圖，把一條線放在奧普特利（Uppottery），然後再把這條線拉長，發現鉛筆會和諾曼第的柯騰丁半島（Cotentin Peninsula）交錯。如果我們都可以這樣找出來，我們很好奇德國人是不是也可以做同樣的事來。

《星條旗報》有一個專欄提到，在D日，美國所有戲院、球賽和非必要的商業設施都會閉館，當局要求人們前往教堂為我們祈禱。這項公告，再加上我們離開奧爾本時所感受到的那種上下團結一心的強烈程度，足以使人感到全身顫抖。在老家，軍人通常不會關注自己已經熟悉以外的人。就算是離鄉別井去到的是國內的其他地方，即使還是在自己的家鄉州，任何來自你老家城鎮的人都會成為好兄弟。一旦到了海外，情況更是戲劇性的變化，任何從美國來的人都是你的好兄弟。因此當我們有了那樣的感覺，並且認為所有人都在祝我們好運、為我們祈禱，你就會情不自禁地自我感覺良好。至於我，寫了最後一封信回家，並告訴我的朋友，每晚熄燈號響起的時候，我就想跟她在北極星相會。古老的北極星是士兵迷失、孤單，心中感到苦悶時的指引明燈。當他抬頭往上看，知道有某個人也抬頭正在看著相同的星星時，就會讓他感到挺好。

五月二十九日下午，E連來到德文郡愛塞特（Exeter, Devonshire）附近的編組區。我們的營區位於英格蘭西南部奧普特利的機場旁開闊的草地，離海岸約十英里左右。E連住在外觀像金字塔形的帳棚內。隔天，辛克上校對本團軍官做簡報，士兵則把整天時間花在整理和清理裝備。彈藥發下來了，兵工單位也把武器檢查過了，當晚每個營的所在區域都有一組樂隊在演奏音樂。

在編組區的第一天晚上，E連的軍官接受由我的朋友尼克森所做的D日任務初步簡報，他現在擔任二營的參二（S－2情報參謀），而前E連軍官赫斯特上尉則擔任營部的作戰參謀。我們在沙盤上推演，確認前進和進入目標區的路線，並接受敵情和當前天氣變化狀況的簡報。我仔細聆聽，但把注意力集中在作戰整體概念，而不是所有的具體細節，因為能夠獨立思考比記住每一項細微末節更重要。只要一碰上敵人，這些東西絕大部分都不會再有任何用處了。就個人而言，我不在意簡報這一回事。雖然看起來不太投入，但其實我對全盤局勢是瞭如指掌的。

一〇一空降師在D日的任務，就是在聖瑪麗杜蒙（Ste. Marie du Mont）附近跳傘，並奪取柯騰丁半島上猶他灘頭後方的四條堤道。總計有四條堤道連接猶他灘頭和諾曼第的堅實地面。作戰的基本概念是要求五〇二團占領最北邊的兩處出口，以利主要由第四步兵師構成的兩棲登陸部隊朝內陸挺進。辛克上校的五〇六團要負責攻占最南邊的兩處出口。辛克計畫讓一營和二營在聖瑪麗杜蒙以西的空投區著陸，此舉在戰術上可以盡可能接近較南邊兩條堤道的西側入口。二營盡速集結後，朝從灘頭穿越胡迪昂維爾（Houdienville）前往聖瑪麗杜蒙二號堤道的二號出口移動。奪取那條堤道是E連和納編的爆破小組的責任。堤道平均高度高出沼澤六英尺，將會是猶他灘頭的登陸部隊向西前進時最早遇到的障礙。團部的情報報告指出，在大部分鄰接地區，都可以涉水通過沼澤地，但整個地區許多地方都有縱橫交錯的排水溝渠。這種溝渠雖不寬，但深度可能有八英尺、甚至更深。這些水道的存在顯然是真正的麻煩。如果從海上過來的部隊無法使用這些堤道，兩棲部隊要耗費非常多的時間才有辦法和空降部隊會師。因此而喪失的時間，很可能將決定猶他灘頭反攻部隊的命運。

六月一日，泰勒將軍在下午後沒有多久抵達我們的宿營區，對五〇六團發表激勵演說。

泰勒告訴我們：「只要給我三天三夜連續奮戰，那就會完成我們的份內事。」次日，我們把所有士兵集中在簡報帳篷，告知他們即將進行的夜間跳傘精確細節。六月三日，軍官收到艾森豪的D日文告，還有辛克上校當日指令。艾森豪將軍提醒我們，即將要展開「已經努力奮鬥了好幾個月的『偉大的聖戰』。」辛克上校則形容即將到來的啟程是「眾多黑夜中的前一夜」，並要求我們「狠狠地打。要是狀況棘手，那我們出手就要更狠，對我們使命的正當性要有滿滿的信心……殲滅我們所遇到的敵人。」這兩段文告都印了出來，每十八封綑成一疊，在起飛的時候交到士兵手裡。我們還收到了相當於四美金的「戰地貨幣」，身上所有的英鎊也換成法郎，因為我們要去的地方用不到英鎊。此外每個人都拿到一個廉價小店就有賣的響板——在黑暗的諾曼第，聽到有人按一下，就要按兩下來答覆——若是聽到對方問「閃電」（Flash），那回答的密語就是「打雷」（Thunder）。

我在六月三日把彈藥跟手榴彈發給E連弟兄。他們洗了熱水澡，還拿到額外的香菸和糖果配給。緊張的情緒終於找上了E連的其中一位排長雷蒙．施密茨中尉（Raymond Schmitz）。施密茨在還沒入伍前是一位小有成就的拳擊手，為了消除緊張，施密茨要我對他出拳。我又不是笨蛋，於是說：「才不要，謝了。」當天下午他一再提出打拳的要求，我一直拒絕他。最後施密茨說：「那我們來摔角。」這個嘛，我在大學時曾經練過一陣子摔角，因此接受他的挑戰。我們的摔角對決非常、非常快就結束了，其結果是施密茨摔到兩節脊椎斷裂，送進了醫院。而D日跳傘名單上他的名字理所當然地被劃掉了。在那天剩下的時間，直到我們帶上傘包之前，許多同袍們臉上帶著微笑，不斷地請求我，「我給你五塊錢，你可以打斷我的手嗎？」六月四日，正當我們正在登機的時候，命令下來了，艾森豪把D日行動延後二十四小時。

對參與D日行動的任何人來說，這一天在歷史上是獨一無二的。我們從來沒有為了跳傘可以賺取一萬美元而心驚膽跳。這一萬美元是指根據規定，每位士兵都得投保的標準保險保額。我們就是若無其事地放鬆，好好休息。團部作戰日誌把弟兄們的精神狀態形容得精準無比，就是「清醒的期望」這種心情。沒有人感到興高采烈，但也沒有人想被排除在外。每個人都很好奇從跳傘還有接下來的幾個小時會是什麼情況。每位士兵都對自己面對未知狀況的能力相當有自信。我個人的準備包括把我的逃生地圖縫進跳傘褲的接縫裡，並在我的軍靴裡塞了一把刀子。E連有幾個人可以很容易就看得出來是精神緊張，因為他們一直在問有關敵人、狀況和裝備的問題。六月五日下午，我們得知當天夜晚，一定會登機飛往諾曼第。我在下午做好準備，並小睡兩個小時。晚餐過後，一切仍然鬧哄哄，每個人都準備好要進行首次的戰鬥跳傘。我們對所有裝備進行最後檢查，剩下的東西都打包帶走，然後我們洗了最後的戰鬥澡，把我們的臉塗黑，接著檢查武器。很多人都把頭髮理得像摩霍克（Mohawk）印地安人一樣。在出發的機場，傳來攻占羅馬的消息，但我們太專注在眼前的任務，沒辦法顧及地中海方面的戰事。

二〇三〇時，我們根據飛機搭載的人數集合，並行軍前往機庫。當我們和夥伴、朋友和同袍軍官擦身而過時，通常會帶著僵硬的微笑點點頭，或是輕拍對方的背，但幾乎沒有人有任何一絲表情。看起來就像是另一次跳傘而已，沒有什麼好感到心情緊張的。在前往機庫的路上，我們經過一些駐防在機場上的英軍防空砲位。這是我第一次看到英軍的臉上流露出真正的情緒，他們的眼裡含著淚水。你可以看見他們相當難受，站在那裡看著我們踏進戰場，即使他們處於戰爭的時間比我們還久得多。到機庫時，每位跳傘長都收到兩包信件，當中包括艾森豪將軍和我們的團長辛克上校的文告；每個人都幫自己的手錶對時，分配坐上了卡車，然後迅速前往各自的飛機。

在飛機上，我做的第一件事情，就是卸下所有的傘包和裝備，並確認每個人的裝備都妥當。然後在一團亂的狀況下，我把情資圖發下去，分發我們得要遵循的時程表：二二一五時，在飛機上準備出發；二三一〇時，起飛；〇一二〇時，跳傘。祝好運，上帝祝福你，我們集結區見。完成這些事情後，我們就忙著穿上裝備，而這就是一個好的跳傘長或軍官可以為他的士兵做最多的地方。穿上所有裝備後要再綁緊，然後要整理一下，讓自己覺得舒服且安全，接著把降落傘放在最上面。這一切都要心靈手巧，加上一些話術，才能讓士兵放心，相信一切都很好。到了二二一〇時，除了我自己以外，一切都就緒了——若先準備好自己才去幫助弟兄，則一點都不妥當。因此我連忙穿上我的裝備，又快又猛，著裝完畢就準備好可以出發了。感謝老天，當我在隔天凌晨跳傘的時候，主傘順利打開，因為我的傘背帶上已經沒有地方可以讓我掛副傘包了。

登機時，發生了一件不尋常的事情。一兵羅伯特．「吉特」．雷歐納德（Robert "Jeeter" Leonard）身上的東西多得嚇人。事實上，就像機上其他人一樣，我必須從後面推一把，他才有辦法進入機艙，因為他身上的東西真的太重了。好了，「吉特」已經在飛機上，準備好出發，其他人也是。我最後一次檢查所有裝滿全部裝備的裝備袋，然後我在吉特的裝備袋裡找到一個基本攜行量的M1子彈。可憐的吉特什麼都有，就是沒有彈藥，但這件事令人傷心的地方，就在於他身上已經沒有任何地方放得下這些子彈了。因此我告訴他在集結區找我，我會把子彈給他——這個沒有問題，因為跳傘區是不會有人開火的。

我在這個時候把第二輪的暈機藥發下去，第一輪在二二〇〇時就給過了。先前我們在任何跳傘練習前從未服用任何藥物，我指示弟兄不要對上面有質疑了。「命令就是命令，帶在身上。」總部表示藥物可以消除暈機症狀，以及消除士兵的緊張現象。在出發的啟程機場上，一切相對平靜，只有對所有我們必須攜帶的裝備發點牢騷。除此之外，我們幾乎沒有交談。大多數人都只是認真思考手邊的任務，還有我們首度接敵後會有怎樣的遭遇。我唯一在意的事情，就是一旦我們進入戰鬥，我是否會讓手下感到失望。做為一個戰鬥部隊，弟兄們已經準備就緒，而我們完全抱定決心，我們不是贏得即將到來的戰鬥，就是戰死沙場。

第二部

進入阿基里斯的時期

In the Time of Achilles

佩琉斯的兒子繼續奮戰，

追求更輝煌的勝利，

而他的雙手亦沾滿了鮮血。

荷馬，《伊里亞德》（*The Iliad*, Homer）

第五章　命運之日

我們的飛機依照時間表，在大約二三一三時起飛。五〇六團二營排在第十二序列起飛，E連搭乘的是編號六十六至七十三號的飛機。E連的連部人員由密漢中尉率領，登上六十六號機，駕駛員是哈洛德・嘉貝路多中尉（Harold A. Capelluto）。我們的三位排長，哈利・魏許少尉、華倫・勞許少尉（Warren Roush）和已經從施密茨少尉那裡接任指揮權的羅伯特・馬修少尉（Robert Matthews），則和他們領導的排各自跳傘。我登上了六十七號機，並擔任來自第一排第一班的跳傘組（stick）的跳傘長。我的飛機上總計有十七名傘兵，飛行員是比爾・桑蒙斯中尉（Bill Sammons）。第四三九運兵指揮部的指揮官查爾斯・楊上校（Charles Young），負責指揮所有載運一〇一空降師的飛機。雖然楊上校是一名經驗老到的飛行員，曾在戰術中隊擔任對地攻擊機飛行員，接受大量的低空導航訓練長達兩年，但他手下絕大部分飛行員都只有幾百小時的飛行經驗，而且這還是他們首度執行戰鬥任務。

離開奧普特利機場後，飛機爬升到一千五百英尺的集結高度，並在等待航線飛行，直到整個編隊在二三四二時轉到航線上，加入在法國海岸上空匯聚的機流。下降到一千英尺後，飛行員維持航向，直到他們接近諾曼第，才降低高度到五百英尺。理想的空投高度是六百英尺，速度在一百到一百二十節，以避免過度的螺旋槳後洗氣流和不必要暴露在敵火之中。

過了二十分鐘，桑蒙斯中尉朝後大喊了一聲，機工長就把機艙門打開。我立即站起身來，注視著在前方飛行的長長一列飛機。我把頭伸出機艙外，可以看見在我們前面和後面的飛機組成大雁編隊，光是看得到的就高達九組編隊。這些飛機看起來填滿了整片天空，我曾經在英格蘭的機場上看見成排的飛機，但現在它們的轟鳴聲響徹夜空。我們在海岸上空遭遇一片低垂的厚雲團，完全遮蔽了其餘的編隊，由於飛行員奉命不准使用導航燈，唯一可以看見的燈光是機翼頂部黯淡的藍色編隊燈。現在飛行員靠純粹的本能在飛行，試著維持緊密編隊，以避免和其他飛機碰撞。我十分驚訝我們居然沒有遇到多少的高射砲火。但不到幾分鐘過後，紅色、藍色和綠色的曳光彈就在整個天空四處亂竄，比美國國慶日的煙火都還要明亮耀眼。日後，指揮營屬八一迫砲排的鮑伯．布魯爾中尉（Robert B. Brewer）宣稱，他「從未看過像在法國當晚那麼密集的高射砲火。」

在我的右邊，由嘉貝路多駕駛的飛機被高射砲火擊中。當曳光彈完全打穿了飛機，從飛機頂部飛出並迸出火花時，嘉貝路多立即打開了綠燈，同時奮力操控飛機留在編隊內並維持航向。雖然雲層擋住了我的視線，但我事後得知，那架飛機載著密漢中尉、伊凡斯士官長和大部分連部人員，直直向前飛，然後緩緩地向右翻轉，它的著陸燈在接近地面時亮起。看起來他們似乎度過了難關，卻撞上一道灌木籬牆後爆炸，即刻將機上的每個人都當場撞死。要是我能在跳傘後逃過一劫，那就是由我來接替連長了。

我站在飛機的門邊低頭往下看，尋找下方的地面，桑蒙斯把飛機加速，以迴避敵方火力。這是我第一次遭受到火力攻擊，我的腎上腺素急遽上升。當我們更靠近時，我可以看見飛行員在維持編隊時遭遇到困難。剛開始時德軍的砲彈都打在距離我們前面還好遠的地方，他們不知道我們的速度大約在每小時一百二十五英里左右，但是他們馬上調整了。原本看起來都還好好的，現在會更接近飛機的時候開始炸裂——爆炸的聲音越來越大，直到擊中我們飛機的機尾。我瞥了燈板一眼，總算等到桑蒙斯把綠燈打開，我大喊：「跳！」就在此時，另一串二十公厘砲彈擊中我們的飛機。不到幾秒之後，我人就已經在機門外了，用盡全力大吼「比爾・李」。最一開始將近每小時一百五十英里的速度，將我的腿袋給扯掉了，連帶裝在裡面幾乎是我所攜帶的所有裝備。跟在我身後立即跳傘的是上兵波頓・克里斯登生，他帶著屬於E連的一挺機槍。跟在克里斯登生後面的是一兵「吉特」・雷歐納德、一兵喬・「瑞德」・霍根、克里斯登生的助理機槍兵的上兵伍德羅・羅賓斯（Woodrow Robbins）、上兵威廉・霍威爾（William Howell）、一兵卡爾・索斯科（Carl Sawsko）、一兵理察・布芮（Richard Bray）和一兵羅伯特・范・克林肯。生命中運氣其實是很重要的。考量到六十六號機已經超載，技術中士羅伯特・「巴爾」史密斯（Robert B. Smith）和一兵「瑞德」・霍根在最後一刻從不幸的六十六號機轉搭六十七號機，和我一起空降。最後一個離開我這架飛機的是「公牛」・藍道曼（Denver "Bull" Randleman），他是我的「推手」。你一定會挑壯碩的大塊頭來當你的最後一人，以確保他可以當個好的「推手」。如果有任何人臨時變卦，「公牛」的工作就是不論他想不想跳出去，都要從後面來踹他一下，把他推出艙門。六十七號機的人都不需要借助任何外力來跳出。

本團的戰鬥報告形容敵軍密集的高射砲火力導致飛機加速，進而造成一片混亂。根據報告內容，按計畫應該要有八十一架飛機把傘兵空投進一營和二營的空投區。最後只有十架找到目標，有三架飛機錯過空投區達二十英里。搭載斯特耶中校二營的飛機就是飛過了頭。「在發生的當下，傘兵們就知道怎麼回事了。他們當中有許多人看見三個由電燈排列組成的大綠色『T』字從我們下方通過。他們認出由本團的探路者所架設的空投區標誌，但是飛行員還是沒有察覺到這些燈號。他們在和空投區錯過後一定還繼續向前飛了幾分鐘，這個時候傘兵才總算看到跳傘信號。」報告繼續指出，「二營著陸的時候，其中心距離空投區大約有五英里遠。」五〇六團每個營的空投散布範圍，「都比不上他們在任何訓練行動中所達成的最低標準。這麼大的空投散布範圍是否對人員傷亡數字造成實質影響仍有待商榷，但它無疑減緩了集結的速度，並導致作戰行動的拖累。」一直要到後來我們才發現，計畫中的空投區已經被敵軍團團包圍，四周遍佈散兵坑和自動武器。要是我們按照原定計畫跳傘，那就很可能「散布得更大範圍的目標，將會讓守株待兔的德軍更大殺戮的機會。」不論是否有依照計畫，E連官兵四散在我們的目標以西廣達幾英里的開闊地域。

當朝地面下降時，我絲毫沒有考慮到剩餘部隊的處境。我「砰」的一聲撞到地面。這是我唯一一次跳傘完之後，雙肩和雙腿都摔得青一塊、紫一塊，持續了一個禮拜。當躺在聖艾格里斯邊緣的草原上時，我可以聽見夜裡教堂的鐘聲，召集當地居民撲滅在小鎮邊緣燃起的大火。更糟的是，我手無寸鐵，因為我的 M1 步槍和手榴彈在我一跳出飛機的時候，就被螺旋槳的氣流扯掉了。其他傘兵飄降進諾曼第的鄉間，遠處有一挺機槍正對著夜空射擊。幸運的是，當我落地時，迎向我的友善聲音多過於憤怒的槍聲。我一開始的念頭是盡可能離那挺機槍愈遠愈好，我唯一的武器就是塞在傘靴裡的刀子，然後朝自己認定的腿袋落地的大致方向前進。

儘管處在敵陣地著陸又沒有步槍的悲慘處境，我仍然不感到害怕。不要問我為什麼。恐懼會癱瘓心智，我需要能夠清楚思考，尤其是弟兄命懸一線的時候。儘管我一直很擔憂自己是否能達到要求，但長達數月的訓練現在開始發揮效果了。在跳傘前，我想過把降落傘頂部割下來，將傘布當雨衣用作禦寒，又可以偽裝。但此時此刻，我心裡只想著一件事情，就是趕快遠離那些機槍和那座小鎮。正當我把刀子握在手裡並動身時候，另一名傘兵在我身旁著陸，我幫他把降落傘割掉讓他掙脫，然後拿起一枚他的手榴彈，接著說：「我們去找我的裝備。」即使他手裡握著湯普森衝鋒槍，但還是躊躇不前，因此我說出：「跟我來！」

不久之後，我們離那挺機槍夠遠了，開始感覺又更安全了些。若要找回我的裝備，就得靠近道路，那裡有另一挺機槍正在射擊，所以我說：「管他的，我們走。」我們開始向北移動，遠離聖艾格里斯。幾分鐘之後我們碰到一個人，我按了響板並得到回應，原來是一排的卡伍德・李普頓上士。李普頓意外發現一個路標，上面寫著聖艾格里斯，於是我研究地圖。當我明白聖艾格里斯相對於我們的空投區是在哪裡時，總算找出所在的概略位置。記住這點後，我看著其餘飛機的飛行方向，找出通往猶他灘頭的最快路徑。之後我們與李普頓的小隊結合，我們這群現在大約有十二個人，沿著道路朝橫跨二號堤道的目標所在方向出發。不久之後，我們碰上一大群人，是來自五〇二團的大約五十個人，由一位上校帶領，因此我率領隊伍加入他們。在當夜剩下的時間，我們就沿著道路往前走，上級軍官試圖找出通往目標的路線。我的想法是和五〇二團一起，直到抵達海灘，然後脫離他們，並往南朝我們自己的目標前進。如果我可以和超過五十個人一起行動，我們這十二到十五個人卻脫隊自顧自地走，那就太傻了。當晚唯一感到刺激的事情，就是我們碰上四輛德軍的馬拉貨車，上面載著額外的挽具和馬鞍，這些馬鞍很可能屬於據報出現在這一帶的哈薩克騎兵。我們摧毀了兩輛馬車，打死幾個德軍，其他人則逃進黑夜。我們繼續前進，直到碰上另一些陣亡德軍橫躺在一輛被毀的馬車上，我還在找有沒有武器，馬上就在馬車座位下找到一把M1步槍。我總算有了武器，所以又高興了起來。當我們又往前走一段路時，我撿到了更多可用在戰鬥的東西。等到我們這群人終於跟營部會合時，我有一把左輪手槍、一條腰帶、一個水壺和很多彈藥。我準備好可以戰鬥了，尤其是我向一個傢伙要到了一點吃的東西之後。

到了早上大約〇六〇〇時，我們碰見本營D連的傑爾・格羅斯上尉，他帶領大約四十個人。我們結合了他們，一起朝南邊猶他灘頭後方我們的目標前進。幾分鐘之後又碰上了我們的營參謀人員，因此五〇六傘降步兵團二營又再度是一個戰鬥單位，不過人數離滿編還差得遠。斯特耶中校成功集結超過二百人，這個成果大部份要歸功於他的作戰參謀克雷倫斯・赫斯特上尉，也就是E連的第一任副連長的努力。赫斯特和二營的先遣人員一起著陸，他迅速弄清楚他那一機的傘兵在降落途中，散佈範圍超過一千碼左右，因此他就朝飛機飛來的方向往回走了五百碼，認為這個地方就是他那一小群傘兵的中心點。他在那裡把一大串黃褐色的燈掛在一棵樹上，這個信號真的發揮作用：軍官和士兵開始找到他們進入陣地的方向。由於赫斯特還是不確定他的確切位置，他派尼克森到最近的村落查看。尼克森前往偵察的同時，赫斯特集結了一大群人。在大約超過一個小時多一點之後，赫斯特手下的兵力包括一個通訊排、一個機槍排、二營營部連大約八十人、D連九十人、F連六人和E連八人。到了〇三三〇時，斯特耶抵達，並從赫斯特那裡接手指揮權。

當我們和斯特耶的部隊會師後，E連現在有九名步槍兵和兩名軍官（我和康普頓），武裝包括兩挺輕機槍、一管巴祖卡（沒有彈藥），還有一門六〇迫砲，但缺底板。因為我們還是沒有連長的消息，我立即接掌E連的指揮權。我們朝目標移動，一路上看到很多陣亡的德軍，但沒遭遇到什麼敵火。當我們營進入位於猶他灘頭後方幾公里處一座叫做勒格隆夏曼（Le Grand Chemin）的小鎮，突然間幾發重砲彈落在本營頭上。隊伍於是停下腳步、蹲下，在經過好幾個小時的越野行軍後總算可以好好休息。過了大約十分鐘，營部行政官喬治・拉文森中尉沿著隊伍走過來，然後說：「溫特斯，他們要你帶著你的連打頭陣。」

於是我就出發了，這個時候還是不曉得我們連長密漢中尉的下落。我到了隊伍前面，發現大部分營部參謀，包括赫斯特上尉、尼克森中尉和D連的約翰・凱利中尉（John Kelly）的一小群人在討論事情。凱利已經把他的排部署到前方一處陣地，他從那裡可以觀察一座疑似德軍砲兵陣地，但他沒辦法阻止他們持續開火。營作戰參謀赫斯特指出敵軍一挺機槍的所在位置，以及四門一〇五公厘火砲組成的砲兵連概略位置，這就是他所知道的一切。赫斯特上尉轉向我說：「沿著那邊的灌木籬牆有敵軍火力，想辦法搞定。」我的命令加起來就只有這樣——沒有作戰計畫、沒有情報摘要，什麼都沒有，就只有一個具體的任務要完成，不能延誤。E連的任務就是要讓那個砲兵連消失。

針對這個狀況在心裡盤算一番後，我認為因為航空部隊沒有在海上反攻發動前的預備轟炸中摧毀砲兵連，對這個砲兵連發動任何步兵突擊行動都是高風險。我們的重點是要主動出擊，根據這個狀況立即做出評估，善用地形以及我們一次摧毀一門砲的能力。我做的第一件事，就是要所有人卸下全部裝備，只攜帶子彈和手榴彈，如果事情不如預期的話，我們就只會用到這些東西。當士官調度參與突擊行動的士兵時，我對敵軍陣地匆匆進行了偵察。如果帶頭的人可以迅速且正確地評估地形和狀況，那麼他就會在戰鬥中占上風。我沿著一道籬牆匍匐前進，到一個視野比較好的地方，可以把敵軍陣地看得更清楚。大砲看起來像是安放在一道灌木籬牆內的壕溝中，有來自對面開闊牧草地的機槍火力掩護。這個砲兵連直接對著猶他灘頭方向沿著二號堤道射擊，此時第四步兵師的前幾波部隊已經登陸了。由於估計越過開闊空地發動正面進攻成本會太高，我認為如果可以從側翼打擊敵人，並一次炸毀一門砲的話，成功機會將大大提高。

回到連上後，我對每個人都給予指定的任務。首先我安排E連兩挺機槍的其中一挺到一個當我們小心翼翼地進入陣地時，可以掩護我們的火力。接下來，我把分遣隊分成兩組，一組由「巴克」．康普頓少尉率領，剩下的跟我走。康普頓、葛奈瑞與馬拉其中士（Don Malarkey）一起沿著一道籬牆移動，盡可能越靠近砲陣地內第一門砲越好，而我則領導我的小組沿著另一道平行的籬牆前進。康普頓也派遣李普頓上士和芮尼到一個隱蔽位置，可以對敵軍進行側翼火力打擊，而我的小組則匍匐前進，穿越開闊原野接近第一門砲。我的小組由喬．托伊下士、一兵羅伯特．「卜派」．文恩和來自團部的二兵傑拉德．洛林（Gerald Lorraine）組成。我們抵達通往敵軍陣地的樹籬後停下來。在這裡，我安排了第二挺機槍面對足以近距離向我們射擊的第一門火砲。我指示機槍手，除非看到非常明確的目標，否則不要開火，如此就不會暴露位置。然後我們一路移動到康普頓的那道籬牆。我在這裡發現一頂德軍鋼盔，於是我射了兩發子彈，我之後在這個位置找到一灘血，但沒看到任何「傑瑞」（德國人的暱稱）。接著我派康普頓和兩個人沿著籬牆前進，對敵軍陣地丟手榴彈，我們剩下的人就用掩護火力支援他。期間，我會在因為換彈匣而火力暫時減弱的時候，才偶爾開火來填補火力空檔。康普頓花太多時間讓官兵就位，所以我們耗掉了比原本還要多的彈藥。反之，我們卻沒遭遇到敵火反擊。

正當康普頓準備好要用力擲出手榴彈時，我開始帶領其餘的突擊小組越過開闊地，我們才得以在手榴彈爆炸的同時一起跳進指定的位置。在此同時，我們對下一處位置又投擲更多手榴彈，結果招致敵軍的強大輕兵器火力和手榴彈反擊。我們逼近第一門砲時，「卜派」．文恩的屁股被射中，他摔進了壕溝。他沒有抱怨被打中，反而是道歉，「對不起，中尉，我的錯，我的錯，對不起。」天啊，當你想到一個阿兵哥對他的部隊如此奉獻投入，他因為被擊中而道歉，真令人動容。現在，這裡有一位士兵——在D日的諾曼第，於德軍戰線後方被敵火擊中，與關切自己的傷勢相比，他更難過的是自己讓同袍失望。「卜派」的態度足以代表了我們所有人。

就在這時，一枚德軍的「馬鈴薯搗碎器」（棒狀手榴彈）掉進我們這一群人之間。我們馬上盡可能迅速散開，但是來自賓州雷丁（Reading）的喬．托伊下士只能趴下來，就這麼倒楣，手榴彈在他面朝下趴著的時候掉進他的兩腿間。就在我對著他大吼：「快跑，看在老天的份上，快跑！」的時候，手榴彈爆炸了，他被爆炸衝擊彈起來又掉下去，卻毫髮無傷，馬上又可以上場了。此時一些人對著德軍丟出手榴彈，我們瘋狂衝出去，邊跑邊開槍，甚至沒有停下來瞧文恩一眼。當朝著敵人猛攻時，一兵傑拉德．洛林和比爾．葛奈瑞中士陪伴在我身邊。我們進入陣地時，兩人都有湯姆衝鋒槍，我手上則拿著M1步槍。就在那時，三名德軍丟下其中一門砲，開始朝布里考特莊園（Brecourt Manor）的方向逃跑。我大叫一聲，提醒葛奈瑞和洛林，他們立即對著各自的目標射擊。洛林射出第一串連發，打中敵軍。我開了一槍，打中對方的腦袋。葛奈瑞沒打中，對方現在轉向，並開始往回朝另一門砲跑去。他只跑了兩三步，我就一槍打在他的背上，把他打倒。葛奈瑞穩下來，又用他的衝鋒槍賞了對方一整排子彈。我們才剛解決這三個敵人，第四個德軍又在大約一百碼遠的林線現身。我先發現他，然後不慌不忙地躺下來，打算好好瞄準再開槍。我即刻擊斃了對方。自我們衝到第一門砲的陣地起算，這整場交火應該有花了大概十五或二十秒的時間。

我預期敵軍可能會發動逆襲，於是趴下來，往下盯著通往第二座砲陣地的交通壕，果不其然，那裡有兩名德軍正在架機槍。我搶先攻擊，第一槍打中了射手的屁股；第二槍打中另一名德軍的肩膀。此時，其他人已經就位，我指示托伊和康普頓往第二門砲的方向提供支援火力。然後我又往回走，檢查文恩的狀況，他還是在那邊道歉說自己：「幫不上忙」，我告訴他想辦法往營部方向回去，我手邊沒有多餘的人可以幫他了。

我回到突擊小組後，正拿著手榴彈亂搞的康普頓大喊一聲：「小心！」我們全都趴在地上找掩蔽，但我們和手榴彈之間完全沒有東西擋著。我們沒人可以離開壕溝，而有一顆手榴彈即將在正中間炸開。雖然炸開了，但因為某種原因沒有人受傷。然後，有個德國兵怕得要死，高舉雙手到頭頂上，朝著我們跑來，我們因此俘虜到第一個戰俘。我們太忙了，沒辦法把他押到後方，因此其中一個人就套上銅指虎揍他，讓他躺在地上呻吟了差不多半小時。又過了沒多久，我發現三名德軍，他們不知道為什麼正走向我們的籬牆後方，以非常輕鬆的姿態揮舞著餐具。這幾個士兵顯然是保護一〇五公厘砲組後方的機槍手，我要手下兩個人就位，把步槍的表尺設在大約二百碼。這時一定是有人對著這幾個德國人大聲叫喊，因為他們停下了腳步，打算聽個仔細。我就是在這一刻下令開火的。

現在我們正要對第二門火砲發動突擊，所以先重新編組突擊小組。從一開始的攻擊，我注意到當我們接近砲陣地的時候，位於砲兵陣地後方越過開闊地打來的德軍機槍火力，在我們越接近火砲實際位置的時候會減弱。雖然說是第六感，但我決定如果我們迅速移動，並弄一個堅強的火力支援據點，就可以把突擊小組的暴露時間縮到最短。我們留下三個人在第一門火砲維持火力支援，接著就朝下一座陣地衝鋒，扔手榴彈、邊吼邊開槍。不到幾秒鐘時間，我們就拿下了第二門火砲。我不認為那時有誰受了傷，但我們確實救了那兩個想要把機槍架起來開火但卻被我打傷的德國兵。現在我們的彈藥已經所剩無幾，我需要更多的人手，過程中為了自己的安危，我們消耗了太多。我向營部要求的機槍手根本沒有來，所以我派出一名傳令前往營部要求額外的火力支援。

進攻第二門榴彈砲的過程中突如其來的第六感，幫助我想出朝下一門砲衝鋒的計畫。過了大約半小時後，營部派出的機槍組終於抵達，我就給他們指定位置，以準備突擊第三門火砲。兩名來自其他連的士兵加入了我們的突擊行動。在這次攻擊中，他們其中一人，A連的上兵約翰・哈爾（John D. Hall）陣亡了。我們拿下了火砲陣地，並在過程中擄獲六名俘虜。德軍士兵把雙手高舉過頭，沿著交通壕朝我們走來，他們大喊：「不要打死我！」我把六名戰俘都送回營部，同時要求更多彈藥和兵力。我看見赫斯特來到前線，我過去跟他碰面。他給了我三塊TNT炸藥，還有一顆燒夷手榴彈。我把這些東西塞進我們已經擄獲的三門大砲裡。赫斯特之後通知我，D連的隆納德・史畢爾中尉（"Sparky"Ronald C. Speirs）帶了五個人過來支援E連。

在等待史畢爾抵達的時候，我動手收集文件，並把它們塞進袋子。我在第二座砲陣地發現了一張地圖，顯示柯騰丁半島上所有一〇五公厘砲陣地和機槍陣地的位置。我立即把這張地圖送到營部，並監督摧毀無線電、測距儀和其他的德軍裝備。我們也發現一大堆包括「木頭子彈」在內的機槍彈藥，這是我所記得唯一一次看到木頭子彈，也許德軍缺乏彈藥，但我根本不在意這件事。

最後史畢爾總算帶領D連的一批人過來，並對砲兵陣地的最後一門火砲發動突擊。我們E連始終表現最英勇的比爾．葛奈瑞中士加入了史畢爾中尉的行列。「狂人比爾」葛奈瑞才剛收到他的哥哥已經在義大利陣亡的消息，他便像瘋子一樣地奮戰。史畢爾發動兇猛的進攻，擄獲了那門大砲，並立即加以破壞到無法使用。過程中，史畢爾失去「拉士第」．豪許（"Rusty" Houch），他在把頭探出來、準備丟手榴彈到砲位時陣亡，雷歐納德．希克斯則受了傷。我們消滅了整個砲兵連之後便開始後撤，因為從莊園房舍和其他位置打來的機槍火力依然密集。我先把機槍撤出，步槍兵接著走。我是最後一個離開的。正當我離開的時候，順道向下朝壕溝看了最後一眼，就看到一位負傷的德國兵還想要操作機槍反擊，我便往他腦袋補了一槍。我在回去的路上看見安德魯．希爾初階准尉（Andrew F. Hill）[1]，他在趕來增援我們的路上被打死。我們總計有四人陣亡，六人受傷，擊斃十五名敵軍，俘獲十二名。在砲陣地周邊地帶的德軍部隊大約有五十人。從我一收到攻下砲陣地的命令開始算起，已經過了大約三個小時。

不過E連依然散得很開，在布里考特戰鬥的一小批人已經證明了空降部隊儘管數量不足，依然挺身而出戰鬥並取勝的非凡能力。這種典型的獨立作戰行動，形塑了美軍空降師在諾曼第空降作戰的特色。一旦戰爭開打，紀律和訓練克服了個人和群體的恐懼。當子彈在頭頂上呼嘯而過時，我們天然的腎上腺素加上奇襲和大膽等要素，可以彌補某些我們在進行突擊期間犯下的愚蠢錯誤。有時候我們在沒有必要的情況下把自己暴露在敵火下，並且在還沒搞清楚籬牆另一邊到底有什麼東西的狀況下就穿過去展開衝鋒。卡伍德・李普頓之後把這一仗定義成，「一批人數少但有良好領導的突擊部隊，壓制並擊潰人數高出許多，有良好準備的陣地中的守備部隊。」負責操作六〇迫砲的唐・馬拉其同意這一點，他表示那天戰鬥取得成功，無疑拯救了海灘上的多條人命。李普頓之後對我們的成功，給予名過其實的溢美之言。戰爭結束多年之後，他說布里考特的那場戰鬥，是作戰領袖在了解狀況，擬訂計畫以克服幾乎沒有的勝算，組織並激勵部屬，如此一來每個人都會有信心來處理在他手上的那一部分計

1 編註：隸屬F連連部。

畫，以及在行動中最危險的過程身先士卒領導的最傑出範例。不過我們的成功有更多要歸功於訓練和E連堅定不移的勇氣，而非我個人的領導。

由於布里考特莊園的行動，康普頓、葛奈瑞和洛林因為他們在摧毀德軍砲兵連時扮演的角色，而獲頒銀星勳章[2]。我們之後發現這個砲兵連隸屬於德軍第九〇團砲兵的第六連。該地區總計有三十匹死馬，指出這個砲兵連是用馬匹拖曳，這在當時戰爭中的德國陸軍相當常見。我們這一小群所有人，包括托伊、李普頓、馬拉其、芮尼、李高特（Joseph D. Liebgott）、韓德瑞（Walter L. Hendrix）、普里夏（John Plesha）、派第（Cleveland O. Petty）和文恩，則獲頒銅星勳章[3]。讓我最高興的是，參與這場突擊行動的每一位士兵都獲得高階指揮單位的正式認可。在次月舉行的一場典禮上，布萊德雷中將親自頒發傑出服役十字勳章給我。

幾年之後，我從一位低階軍官那裡得知，他就是那個走那條遭到德軍砲兵連猛轟的堤道離開猶他灘頭的人之一。這位軍官指揮一支醫護分遣隊，和第四波兵力一起登陸。登陸後，他發現了負傷的第七十戰車營C連連長約翰・艾赫恩上尉（John Ahearn）。艾赫恩的戰車因為壓到地雷而癱瘓。艾赫恩離開戰車時，又不小心踩到另一枚地雷。這位醫官在一道鐵刺網後方發現艾赫恩，他的雙腿血肉模糊，躺在一塊雷區裡不斷求救。他步行穿越雷區，把艾赫恩扶起來，再扛到肩上，帶著他前往安全的地方。多年後，這位醫官花時間寫了一封很棒的信給我，當中他坦承說自己一直很好奇，為什麼對著堤道猛轟的砲火在清晨那麼早的時候就突然停止了。他很親切地向我道謝，並且說要是E連沒有破壞那幾門大砲的話，他很可能就沒辦法成功離開灘頭。這位醫官是李查遜（Elliot L. Richardson），他之後成為尼克森政府的司法部長，並且是一九九八年獲頒總統自由勳章的十五名美國人之一。

另一位也注意到敵軍砲兵火力顯著減弱的士兵是納赫德中士（H. G. Nerhood），他是第四步兵師的一位副排長，隨第二波兵力登陸。每當他帶領麾下士兵前進時，砲火就落在他的排所在位置。納赫德的排長認為敵方有前進觀測員，所以可以呼叫砲擊彈幕往他的所在位置轟。他四處查看，想要找出觀測員的藏身之處，但徒勞無功。納赫德還記得，「我只想要趕快離開這個鬼地方。另一陣砲彈打來，排長被打中了。我呼叫醫務兵照料中尉，並命令排

2 編註：美國全軍排名第三位的勳章，是頒授給在作戰過程中展現出英勇行為的官兵。
3 編註：頒給作戰時表現出英勇行為，但未達到銀星勳章授予條件的人。

上弟兄往前推進。我們往前跑了大約三十碼左右，又有一陣砲彈打來，又打死排上的五個弟兄。」另一發砲彈在非常近的位置爆炸，甚至連納赫德躺著的地面都可以感受震動，「但砲擊漸漸平息，我們可以朝內陸推進了。當天稍晚的時候，作戰參謀告訴我們，一些傘兵弟兄擺平了那些朝我們開火的大砲。」

納赫德晚年很少提起這場戰爭，但他的孫子始終堅持，直到這位諾曼第老兵最終點頭默許。孫子把他們的對話記錄下來，並在二〇〇五年寫信給我，「我的爺爺在海灘上被打得抬不起頭來。您的弟兄拿下了大砲，狠狠痛擊了敵人，拯救了他和其他上千人。如果您當時沒有取得成功，我就不能活在這裡告訴您，我對E連在那天完成任務並拯救許多人的性命，是有多麼深刻的感激。」納赫德和李查遜雖然只是兩個兵，但因為布里考特的砲兵陣地被摧毀，得以在猶他灘頭上撿回一命。

當我們離開布里考特莊園前方的原野時，我喝了我的第一杯蘋果酒。我口渴得要命，而且需要提振精神。一位弟兄給我這杯酒，我選擇喝下去，嚇到了他們。我當時認為這東西可能會減緩我的思路和反應，但卻沒有。隨後哈利．魏許少尉和華倫．勞許少尉又帶了大約三十個人沿路過來，我把他們分成兩個排，並要他們待命，直到我可以導引從海灘過來的裝甲部隊為止。尼克森跟著戰車一起抵達，我導引他們前往見證了我們經歷戰火洗禮的原野。我爬上領頭的戰車，並對戰車車長指出敵軍機槍的位置，戰車兵之後就用他們的五〇和三〇機槍對著籬牆和莊園房屋掃射。他們的火力強大，很快就掃蕩了敵軍陣地。

到了下午時分，攻占了布里考特，德軍開始朝卡倫坦方向撤退。自作戰展開以來，我第一次花了點時間來回想何以E連可以完成任務。我現在可以走過莊園前方的開闊草地，而不必待在壕溝裡。我非常清楚地記得，我答應自己，戰爭結束後總有一天要回到這裡，再走過這片土地。當我在對自己做出承諾時，我察覺到有個傢伙跟在後面，我回頭看到底是誰在跟著我。回頭看見李普頓臉上掛著微笑，也許他的腦袋裡也在想著同一件事。

現在敵軍已經離開了這個地方，德．瓦拉維耶上校（Charles de Vallavieille）——六十九歲的一戰老兵，曾參與過馬恩河和凡爾登戰役——帶著家人從布里考特莊園走了出來。德．瓦拉維耶上校在一戰期間曾三度負傷，在一九四〇年的戰役期間又因為德軍入侵而失去了兩個兒子。他由妻子和另外兩個兒子米歇爾（Michel）和路易（Louis）陪伴，在納粹占領下生活長達四年，這家人如今因為獲得解放而欣喜若狂。我踏進庭院的入口，米歇爾高高舉起他的手，旁邊還有一些留在後面準備投降的德國兵。遺憾的是，一名美軍傘兵從背後朝德．瓦拉維耶上校的兒子開槍，可能誤認他是德軍，或認為他是通敵分子。我們把米歇爾抬到最近的急救站，替他輸血，成為第一個從猶他灘頭疏散前往英格蘭的法國人。米歇爾．德．瓦拉維耶不僅活過了戰爭，之後擔任聖瑪麗杜蒙的鎮長，並且還創辦了位於猶他灘頭的博物館。他藉由紀念的方式報答對解放者的奉獻做出百倍的奉還。

在我之後其中一次回訪路易和米歇爾．德．瓦拉維耶的農場時，他們問我D日當天在原野上是否有看見任何平民。我回答：「沒有，」然後他們就把我帶到戰場的中央，並指給我看一個巨大的排水口，裡面大概有四十到五十英尺深，長滿了樹木和灌木叢。實情是，有個農夫帶著妻子和三個兒子，在戰鬥開打時躲到洞裡，並待了兩天，擠在人們看不見的地方。這個地方可是交戰熱點之一——雙方大量火力從四面八方打來，在正上方橫飛——但只要這家人一直壓低身體，那就非常安全又溫暖。對這倒楣的一家人來說，D日那天早上一定是場夢魘。

隨著戰鬥結束，E連旋即動身前往下一個目標，聖瑪麗杜蒙以南幾英里，我們的師長泰勒將軍已經在那裡設立了指揮所。E連當晚在小村庫洛維爾（Culoville）外過夜，這個地方就是我們的營部所在。我在照料手下士兵以及在周邊設置哨點之後，就親自執行夜間巡邏，如果沒有其他理由的話，我都會這樣做，這可以整理自己一些個人的想法。在接近一排樹的時候，我聽到敵軍部隊沿著一條小路行軍，正對著我來。那平頭釘靴的聲音告訴我，他們是德軍士兵。當他們經過時，我躲進一條溝，在這輩子第一次聞到德國菸草的濃烈氣味。這過程實在是有夠驚險，讓我感到不舒服。我得要讚美美國陸軍，感謝他們提供給我們的是橡膠鞋底和鞋跟的好靴子，而不是敵人的那種平頭釘靴。

——

終於，D日這一天結束了。我們的成功要歸功於各個層級的卓越領導，以及我們在反攻行動前經歷的各種訓練。再加上了一點運氣，E連就成了一支勢不可擋的團隊。進一步想，我們有準備充分，知道該做什麼；我們的表現就像是一部運作順暢的機器一部分。因為我們每個人之間關係如此緊密，我清楚手下每位士兵的能耐。我挑選出最強的手下並非偶然，康普頓、葛奈瑞和馬拉其在一組，李普頓和芮尼在另一組。這幾個人構成E連的「殺手」，也就是憑直覺就可以理解戰爭裡各種錯縱複雜事務的軍人。不論是在訓練還是作戰，幹部得明白他手下到底誰才是「殺手」。我只是把他們放在我能夠最充分利用他們天份的位置。許多其他人也都覺得自己是「殺手」，並想要證明這一點。但實際上「殺手」屈指可數，你也不可能光憑一次交戰的結果就可以找出誰是你的「殺手」。在戰鬥中，指揮官會希望那些「非殺手」，可以從那些憑著本能、毫不猶豫地作戰，且不顧自身安全的士兵身上學習。當然問題在於，你的「殺手」傷亡率是最高的，因此需要讓他們盡速返回前線，才能期望有其他「殺手」出現。這群核心戰士之所以能撐到最後，直到命運最終不再眷顧他們，憑藉的是他們如同野獸般強烈的自保本能。E連其餘的人就是在這群身經百戰的老兵周圍結合起來的。隨著戰爭的進行，其他領袖級人物會出現，但最棒的領袖就是那些經歷過D日戰鬥的人，他們成長茁壯，獲得額外的經驗之際完成領袖的養成。

至於我自己，雖然我曾經殺了幾個敵人，但我從來不認為自己是殺手。殺戮不會帶給我快樂，但在這特殊的時局讓我暫且感到滿足——滿意是因為在付出最少的傷亡完成困難的任務時所產生的信心。而我對個別的德國兵也從未產生任何憎恨。我所想的只有殲滅他們。戰鬥跟個人無關。隨著戰爭的進行，實際上我對在戰場上面對到表現更佳的部隊而產生正向心態的敬意，不過這都是以後的事了。在當下，我只因經歷戰火考驗而存活了下來感到高興。

我一直對自己的能力相當有信心，但布里考特的成功提高了我對自己領導能力的信心，以及我把這個信心傳遞給屬下士兵的能力。

晚上總是有幾分鐘的時間可用來安靜地思考。隨著我們的哨兵就位，我躺下來睡了幾個小時，不過德軍輕兵器的射擊聲還是徹夜響個不停。德軍顯然不像我們這麼疲累，他們的機槍整夜開火，並且就像喝醉的孩子開趴一樣不停大吼。在我入睡之前，我沒有忘記跪下來，感謝上帝幫助我活過了這一天，並且拜託他在D＋1日繼續助我一臂之力。我一天天地經歷這場戰爭，我答應自己，如果活了下來，就會在賓州的鄉下某個地方找一座小農莊，並在那裡平靜安詳地度過餘生。

第六章　卡倫坦

D日之後一刻也不得喘息。E連上緊發條，準備在大約〇五〇〇時繼續前進，但我們仍維持防禦態勢，等待團部下達出發的命令。我們預計的路線是從庫洛維勒以南出發，經過維耶維勒（Vierville）抵達聖科姆迪蒙（Ste. Come du Mont），然後渡過杜夫河進入卡倫坦。當我們振作起來面對新的一天時，營部作戰參謀赫斯特上尉在拂曉時帶著一份訓令過來找我。「溫特斯，我很不想在你經歷昨天的一切之後還對你做這件事，但是我想要E連帶領整個縱隊前往維耶維勒。」因為赫斯特是代表營長在傳話，我立即接受了這個命令。

我們行軍隊伍的順序是E連、營部，D和F連跟在後面。因為行軍序列排在本營的第一位，我們跟著一營後面，不過不久之後，他們在波蒙（Beaumont）和昂戈維爾平原（Angoville au Plain）之間時，後方遭到射擊，隨後便爆發一場激戰。本營在戰鬥過程中消滅了兩個敵軍傘兵連，大約擄獲一百四十人，一百五十名德軍遭擊斃。大部分戰俘隸屬第六傘兵團，他們的團部在D日大約兩個星期前把他們部署到當前地區。許多人都還相當年輕，有些則超齡。他們顯然並非第一流的部隊，但是他們的彈藥補給相當充裕，裝備也很好。大部分戰俘看起來都願意吐實。但當我們開始朝卡倫坦前進時，這種缺乏紀律的狀況就開始改變了。

六月七日，泰勒將軍視察營部，並表揚部隊不久前完成任務的出色表現。期間，E連在兩輛輕戰車支援下，進攻並占領昂戈維爾。我們現在擔任預備隊，主要職責是防禦五〇六團團部。之後，我得知D連當天在聖科姆迪蒙經歷苦戰，還聽到他們的連長傑爾・格羅斯上尉陣亡的消息。當格羅斯正在和營長開會時，一枚砲彈擊中旁邊的樹木，他當場被打死。喬・麥克米倫中尉（Joe McMillan）接任D連連長，並且在接下來的戰爭期間持續擔任此職。就我個人的評價來說，他是二營最棒的連長。一營營長威廉・特納中校（William Turner）也陣亡了。當他把頭探出一輛戰車的砲塔時，就在前線許多人的眾目睽睽下，突然間被狙擊手開槍擊斃。在諾曼第戰鬥真的是件危險異常的苦差事。

我們在這段期間的主要問題之一，是處理死者遺體。此時的鄉間四處散布著戰死的德軍、被拋棄的車輛和打壞的裝備。死掉的牛馬到處都是，牠們的四條腿常常以怪異的姿態直指天空。過不了幾天，這些動物屍體在六月的悶熱天氣裡，開始膨脹並散發臭味。團部雇請法國平民焚燒並掩埋這些動物，但惡臭實在是讓人無法忍受。工作小組也在找到德軍的地方就地埋葬他們，有時候則是埋在萬人塚裡。軍墓登記官集中並辨識戰死的美軍，他們會暫時安葬在所屬單位的墓園。之後這些遺體有許多會埋葬在位於峭壁上、可以俯瞰奧馬哈灘頭的美軍墓園。

除了家畜的大量死亡外，諾曼第的農業活動也在戰役期間蒙受慘重損失。諾曼第的卡瓦多斯省（Calvados）和孟什省（La Manche）是富庶的農業區，以肥沃的牧草地和蘋果酒聞名，充沛的降雨使這裡的地景一年到頭幾乎綠意盎然。這裡的乳製品包括牛奶、奶油和多種起司，像是卡門貝赫（Camembert）、利瓦羅（Livarot）和蓬萊韋克（Pont l'Eveque）等。農業生產衰退不只因為砲擊或轟炸的直接毀壞，也因為莊稼和家畜長達幾天、甚至幾星期沒有適當的管理和照料而造成。乳製品產業曾經是諾曼第農業的特色，在一九四四年六月初可說是實質上徹底消失。等到戰火轉移到法國更內陸的地方，諾曼第鄉間又回復到反攻前的狀態，直到今日依然是法國最富庶的農業區之一。

我們在諾曼第遇到的另一個問題是法國白蘭地和卡瓦多斯酒，一種蒸餾的蘋果白蘭地，通常在兩道菜之間飲用，以清除味道，然後為一頓美味餐點畫上完美句點。如果沒有陳放十到十五年的話，就會如同許多盟軍士兵在反攻行動展開幾天後所發現的那樣，卡瓦多斯酒可以把你喉嚨上的皮給剝下來。在諾曼第每一座村落和農場，都有大量的白蘭地和卡瓦多斯酒。哈利．魏許少尉曾經找到一桶白蘭地，我相信他打算一個人全部喝光。有一次他在路中間醉倒，躺在備用降落傘上，然後在敵人眾目睽睽之下撐起身子；德軍開始瞄準魏許，我就得過去，一把將他抓起來，然後拖到路旁。我的老天，他運氣真的很好，有好幾次我跟哈利講話，但我稍後發覺我講的他一個字也沒有聽進去——這絕對不是因為他聽力不好。我們花了幾天時間才解決了這個問題。

因為種種原因，很難在夜裡好好睡上一覺。不論真的打起來或甚至是預期會發生的戰鬥，都會在我們的士兵之間引發持續緊繃。同樣惱人的，還有棲息在卡倫坦前方沼澤裡的巨大蚊子。德軍在反攻前放水淹沒鄉間，想要迫使盟軍計畫人員打消進行空降作戰的念頭，但徒勞無功。結果氾濫的洪水產生大片不流動的死水池，成為沼澤蚊子的溫床，每天晚上狂叮我們。當我們朝卡倫坦前進時，你可以看見成群的蚊子就像柱子一樣往天空延伸，高達數百英尺。我們無處可逃，因為部隊沒有發下蚊帳。

這裡的氣候也不太宜人。六月和七月白晝長，黑夜大概只有六或七小時，之後就會從東方的地平線開始破曉。在絕大部分春季與夏季月份，諾曼第會下起毛毛細雨，一九四四年也不例外。到了夜間，氣溫驟降，每位傘兵都要多穿幾件衣服。氣候狀況變化之快，就跟席捲諾曼第海灘的潮水一樣。五天中有一天沒雨是常有的事。信件審查禁止提到作戰附近地區的任何特定城鎮名稱，但是許多美國傘兵在寫信回家時，信的開頭提到寄出地，都只簡單地寫下「又冷又濕的諾曼第」。

指揮高層也讓我們片刻不得閒。其中一次，營部警告各連要準備面對毒氣攻擊，但從未成真。此外，德國空軍終於出現在卡倫坦上空，掃射準備進攻該鎮的我軍部隊。實際上，我們有幾天寶貴的時間可以喘息，我們確實需要休息。自從命令「今晚出發」在六月五日下達後，我們承受了非常多的壓力——在飛往諾曼第途中，我們沒人睡飽過。D日當天全天都在作戰，當晚稍微打了個盹，六月七日也是戰鬥了一整個白天又半個晚上。在諾曼第的前四天戰鬥，每天睡不滿六小時是常有的事。

不過人人都愛的喘息時間卻沒有持續太久。到了六月十日，從奧馬哈灘頭登陸的第二十九師士兵總算在卡倫坦的東北方跟一〇一空降師會師。這座城鎮大約有四千名居民，橫跨通往位於柯騰丁半島尖端的瑟堡（Cherbourg）的主要幹道上。為了拿下這座城鎮，我們的師長泰勒將軍策劃了一場兵分三路的突擊行動：三二七滑降步兵團（327th Glider Infantry Regiment）從北邊進攻；五〇一傘降步兵團從東北方突擊。辛克的五〇六傘降步兵團則在夜間繞著卡倫坦行軍，從西南方進攻。全師進攻行動的H時安排在六月十二日拂曉。為了要前往發起線，本營在不熟悉的地形上進行夜間行軍——即使在最好的情況下，這項任務也面臨重重挑戰。

E連已經月復一月地在夜間進行訓練。儘管有著種種缺點，但索柏上尉卻看出部下精通夜間巡邏和機動。在D日前的幾個月，越野強行軍、穿越樹林、夜間指南針演練，以及天文導航錯誤等諸多問題都已經克服。反攻行動展開前，E連早已經體驗過部隊在能見度有限的條件下移動時，所能想像得到的每一項困難。我們在夜間攻擊方面的經驗非常豐富，已經學到如何在夜間看得更清楚。所以毫不意外，當我們準備進攻卡倫坦的時候，部隊是完全處在平常心的狀態。據我的觀察，在夜間移動時會遭遇最大困難的幹部，是團級和師級的參謀軍官和人員。他們缺乏相關訓練，且沒有日復一日、夜復一夜地奔赴戰場，就像部隊和前線軍官那樣頻繁。這類短處在D日十分明顯，這些參謀軍官在導向和找到目標方面的問題非常嚴重。我們在諾曼第面對的無數籬牆只會使他們的問題惡化。另一方面，年輕軍官和士兵可以輕鬆就找到要走的路並攻擊他們的目標。當我們在六月十一日進入突擊位置時，參謀軍官缺乏訓練的同樣狀況再度導致大混亂。

六月十一日黃昏，二營開始越過沼澤前往卡倫坦。我們的路線會經過一座橋，然後在那裡轉向西邊，越過田野抵達鐵路軌道。這一路上十分艱辛，因為我們要穿越沼澤區和籬牆。本營在找出通往目標的道路時，我相信一定吃足了苦頭。部分問題發生在當各營和各連跨橫鄉間時，團部指定路線給他們。在移動的時候，二營持續和下轄各連失去接觸。一旦失去接觸，紀律不佳的單位為了努力和在他們前方的單位重新建立接觸，就會違反噪音紀律。這種擾亂的發生，主要是當縱隊領頭將要順利通過一段複雜地形時，就會加快腳步，而沒有考慮到後面的單位正在通過同樣的困難瓶頸。此外，團部反覆地修改一營和二營之間的界線。總之就是一個難熬的夜晚。我們停下來，挖掩體、架設機關槍和巴祖卡，再度移動，就這樣一遍又一遍。最後，總算在六月十二日大約凌晨〇二〇〇時跨過卡倫坦前方的杜夫河。

六月十二日大約〇五三〇時，二營整頓隊伍，準備部署進攻，E連總算到達指定的道路。斯特耶中校的作戰方案要求兩個連並排發動突擊。他把F連安排在我們的左翼，並把營部設在E連後方，D連則擔任營預備隊。攻擊行動預計在〇六〇〇時展開，二營將會沿著卡倫坦西南側的一條道路進攻。我們之後才明白，此舉意味我們所處位置，可以切斷或包圍因受到本師其餘部隊壓力而被迫撤離卡倫坦的德軍部隊。總之，泰勒將軍已經擬定了完善的攻擊計畫，由一〇一空降師執行。如果二營能夠奪取從卡倫坦向南延伸的那個路口，德軍部隊就會被迫經由沼澤地和氾水區域撤退，否則就會面臨被殲滅的命運。

至於E連，我把第一排部署在左邊，第二排在右邊，第三排在後方。通往我們預計要進攻的那個丁字路口的道路十分筆直，有緩和的向下斜坡，路的兩邊都有淺溝。一切都十分寧靜，此時營參一（人事官）喬治·拉文森中尉想要上個廁所，於是他離開道路，進入E連和F連之間的草地。我還記得當我沿著通往卡倫坦的道路移動時，他的白色屁股輪廓清楚可見，結果遠處傳來一聲槍響，拉文森的背部就被擊中。他之後被後送到英格蘭的醫院，之後又被轉送到美國本土的醫療機構做進一步復健。不過就在他返回美國的路上，他的飛機墜機。喬治是個聰明的軍官，很棒的前E連同袍，失去了他讓人不甘心。

為了要拿下路口，我把人部署在道路兩邊，並準備出擊。魏許少尉率領第一排，位於連縱隊的最前面。依照安排，我準時朝魏許大喊，「去！」就在攻擊展開時，一挺位於山丘邊建築物裡的德軍機槍開始朝道路開火。德軍機槍小組的位置絕佳，並且在完美的時間點一口氣打垮了我們的攻擊。魏許從道路的左邊派了六個人朝路口挺進，他們對著路口和敵軍的機槍直衝而去。敵軍的火力相當有效，道路兩側的士兵都壓低身子躲在溝裡，不敢把頭抬起來，在原地一動也不動，只剩下魏許和他的六個人突擊路口。在我的後方，斯特耶和他的參謀，包括赫斯特及尼克森中尉，都可以看見到底發生了什麼事。他們轉過頭來對著我大吼：「讓他們動起來，溫特斯，讓他們動起來！」

我掙扎著脫掉裝備帶，丟下了多餘的裝備，這樣我就可以跑起來了，很明顯這是當下需要做的。我從道路右邊縱隊的中間站起來，扯開喉嚨大喊：「給我起來！快衝！」沒有效果，大家還是把頭壓低，這是整場戰爭中我唯一一次真正爆怒，且並做出物理上的「踢屁股」動作的一次。我從溝裡跑出來，手上只拿著M1步槍，並且不斷大吼。我跑到縱隊最前面，在路的左邊踢了屁股，然後跑到路的右邊，前後來回並用最大音量吼叫：「給我動起來！」我絕對不會忘記那些抬頭看著我的臉龐帶著驚訝和恐懼。由於我就像個野人般在路上跑來跑去，德軍機槍看似要瞄準我，因為我就是個活靶子，子彈颼颼地飛來，並打在我四周的路面上。我有那麼一下子感覺到「神明護體」，不過這種感覺沒有維持太久，因為過了幾分鐘之後，我就明白自己並沒有那麼強運。

手下的人終於動了起來，泰伯特中士從我身邊經過並大喊：「到了路口走哪邊？」

我下令：「轉右邊。」

縱隊剩下的士兵總算推進，我們開始肅清路口兩側的房舍。過了不久，當魏許和他的手下丟出幾顆手榴彈，炸死自我們開始進攻時就不斷射擊的德軍機槍手之後，我們便控制了路口。現在德軍開始自路口撤離前往南邊，不過他們手上還是有可以拿來對付我們的東西。他們知道我們的確切位置，就用預先安排好的迫擊砲和機槍火力對準路口射擊。我們的傷亡人數開始迅速攀升，一發機槍跳彈的破片打穿我的鞋舌，接著打進小腿，我因此受了輕傷。敵方火力平息後，我立即建立本連的防線。因為預期敵軍即將發動逆襲，我先檢查彈藥補給，並再度分配彈藥，接著走到設立於後方大約二十公尺處一座庭院的急救站，視察我們的傷亡狀況。醫務兵用鑷子在我的腿周圍摳了一下，把碎片挖出來，接著把傷口清乾淨，撒上磺胺粉，再用繃帶包起來。靴子上端的鞋帶都還沒有繫上，我就回去工作了。

在攻占路口的過程中，E連蒙受十人傷亡。我們的傷者包括李普頓上士、愛德華・提普和「巴爾」・史密斯。另一位傷患是一兵阿爾伯特・柏萊斯（Albert Blithe）。我走進去清理傷口時，他正坐在急救站裡，背貼著牆。我看不到任何傷口，因此我問他：「你怎麼了，柏萊斯？」

他回答：「我看不到！我看不到！」

我記得我想要安撫他，因此說：「好的，柏萊斯，放輕鬆。他們馬上就會來把你從這裡帶走，送你回英格蘭。」

我正要離開時，柏萊斯站起來，突然說：「我沒問題，我沒問題，我現在看得到了。」

柏萊斯一恢復視力，立即返回崗位。如果你把這件事多想一下，那個男孩曾因為恐懼而癱軟，然而他一有了勇氣，就堅持要和E連的弟兄共進退。當他放輕鬆並恢復鎮定後，他就回到前線，而不是選擇撤離，輕鬆地離開這裡。有時候所有士兵需要的是冷靜的聲音，讓他知道一切都很好，可以放心。以柏萊斯的案例來說，他重新回到E連，並在緊接而來的戰鬥中負傷。二戰過後、韓戰期間，他在一八七空降團服役，曾獲頒銀星和銅星勳章。等到柏萊斯從軍中退役的時候，他已經是連二等士官長了[1]。

1 編註：柏萊斯曾於一九六〇年至一九六二年間，以美國軍事顧問的身分派來台灣。

儘管德軍必定會展開逆襲，我有各種理由以E連在攻占卡倫坦的過程中的表現為傲。在之後的戰爭期間，我和赫斯特少校一起重溫這場行動時，他做了一個評論，使我一直以E連在那天的行動為榮。赫斯特身為營部作戰參謀，之後又接任五〇六團的參三（訓練）。他在這個位置上曾經看過另一個連陷入類似狀況，被機槍火力釘死，無法動彈，被打得潰不成軍。另一方面，E連卻動了起來，把任務完成，沒有被那挺機槍的火力嚇阻。更讓我備感謙卑的是，多年後我收到泰伯特中士的來信，他在談到進攻路口那件事時寫道：「看見你就在路中間，要大家動起來，實在是太不應該了。你徹徹底底激勵了我，我每一個手下都這麼認為。」泰伯特的讚美實在是太誇大了，他自己在卡倫坦的行動，既是軍人、又是領袖的象徵。他協助肅清路口，並把受傷的李普頓帶到安全的地方。之後當德軍終於展開反擊的時候，每個地方都可以看見泰伯特的身影，指揮他的手下到正確位置，指導他們射擊，直到他本人負傷並且後送為止。

一等本團和本師完成集結，我們開始追擊撤退中的德軍。在前兩英里的路上只遭遇微弱抵抗，或根本沒有抵抗。然後我們就一頭撞進敵軍的密集火網中。德軍已經在卡倫坦以西的高地上建立防線，有良好的射界，也有濃密的籬牆保護。五〇六團冒著敵火，朝道路右邊投入兵力，二營在右翼，E連則在右翼的右側。我們的任務是在該鎮西南方沿著氾水區邊緣通過的鐵路軌道擋住。跟在巴斯通不一樣，人員就定位時的混亂程度，是我們所見過最糟糕的一次。我一度發現E連正在對另一個營開火，之後有幾輛戰車現身來支援我們，結果卻開始朝友軍防線射擊。不過到了夜晚秩序得以恢復。我們立即補充食物、飲水和彈藥。

如同D日已經發生過的，我們的防線在那晚出現嚴重的混亂狀況。撤退中的敵軍大吼，並且整晚都在用衝鋒槍斷斷續續射擊。午夜過後不久，一支德軍巡邏隊越過兩道防線之間的草地中央，並用武器射擊。發出的聲音還真的差點嚇死我。有那麼幾分鐘，我甚至半信半疑一場夜襲已然全面展開。在我們其中一處前哨，佛洛伊德．泰伯特中士拿出手槍，然後輕輕拍了二兵史密斯的頭、把他叫醒。史密斯搞不清楚狀況又受到驚嚇，他突然轉過身，用刺刀刺向了泰伯特。不用說，當我們返回奧爾本時，泰伯特的這個傷成了瓦爾特．戈登另一首打油詩的主題。到了晚年，戈登回憶起當泰伯特提到「刺刀之夜」時，他總是說：「當這個混蛋衝向我時，我本來可以在他身上打六槍，但我認為當時我們不能少任何一個人。」

到了大約〇五三〇時，當我們準備發起總攻擊，把卡倫坦外圍的敵軍趕走的時候，一切都走樣了。雙方都用火砲、迫擊砲、機槍和步槍往死裡打——我們把手邊有的每一樣傢伙都搬了出來，我確定他們也是這樣，雙方都把鋪天蓋地的火力朝對方打去。在如此密集的火力下，我們的隔壁連跨了，拔腿就跑。他們沒有徵得營部的同意，他們的撤退使E連的左翼和D連的右翼給暴露了出來。由於側翼已經不見了，D連也跟著撤退，現在就只剩E連還在線上。我們的右翼是氾水區，左翼一個人也沒有，但我們堅守不退。一輛德軍戰車企圖突破我們左邊的籬牆，也就是之前F連的所在位置。魏許少尉和他的巴祖卡射手、一兵約翰．麥葛萊（John McGrath）跑到空曠的草地，就在戰車進逼的路線上。當這輛戰車因為穿越籬牆而暴露下部車身時，魏許和麥葛萊把一發火箭彈打進沒有裝甲保護的下車身。同時，營部把F連和D連集合在一起，命令他們前進大約一百五十碼，多少把左翼的缺口封閉，但我們依然孤立無援。到了下午，第二裝甲師終於來拯救我們。他們帶來了大約六十輛戰車和步兵生力軍。我目睹那些戰車用五〇重機槍瘋狂掃射德軍，精力充沛的步兵緊緊跟隨戰車前進，一起直直殺進敵軍占據的籬牆，就好像他們正在趕路回美國的路上，實在是太棒了。

在這場戰爭裡，五〇六團二營參與了多場會戰，當中最慘烈的一仗無疑是一九四四年六月十三日德軍在卡倫坦的反擊。本團在這一天被擊退，差點被敵軍消滅。我在老家的一位朋友曾經寫道：「如果你陷入困境，千萬記住你要回來。」對E連來說，六月十三日差不多就是這場戰爭「最艱困的時候」。當其他連逃跑的時候，我們卻堅守不退，成了美國傘兵戰鬥精神的最佳證明。

現在我們得救了，E連返回卡倫坦。當我們的縱隊抵達返回鎮上的主要道路時，我們走上一處緩坡，仍然在敵軍機槍火力的長距離射程內。一個敵軍機槍小隊抓準距離的時候，下士「公牛」．藍道曼走在我前面，德軍一個機槍小組找到了他的目標。當另一串機槍子彈打來之後，我可以聽見子彈擊中路面。藍道曼大叫了一聲，「媽的，我被打中了！」他脫隊，並同時開始扯開他的裝備帶與雜物袋。「公牛」隨即感覺到有股液體順著他的背部流下來，他想當然爾地認為是流血了，並做了最壞的打算。結果發現是一枚流彈貫穿了雜物袋和裡面的備用水壺。E連鬆了一口氣，我們再也無法承受失去更多好弟兄，而「公牛」就是個好弟兄。

那晚，我在一間旅館床上睡了一晚，弟兄們都睡在民房。接下來五天，我的腿變得僵硬又痠痛，所以我盡量放鬆。醫務兵再次清理了傷口，並給我吃磺胺藥片。在我康復期間，哈利．魏許暫代連長一職。

六月二十日，E連返回位於卡倫坦以南的主抵抗線。接下來的八天我們都待在那裡，唯一的行動就是每天晚上派出巡邏隊，德軍也做一樣的事。在一趟由葛奈瑞中士率領的日間巡邏中，柏萊斯擔任尖兵，他發現有個德軍狙擊手躲在樹上。如同他在受訓時做的，他不自覺地說出，「砰，砰，」而不是馬上躲到路邊，並用步槍對準狙擊手。德軍搶先一步，打穿了柏萊斯的鎖骨，其餘的巡邏隊員把柏萊斯救出來，返回E連防線。

經過一星期具有刺探性的巡邏之後，E連在六月二十八日從前線撤下來，轉為預備隊。六月二十九日，我們前往瑟堡附近，泰勒將軍到那裡視察E連。他提到E連堅守卡倫坦鎮外的防線時，他是多麼地欣慰。我們感激他的好評，但要是本連不再受到敵軍火力打擊的話會更感激。這個戰火中的喘息時刻也讓人有時間回想我們和敵軍的第一次交鋒並盤點我們的損失。E連經過連續三個星期的戰鬥後損失慘重。我們在六月十二日進攻卡倫坦時，有十人傷亡，六月十三日防衛卡倫坦時又有另外九人傷亡，總計本連戰力下降了百分之四十七。自D日以來共損失六十五人，當中包括陣亡、負傷和生病。到了六月三十日，E連的軍官和士兵僅剩七十四人可作戰。諾曼第讓我們付出了極高的代價。

從前線撤下來之後，也讓我們有機會好好整理個人的想法。舉例來說，法國人民隨著德軍往更後方退去而變得更友善。對那些失去一切的人來說，除了仇恨以外，一定很難再有任何的感受。每一個人都因為我們的反攻至少損失了一些東西。然而在經過四年的占領後，所有人都因為可以再度揮舞他們的國旗而感到格外驕傲。當我們經過時，他們對我們揮手，並且叫著：「法蘭西萬歲！」或是向我們豎起大拇指，或是比出勝利手勢「V」。彷彿全世界都是有著相同的感覺。然而整體來說，我們並沒有感覺到諾曼第鄉間在德軍占領下受到太多苦難。在康城（Caen）和瑟堡這樣的城市，占領的狀況更糟糕。當地的納粹經常處決法國抵抗運動的成員，不論是真的還是他們捏造的。在鄉間，乳製品的供應依然充裕，大多數軍人都可以順利取得新鮮雞蛋和牛奶。總之，當我們朝卡倫坦推進時，遇到的法國當地人可以自由運用所擁有的全部肉品和奶油，麵包則是少數需要配給的商品之一。

在諾曼第的最後幾星期，E連也有一些訪客。辛克上校前來恭賀E連達成的成就，和辛克同行的還有一〇一空降師轄下三二七滑降步兵團的團長約瑟夫．哈珀上校（Joseph H. Harper）。辛克得意得跟什麼一樣，一直要我說明他的團到底是怎麼讓布里考特的砲兵連給打垮的。我只是簡單地回答他，我們建立了火力基地後，就迂迴砲兵陣地，然後逐一摧毀火砲。

另一次前往高層總部的拜訪就不是那麼令人感到愉快了。當戰鬥一開始平息，最高統帥部的戰史學家馬歇爾（S.L.A. Marshall）立即著手進行針對諾曼第作戰的行動報告。他之後出版的《夜間跳傘》（*Night Drop*）一書中宣稱，戰鬥中只有不到百分之二十的士兵有接戰。馬歇爾顯然沒有拜訪過E連，因為本連所有官兵全都曾毅然決然地和敵軍交戰。此外，馬歇爾專注在西點軍校校友的經歷，不太關注那些非西點校友的前線軍官。如果他跟基層軍官多談一些，很可能就會得到迥然不同的結論。我個人碰見馬歇爾的時間相對短暫，他把我拉進一頂坐滿高階軍官的帳棚內，討論E連在D日當天的角色。那頂帳篷裡有夠多的一堆高階軍官，全都急著要馬歇爾讓他們揚名立萬。我只是簡單陳述我們如何建立火力基地，以及一次只攻擊一門大砲的經過。由於這次訪問對當時的我來說完全沒有任何意義，因此我盡快講述我的故事，講完就走人。因此，馬歇爾對E連完全沒有特別提及——而且他所說的完全是捏造出來的。馬歇爾輕描淡寫弟兄們的貢獻，並聲稱斯特耶的二營讓德軍砲兵連「在溫特斯上尉走路去猶他灘頭，向第四步兵師借來四輛雪曼戰車並命令他們從遠距離攻擊敵軍火砲。」我不知道馬歇爾到底講的是哪一場行動，但肯定不是消滅布里考特莊園砲兵連的戰鬥。

此舉並沒有改變我個人對卡倫坦作戰期間E連的敬佩。在布里考特莊園的時候，連上只有一小部分人真的投入和德軍戰鬥，我們摧毀了那個砲兵連，無疑拯救了猶他灘頭上數百名美軍的性命。E連以完整編制投入的第一場仗，就在卡倫坦。在那裡擔任攻進該鎮的矛頭，並在其他單位撤退時守住他們的戰線。當我們還在進駐防禦陣地時，敵人的逆襲已經展開。面對他們的進攻，我們沒有太多準備，但訓練和紀律使我們擊退了德軍的攻擊。現在E連的其他成員和我已經是經驗老道的戰鬥老兵，不過我還是謹慎以對，避免只以一次作戰為背景，就對本連的戰鬥價值做出任何錯誤的假設。儘管卡倫坦周邊的作戰經常導致大混亂，然而我們的集體經驗卻帶來信心——某種程度的自信。

從嚴謹的個人角度來看，我在壓力下領導及思考的能力讓人產生信心，我的自信是前所未見地大幅提升了。有好幾次他們提到我的時候會說：「天啊，見到你我真高興！」我們在前線的絕大部分時間，戰線總是拉得很長、相當單薄，個別士兵都得承受巨大的壓力和密集的火力。光是出現並詢問，「現在情況如何？」對他們來說就非常有意義——只是每隔一段時間就要提醒他們，需要抬起頭還擊。成功滋養了信心，而E連在諾曼第的成功逐漸灌入了信心，相信他們會成功，並且會為了日後的奮戰而活下去。與此同時，我不禁想到，如果我更賣力地訓練這些人，如果我把工作做得更好，也許我的弟兄會有更多的人得以回到老家。

七月一日，我收到通知，晉升上尉。儘管我相當欣慰，但這次晉升與洗個熱水澡和參觀瑟堡的機會相比，似乎是不那麼重要。我找到一間洗衣店，把大家的衣服都洗了，並且全部都我買單。第二天，美軍第一軍團司令布萊德雷將軍頒發傑出服役十字勳章給我。七月十日，E連移防到猶他灘頭的周邊地區，準備返回英格蘭。第一次親眼看到這座海灘，加上觸目所及每一個方向都充滿組成龐大無敵艦隊的無數船隻，還有海灘上的美國國旗，那一刻我不禁想要跪下，眼淚因此奪眶而出。自從那時開始，我只要看著國旗，心中都會浮現那段回憶。如今，當我聽到人們在爭辯並證明是否有焚燒國旗的權利時，我都會想起那一刻。當晚我們在靠近海灘的一處草地上宿營。七月十一日登上LST戰車登陸艦。我們在七月十二日晚間抵達南安普敦（Southampton），次日早上搭乘火車，中午時分就回到奧爾本。

看到友善的英國人面孔，這個感覺真是太棒了！就像回到家一樣。等待著的，是我們人在諾曼第時所有保存的郵件。到了下午，我們連上每個人都收到了新制服和武器，我們舊有的武器都留在諾曼第。七月十四日，我對連上弟兄簡單講幾句話，告訴他們在休假期間要注意周圍情況，遠離麻煩。不到十五分鐘，營區裡一個人也不剩，每個人都出發去享受一週的假期。我的腿依然僵硬痠痛，因此我留在奧爾本幾天，拜訪我的養父母，只用我所知最懶散的方式休息。巴恩斯家待我就像他們的親生兒回來一樣。巴恩斯太太在英國國家廣播公司的廣播中聽到有關E連的戰功，還有我榮獲傑出服役十字勳章的消息。她給了我一個擁抱，並說：「我非常以你為傲，我就知道你一定可以幹得很好。」

雖然英格蘭不是戰區，但仍然需要時間來調適。有時候我會因為聽見教堂鐘聲，而在夜裡醒來一動也不動。這個聲音會讓我想起上一次聽見教堂鐘聲響起的記憶：那時是在法國，D日凌晨約〇一〇〇時，之後發生的事情就成歷史了，鐘聲的確讓我覺得怪怪的。機槍和步槍的射擊嚇不倒我，但那些鐘聲，以及隻身一人、只有一把刀可以用來自衛的記憶，卻給我彷如被狼群獵殺般的毛骨悚然。

就像我手下大部分弟兄一樣，我前往倫敦遊覽。我在那裡發現聽見V－1嗡嗡彈和位於它們的落點範圍時會是什麼樣子。我們曾經在諾曼第卡倫坦外圍看見希特勒的最新「驚奇武器」。當時它們看起來就像是流星，只是這些流星的飛行路線錯了。在諾曼第時，我們得知當你要是看到它的話，注意時間並讀取方位角度，以確定它從哪邊過來。現在到了倫敦，有人告訴我們，如果可以聽見發動機的聲音就沒關係。如果發動機關掉的話，就要趕快跑到防空洞。我們在諾曼第經歷過那一切後，當你累得不成人形，躺在紅十字會會館三樓的床上時，說什麼要在半夜跑到防空洞避難真是笑死人。在倫敦非常輕鬆，不過沒多久我就回到奧爾本，在部隊結束休假返回前先寫信、回信。E連幹部在D日陣亡後，詹姆士·迪爾上士在我要求下擔任代理連士官長，我請他整理一份陣亡和負傷人員清單，還有他們的住家地址與最親密的親人。我給每個人都寫了一封短箋，這是非常困難的任務。

至於我自己，我盡可能讓自己放輕鬆。戰鬥讓我緊繃，尤其是自從我的決定意味著我所指揮的人將會是生或是死。在戰鬥中指揮士兵，當事人需要將情感從這些人身上抽離。在某種意義上來說，指揮作戰是世界上最孤單的工作。看著鏡中的自己，我看見自己變了許多，我可以感覺得出來。另一件影響我的事情是紀律的重要性——把紀律灌輸到我的部隊，並且在戰鬥中把任務達成的必要性。關於戰鬥還有一件事，就是一大堆你以為是人類，但其實只是石化了的殭屍。當他們沒有殭化的時候，他們就像一碗果凍那樣搖搖晃晃。記住了這點後，我指揮E連把所有他們能夠找到的三〇子彈從諾曼第偷渡回來。我知道當我們返回英格蘭後，我就得去訓練補充兵，我想要實彈，但沒辦法以訓練為由來取得。我打算利用這些彈藥讓那些補充兵體驗真實火力。想要在敵火射擊下獲取經驗的唯一辦法，就是依照逼真的戰鬥條件來演練。為了灌輸射擊紀律並讓補充兵為戰鬥做好準備，我進行本連實彈模擬野戰演練。這件事情相當危險，補充兵和老兵都很害怕，要是有任何人受傷，我就要倒大楣了。但是訓練帶來巨大的回報。當我們為下一次作戰做準備時，很幸運地沒有人受傷。之後，在荷蘭和巴斯通作戰期間，E連面對敵火，一次又一次地順利行動。

為了擺脫戰鬥引發的緊張，我擬出一套比平常更消耗體力的運動方式，並且定時上教堂。我幾乎每一天都會在工作結束後跑步二到三英里，做八十個伏地挺身，在床腳櫃上做六十個仰臥起坐，加上幾個劈腿，然後還有一些腿部與上半身運動，所以我的體格維持得相當好——不是我所所謂的摔角體格，但足以勝任陸軍的工作。體能活動可以讓我精神時刻保持機敏，增強耐力，並保持身體柔軟度。

我在海外和遠離家鄉時注意到的另一件事是，我發現自己不再關心瑣碎的事情。也許我被寵壞了。如果我收到信，很好，但如果沒有的話也不會煩惱。收到信件的唯一價值就是它可以讓我的心思暫時遠離工作，並且回到我朝思暮想的地方。寫信不再是優先要務。那麼，我回到這裡的家後該做什麼呢？我需要的反而是出門跑步、或散步、或唱歌、或是做些事情來改變我的思緒，結果我通常選擇跑步。到了星期天，我準備上教堂，鈕扣、靴子閃閃發亮，外衣上的勳表排得整整齊齊。我認為能夠上教堂是一種特權，我不想錯過這樣的機會。如果作戰曾教過我任何事，那就是什麼是生命中最基本的要素、什麼不是。在我於D日前的禱告，我總是感謝上帝為這個世界所做的一切，並請求讓其他人在未來可以有第二次的機會。我過去曾為許多事感謝過祂，但現在看來，那些事都無足輕重了。我現在要求的唯一一件事，就是到明天早上時還活著，並且活過另一天，這才是最重要的——如果我想要任何東西的話，就只有這個了。所有其他的東西都變成身外物、可有可無。我不想擔上這些可有可無的東西，或是被它們打擾。但當戰爭本身就是回報的時候，就另當別論。

第七章　荷蘭

接下來的兩個月時間過得飛快，E連把握機會整補，並接收了一些補充兵。當許多在諾曼第受傷的老兵逐漸康復後，我集中精力重組本連和各排指揮單元。哈利・魏許少尉和「巴克」・康普頓少尉都晉升到中尉，魏許現在擔任我的副連長，康普頓擔任二排排長。奉派前來本連報到的新任軍官包括湯瑪斯・皮卡克（Thomas A. Peacock）、羅伯特・布魯爾和約翰・畢善欽（John Pisanchin）。A連的軍官查爾斯・哈德遜少尉（Charles Hudson）獲得戰場任官，調來E連擔任副排長。另一位之前擔任計畫士官的愛德華・宣姆斯少尉（Edward Shames）也是，他曾經搭建過我們用來計畫跳傘進入諾曼第時使用的沙盤，並且是三營第一位獲得戰場任官的士官。

團部極需軍官，因此我有機會推薦E連的一個人可獲得戰場任官，我立即推薦二等士官長詹姆士・迪爾，他在諾曼第戰役期間擔任我的連士官長。我曾經擔任他的排長，在美國本土和反攻前待在英格蘭的期間曾和他緊密共事。迪爾無疑是本連塊頭最大、最強壯且最強悍的傢伙。他不是運動員，但他有一種威嚴的嗓音、掌握一切的態度，不接受任何士兵的頂嘴或廢話。他是我認為「肯實幹」的人，只要給他一個命令，然後就可以放手不管，因為他會把工作做得好。他就是那種不管到什麼單位都可以表現良好的軍人，排長的工作對他來說游刃有餘。迪爾也是個自動自發的人，非常積極進取，完全可靠。他絕不廢話、低調的指揮風格博得了士兵的尊敬。迪爾在諾曼第的表現可圈可點，我有信心他已經準備好踏出下一步。雖然我知道E連將會損失一位一流的幹部，身邊也會少了一名好友，但推薦士官長迪爾接受戰場任官，是我針對他的優異表現所能夠給予的最高榮譽。按照慣例，接受戰場任官的士官，都會被重新指派到團內的職缺。迪爾因此從E連轉往A連，他在那裡服勤，表現卓越，直到九月十九日在荷蘭攻占松橋（Son）的行動中陣亡。

挑選士官接受任官的工作不難。E連的主要力量總是源自於其由士官組成的核心。這些應徵入伍的軍人已經在塔可亞經歷過徹底的試煉，之後又在本寧堡的跳傘學校再次接受考驗。在美國和英格蘭的進一步訓練期間又更加強化，之後又在實際戰鬥中證明他們的勇氣。儘管我們在諾曼第損失整個連部還有許許多多其他人，但正是因為如此，我們才能夠在沒有明顯喪失領導力或士氣的情況下重組E連。為了填補迪爾晉升後遺留的空缺，我選擇卡伍德．李普頓上士擔任本連的新士官長。李普頓看起來就像是士官長該有的樣子。他的行為正如一名資深士官——機警、成熟、自律，一心奉獻給E連。此外他以身作則——這正是我希望我的士官長要做到的，更不用說他贏得麾下士兵的尊敬。當我宣布這個決定後，我收到一封愛德華．提普的來信，此時他還在大後方國內的醫院。他告訴我，就他的意見來說，「李普頓是全陸軍最棒的士官。」為了填補李普頓轉調到連部而產生的空缺，我指派泰伯特擔任第一排的副排長，這又是一次不難的選擇，尤其是看到他在諾曼第的表現之後。

還有幾個經歷過塔可亞時代的弟兄也在這個時候獲得拔擢。雷歐．波義爾（Leo D. Boyle）從中士升到上士，並且成為我在連部的左右手，他的主要職責是協助訓練我們即將接收的新補充兵。波義爾的年紀比本連士官的平均年齡大了幾歲。講到成熟度，他年長許多歲，也許他在D日的一個月前和奧爾本的當地姑娘結婚，讓他變得更加成熟，也加深了他身為父親的本能。當時我作為他的排長，允許波義爾中士和他的女友結婚，士官長伊凡斯擔任伴郎。同樣升到上士的還有二排副排長比爾・葛奈瑞，以及羅伯特・史密斯。在塔可亞時，我曾擔任葛奈瑞的排長，也曾推薦他晉升下士，之後又提拔他晉升中士，擔任班長。葛奈瑞是天生的領袖，也是E連最受敬重的士官之一。他在布里考特立下非凡戰功，因此我推薦他領受傑出服役十字勳章（不過這項推薦隨後被上級降級為銀星勳章，因為師部看起來不太願意批准太多入伍士兵獲頒高級勳獎）。結果，葛奈瑞和康普頓中尉成為E連在整場戰爭期間唯二獲得銀星勳章的人。史密斯擔任班長，在諾曼第也表現良好，由於他的領導能力和自律有目共睹，我指派他擔任連部補給士官，以接替在作戰中陣亡的莫瑞・羅伯茨上士。此外升到中士的還有肯尼斯・梅西爾（Kenneth Mercier）、「公牛」・藍道曼、亞瑟・尤曼（Arthur Youman）、唐・馬拉其、華倫・穆克（Warren "Skip" Muck）、保羅・羅傑斯和邁可・芮尼。芮尼曾經是中士，但因為參與反抗索柏的事件而被降為一兵。克里斯登生、瓦爾特・戈登、約翰・普里夏、達瑞爾・包爾斯和拉馮・瑞斯（Lavon Reese）也升上士官的行列。

下一個任務是訓練最近抵達的補充兵，使我們連上的兵力可以恢復到法定員額。我們做的第一件事是試射新武器，以確保在下一次作戰前所有的步槍都已經適當歸零。在波義爾上士的幫助下，我們擬定出一套嚴格的訓練進度表，當中包括野外演習，以對補充兵有所幫助。

經歷過諾曼第生還的老兵，一般都會在這類演習裡擔任比較簡單的工作。許多人仍因負傷還在復原中，他們的勤務就相對較輕鬆。在下一次任務前，上兵「卜派」・文恩和一兵羅德・洛斯托爾回歸，不過他們倆人在諾曼第受的傷都尚未復原。經歷過布里考特的戰鬥，文恩從猶他灘頭後送至英格蘭的一座野戰醫院養傷。當他得知如果他離開E連滿九十天，就會被分發到一〇一空降師的另外一個連，因此急著想要回來。他說服一位負責管制病患的中士把他送回奧爾本，文件上註明允許從事較輕鬆勤務。他在九月一日左右重返E連。當連上收到通知，準備在歐洲大陸執行另一次空降行動後，他就把那份文件給扔了。

文恩和其他D日老兵對待補充兵格外嚴厲，在為了下一個任務的兩週訓練期間，絲毫沒有讓他們懈怠。像是強尼・馬丁、「公牛」・藍道曼和比爾・葛奈瑞這幾位士官都拒絕和補充兵走太近，因為他們當中有一些只不過是男孩子而已。歷經過諾曼第的老兵，在他們之間自成一格，組成核心小團體，剛加入本團的新兵有理由對前者敬畏有加。所以從某種角度來看，他們就跟E連的新兵比較疏遠。直到今天，經歷過諾曼第首次戰鬥跳傘的E連成員，在連隊聚會時都會坐在不同的桌子。

八月十日，一〇一空降師在亨格福（Hungerford）接受艾森豪將軍校閱。艾克表示，他對一〇一空降師的表現非常滿意，並期待我們可以馬上重返戰場。在這段期間，我們要花心思處理更加無趣的事情。在諾曼第，我們食用K口糧，內容物包括搭配午餐口糧用的一小包檸檬水粉。這東西太恐怖了，每個人都把它丟掉。不過我們有所不知的是，這一小包居然可以滿足我們對維他命C的一切需求。待在諾曼第長達一個月，飲食中缺乏維他命C，差不多每個士兵都突然開始蛀牙。我去找團部牙醫「狡猾」費勒（"Shifty" Feiler）。他在蛀牙的地方鑽洞，然後把填充物塞進去。他的鑽子是一種用腳踏板驅動的裝置，我的牙齒讓我痛不欲生。到了第二天晚上，我又開始痛得打滾，沒辦法正常思考，但又不能掛病號，因為任何時候都有可能投入作戰。我不能冒著E連沒人領導的風險。我可不想為了看牙醫而被標記為「排除參與戰鬥」（Left Out of Battle, L.O.B.）。另一方面我也很懷疑，發生牙痛的時候我該如何在戰鬥時有效發揮。幸好預計在巴黎附近跳傘的規畫取消了，才得以回到奧爾本找真正的牙醫看病。這位牙醫剛好來自於賓州的哈立斯堡（Harrisburg），離位於蘭開斯特郡我的老家不算遠，他把填充物鑽開後跟我說：「這非常糟糕，費勒把這兩顆臼齒的神經都切斷了，這兩顆牙齒的狀況都好得不得了，如果我們現在在哈立斯堡，我就可以救回來，但現在這個狀況下，你可能會在任何時候投入戰鬥，我唯一能做的事就是把它們拔掉。」我再也沒有回去找「狡猾」費勒。我對天發誓，絕對、絕對不會再去看一次任何綽號叫「狡猾」的醫生。

在接下來的三十天，我們持續收到通知要在歐洲大陸再次部署。八月十七日，E連接獲通知並聽取簡報，內容是在夏特（Chartres）空降，以切斷從法萊斯－阿讓唐（Falaise-Argentan）口袋撤退的德軍退路。但D日（八月十九日）來了又去，卻什麼事情也沒發生。八月三十一日，我們回到編組區，這一次是要跳傘進入馬其諾防線後方的比利時，但那場作戰在九月四日取消。在這兩個任務之間的期間，我默默慶祝我待在陸軍的三週年。我回顧過去，從某些方面看起來就像是已經過了一輩子，就好像我已經老了不只三歲。而從其他方面來看，感覺並沒有那麼久。到目前為止我很幸運，E連在同一段時間內曾完成那麼多事情的人並不多。我估計如果我在傘兵再待個兩或三年，存錢的速度跟之前差不多的話，戰爭結束時應該會有了一大筆不錯的收入。我最想要做的事情就是回到戰場，讓其他人代替我作戰的感覺並不是很好。

九月十日，我們又回到編組區，這次是為了「市場花園作戰」，也就是蒙哥馬利將軍度過下萊茵河、並在德國境內建立橋頭堡的計畫。這場作戰的空降部分代號「市場」，是大戰期間規模最大的空投行動，不論是飛機還是人員數量都遠超過D日。如果這場作戰成功，我的朋友、同時也是現任營部參謀的尼克森上尉預期，戰爭將會在聖誕節結束。聽取簡報時，我們獲知一〇一和八十二空降師將劃分給英軍第二軍團，這個安排大家都不滿意。一〇一空降師奉命要奪取位於恩荷芬的四座橋梁，和在松鎮跨越威廉明娜運河（Wilhelmina Canal）的一座橋梁。二營的任務是要在空投區的東側邊緣集結，然後直接進入恩荷芬，在本團的協調支援下攻占三座重要橋梁。如果我們能夠奪取這些橋梁，八十二師也能奪下在格拉福（Grave）跨越馬士河（Maas River）的橋梁，還有在奈美根（Nijmegen）跨越瓦爾河（Waal River）的橋梁，英軍第三十軍的裝甲縱隊就可以沿著「地獄公路」長驅直入，和位於安恆（Arnhem）的英軍第一空降師會師。地獄公路是一條兩線車道的硬質鋪面道路，位於恩荷芬和安恆之間，全長大約五十五英里。

和諾曼第相比，九月十七日的跳傘相對簡單。九月十五日時，團部連、一營和二營已經在孟伯里機場（Membury Airfield）附近。跟D日不同的是，E連和整個五〇六團會在光天化日之下於恩荷芬以北幾英里處跳傘。在抵達空投區大約五分鐘前，本團遭遇地面德軍高射砲部隊猛烈火力，團部的飛機被打得最慘。辛克上校和副團長查爾斯．蔡斯中校在接近空投區時，他們分乘的飛機都被敵軍防空砲火擊中，差點就重蹈D日E連連長的覆轍。當辛克看到部分的機翼已經被打到解體時，他轉身對部下說：「好吧，機翼沒了，」但看起來沒有人對此有太多感想。辛克和蔡斯最後都平安落地，並匆忙把本團組織起來，朝目標推進。我個人感受到的唯一危機，就是要趕緊脫離空投區，越快越好，以免被掉落的裝備砸中。因為空投區非常集中——整個五〇六團只有一個空投區——裝備是如雨點般落下：鋼盔、槍枝和其他空投包。離開空投區的路程既漫長又炎熱，而且塵土飛揚。我們花費太長時間才抵達目標。我不禁想，下次把我們直接空投在目標上吧。

當本營沿著公路朝松鎮挺進時，行軍的順序是D連在前，接著是E連、營部連和F連，在道路兩側各排成縱隊，沒有遭遇太多抵抗。不過德軍一門八八砲突然開始沿著道路開火，然後我們又聽到德軍機槍在射擊。我們沒有人傷亡，D連掩護右側，E連則負責左側。我們向前推進，直到距離威廉明娜運河上第一座橋梁大約二十五到三十碼處，橋就被炸掉了。這已經是那天下午我們第二次身陷碎片如冰雹般落下的狀況，只不過這次換成木頭和石塊。我趴在地上，我記得尼克森在我的左邊。當石塊和木頭停止飛舞時，我心想，天啊！這死法也太慘了吧！要是我們在更接近目標的地方空投，就可以在德軍工兵準備爆破之前奪下橋梁。

無論如何，我們馬上採取行動，一營渡過運河，由E連提供掩護火力。該營營長詹姆士·

拉普瑞德少校（James La Prade）一馬當先，踮起腳尖一步步踏著岩石走過去，試著不弄濕雙腳渡過運河。他一手拿著四五手槍，試著保持平衡。那個樣子對我來說實在很滑稽，我心裡想著，好傢伙，看在上帝的份上，如果你覺得會碰上麻煩，那就拿一把M1步槍，至少讓自己有點火力。此外，拿M1步槍讓你看起來就像是另一個士兵，不是軍官，狙擊手通常挑軍官下手。三個月之後，已經晉升中校的拉普瑞德在巴斯通陣亡。至於E連，我們在夜裡渡過運河，當晚在一間木造小屋睡覺，以避開雨水。之後，英軍皇家工兵第十四戰鬥工兵連在威廉明娜運河上架設了一百一十英尺長的倍力橋，一旦打通地獄公路，戰車就可渡河了。

次日，五〇六團繼續朝恩荷芬前進，這座城市有十萬居民。當我們逼近恩荷芬，辛克上校下令二營由F連領頭前往本團左翼。F連突然停了下來，E連就被派往F連的左翼。在隨後的戰鬥，E連三排排長鮑伯．布魯爾被打中。我派布魯爾率領E連進攻，恩荷芬前方的原野十分平坦，完全沒有掩蔽。接近城鎮時，地勢略為升高。布魯爾的三排以完美的隊形散開：斥候在前，沒有擠在一起，這個隊形非常完美，只有一件事除外，那就是布魯爾和斥候待在一起，走在非常前面的地方。布魯爾身材高大，大約六英尺三吋，不斷揮舞著手臂大吼，看起來就像個軍官，是個完美的靶子。我看得出事情就要發生了，所有人都看得出來事情真的要發生了。我透過無線電大吼：「回來，退回來，退回來！」無線電沒有回應。他就這樣一直往前走，突然間一聲槍響，他就像一棵被熟練的伐木工砍倒的大樹一樣倒下來。那發子彈就從他的下巴下方打穿喉嚨。我很肯定他死了。在那個當下，我沒有時間惋惜。我片刻也沒有停下，持續帶領麾下士兵穿越原野，越快越好，頭也不回地往前進。最後我們抵達恩荷芬，沒有遭遇其他抵抗。至於布魯爾，他居然奇蹟似地康復，在戰爭結束時重返E連。

自諾曼第之後，我很好奇會不會在戰爭裡發現讓人感到興高采烈的事情。我們進入恩荷芬時，最大的問題就是想辦法讓部隊穿越夾道歡迎的擁擠人群。荷蘭人民經歷納粹占領長達四年的苦難後，他們無止盡地夾道歡迎自一九四〇年四月以來親眼目睹的第一批盟軍士兵。這跟八月下旬我們的部隊解放巴黎時，當地民眾迎接他們時的情感流露一定非常類似。平民百姓占據了恩荷芬的街道，他們臉上掛滿微笑、不斷揮手，並提供給弟兄們吃的、喝的。許多居民從家裡搬出椅子，鼓勵我們的士兵坐下來歇息，這樣的熱情歡迎跟我們在諾曼第遇到的根本是天壤之別。我們在那裡還會懷疑是否有狙擊手假扮成法國平民。我沒多久之前才親眼目睹布魯爾中彈，所以還是會害怕狙擊手，所以我把地圖盒放在褲子腰帶下面，接著把制服夾克拉下來，蓋住地圖盒和雙筒望遠鏡，讓這兩樣東西不會被別人看到，然後又把夾克的領子翻起來，把階級章遮住。我盡量使自己看起來就像一個尋常的美國大兵，這就是我總是拿著M1步槍的原因。知道自己無論身處何種境地都能安然無恙，這讓我感到非常安心。

E連迅速穿越擁擠人群，控制了洞美爾河（Dommel River）上的橋梁。我認為慶祝派對可以等到更晚的時候再說。九月十七日，第一座橋在我們抵達之前就被炸毀，這讓我們覺得在完成指派任務的過程中，沒有盡到自己的責任。不過罪惡感並沒有持續太久，因為英軍裝甲縱隊的先頭部隊在九月十八日下午抵達，之後他們突然在市中心停下來，架設勤務營，開始煮起下午茶。他們理當要繼續朝奈美根的八十二師、還有安恆的同袍推進，但卻表現得一點都不疾不徐，讓我們感到有些困惑。到了一八三〇時，英軍禁衛裝甲師主力部隊開始從南邊穿越恩荷芬，此舉等於是達成了作戰展開時交付給五〇六團的任務。當晚，斯特耶中校在恩荷芬東郊的通格爾雷（Tongelre）鎮中心位置開設營部，我負責安排哨點。

我們在鞏固兵力時，敵軍依然活動頻繁。盟軍第一空降軍團可說是空降到馬蜂窩裡，德軍部隊立即發動反擊，準備切斷這條從恩荷芬唯一通往安恆的公路。九月十九日，也就是作戰展開兩天後，E連在一個分派過來的戰車排支援下，受命朝恩荷芬以東八英里處的赫爾蒙德（Helmond）前進，目標是和敵軍接觸。我們離開恩荷芬時，荷蘭人又跑了出來，大聲歡呼、揮舞旗幟，給我們食物和飲料。我們通過攻擊發起線，經過一座名叫紐南（Nuenen）的小村。這個地方最主要的賣點，就是梵谷的出生地。我們前腳才剛踏出紐南，就馬上遭遇敵軍戰車的兇猛火力，德軍擊毀我方幾輛戰車，馬上把E連狠狠地釘死，根本不可能繼續挺進。大部分人都躲進路邊的溝裡掩蔽，我們這邊沒有多少建築可用來掩護，及建立據點還擊。我們能做的就是盡可能持續開火，直到黑夜。然後，我們脫離戰鬥，從溝裡往回爬，直到我們能夠把連隊集結起來並返回恩荷芬。尼克森帶著足夠的卡車在下午稍晚時抵達，把全連的人都載回城內。美軍傘兵以滿滿的信心展開這一天，卻遭到德軍狠狠痛擊。

我們一回到恩荷芬，德國空軍就對市中心展開猛烈轟炸。即使到了今天，空中轟炸和砲兵轟擊的景象依然歷歷在目，在我心中留下印記。當天早上還快快樂樂地迎接解放，我們朝赫爾蒙德進軍時還對我們歡呼的荷蘭人，此時全都躲進屋裡，關上百葉窗，把旗幟拿下來，看起來十分沮喪。這個景象讓人傷心。民眾顯然覺得面對敵軍堅決的推進，我們正在拋棄他們。熊熊大火持續在城內蔓延，恩荷芬居民一直要到早上才控制住火勢。對這座城市的居民來說，他們的世界看起來即將到了盡頭。我們感覺也很糟，步履蹣跚地退回城內。這是E連首次被迫撤退。沒有裝甲部隊的支援，我們的陣地在戰術上是無法維持的。然而，我們已經查明敵軍所在，並確認他們的意圖，我立即安頓部屬過夜，並前往營部報告。我踏進營部，每個人看起來都心情愉悅，享用著美味晚餐。斯特耶中校看到我，便轉過身來，臉上帶著大大的微笑問：「溫特斯，今天過得怎麼樣？」

「長官，今天我方有十五人傷亡，我們被狠狠揍了一頓。」

我笑不出來，不用說晚餐的氣氛馬上變了。跟我們最近的作戰有關的唯一一件好消息，就是「公牛」．藍道曼在隔天早上回來了。原本藍道曼據報在戰鬥中失蹤，他受了傷，並且和E連其他人失去聯繫，躲在一間空穀倉內等待夜幕降臨。不久之後，一名德軍士兵進入穀倉，打算搜索敵人，「公牛」用刺刀把德軍殺死，然後拿乾草把對方的屍體蓋住。接著他又把自己藏起來，直到第二天早上他被A連和D連的士兵救出為止。

藍道曼是E連典型士官的表現，他臨危不亂，在敵軍戰線後方站穩腳步。這項事實充分說明了本連在戰鬥中所能發揮的能力。他手下的班兵、二兵湯尼．賈西亞（Tony Garcia）形容藍道曼是「堅定的大塊頭，不只是對德軍強硬，對他的班兵則是恩威並施」。「公牛」講話速度慢，卻氣勢威嚴。如果你需要一大早叫全連的人起床，你不需要軍號，只要把藍道曼擺到集合場正中央，然後告訴他叫大家滾出來就可以了。不論你給他什麼樣的任務，他都能夠搞定，絕對可靠，弟兄們都愛他。

因為預期德軍將發動攻擊，E連在採取守勢兩天後收到新的命令，要所有人登上卡車，前往「地獄公路」上的烏登（Uden）。我們隸屬於一支規模相當於兩個營的部隊，由副團長蔡斯中校指揮。E連的卡車只夠載運一半的人，我負責指揮第一批，尼克森上尉和魏許中尉跟著我一起接近費赫爾（Vechel）。我們才剛經過費赫爾，正要朝距離不到四英里外的烏登前進，德軍就從兩個地點切斷了公路。英軍第三十軍的任務是控制地獄公路，其軍長布萊恩・霍羅克斯中將（Brian Horrocks）之後把德軍的攻擊稱為是他的「黑色星期五」。德軍的突擊也讓我們孤立無援，我轉向弟兄們並且說：「弟兄們，沒什麼好緊張的。這個狀況很正常。我們被包圍了！」在九月二十二日其餘的時間和接下來的兩天，我們和三輛一起被困在鎮上的英軍戰車都陷入重圍。我向蔡斯中校報告我們的配置，他立即指示我在烏登建立防線。我們在所有進入烏登的道路都設下路障。為了協調防禦作業，我和尼克森爬上教堂的尖塔，我們盡可能往上爬，直到懸掛吊鐘的地方。從這裡，我們可以觀察在費赫爾周邊地帶正爆發開來的戰鬥。

不久之後，我們注意到一支德軍排級巡邏隊在烏登東南邊穿過一座果園移動。我們立即跑下鐘塔，我叫上幾個步槍班，快馬加鞭準備攔截這支巡邏隊。我們對他們迎頭痛擊，然後他們就撤退了。我回到鐘塔，坐在制高點上，看著德軍戰車在其空軍的戰術空中支援下逼近費赫爾。我不敢相信正當這一切正在發生的時候，居然沒有人朝我們這只有幾英里遠的烏登過來。不過這個戰場第一排景觀的福利並沒有持續太久。德軍巡邏隊一定發現了尼克森和我，或至少懷疑有人躲在鐘塔裡，他們從很遠的地方朝我們頭頂上方打了一發子彈，紮紮實實地「把鐘給敲響了」。我們連忙離開，沿著鐘塔的樓梯三步併作兩步往下衝。回到地面後，一想到跑下樓的樣子，我們就不禁哈哈大笑。

我在烏登南端一個路口的路邊商店建立了本連的據點。計畫很簡單：萬一遇到攻擊，我們就地抵抗。如果對方有戰車，當他們通過據點時，我們就從二樓窗戶把C型炸藥和汽油彈丟擲到戰車上。我們沒有討論到後退或撤退的事宜，更沒有人想過要投降。當晚大約二二〇〇時，我決定在夜裡休息之前最後一次檢查所有的路障。魏許中尉負責鎮上西北側的路障，而在路口的左邊有一幢大房子，離馬路很遠，很適合作為路障的指揮所，正是我本來想設立指揮所的地方。在路口的右邊有一間小酒館，當抵達路口時，我發現那裡有一輛英軍的雪曼戰車，這是我們當初同意的。不過我卻找不到任何一位E連士兵在位置上。我覺得太扯了，於是走到當初想要當成指揮所的那幢房子，以為大家都在裡面，我敲了敲門，結果有位女僕來應門，我不會說荷蘭話，她也不會說英語，不過她弄懂我的意思是想要見「一位軍人」。她帶著我穿過走廊，打開門之後進入一間裝飾豪華的大客廳，映入眼簾的景象頓時讓我說不出話來。一位美麗的荷蘭女孩坐在一座燒得正旺的大壁爐前，她正和一位英軍尉官共享晚餐的雞蛋。她臉上帶著微笑，他則動了動身子，把頭轉過來問我：「我的戰車還在外面嗎？」我對這個問題的回答無助於英美兩國的關係。

我回到路口，跨越街道，發現魏許和他的部屬正在酒館的吧檯上睡覺。關於戰鬥這件事，有時候魏許重視的東西和我不一樣。我和魏許討論全般狀況之後便離開。我很滿意我們能按照我的要求設置路障，因此我可以在夜裡好好睡一覺，不用擔心被突破。我們保持守勢，直到九月二十四日下午五〇六團後繼部隊抵達烏登。不過德軍在那天下午再度切斷公路，這次是在費赫爾以南，就在科福林村（Koevering）北邊的地方。

〇三〇〇時，為了要再度打通公路，本團奉命從烏登返回費赫爾。五〇六團冒著滂沱大雨，於五小時後在費赫爾南邊發動攻勢。本營一開始奉命擔任預備隊，但到了下午稍早，斯特耶把二營投入左翼的側翼迂迴行動，我們有半連的英軍戰車支援。即使由E連領頭攻擊，我們的前進速度依然緩慢。當我們勘查地形、擬訂計畫並執行側翼迂迴行動的每一個步驟時，尼克森上尉都跟我在一起。我們選擇的路線相當堅實穩固，適合戰車行駛，右邊是一片樹林。這片樹林距離公路大約有三百五十碼，若要抵達那條公路，就得穿越三百五十碼完全沒有任何掩護或隱蔽的空曠地帶。

我把隊伍散開，排列成進入恩荷芬時我曾使用的相同隊形：斥候派出去、所有人分成兩個縱隊散開、沒有人擠在一起。大約在走到半路的時候，我們突然遭遇德軍「虎王」戰車和第六傘兵團的機槍掃射，每個人馬上趴下。我轉向左後方葛奈瑞上士的所在位置，下令迫砲轟擊那些敵軍機槍。葛奈瑞把距離和方位等參數報給馬拉其中士，當時他正在架設六〇迫砲。馬拉其是當時那個時間點在戰場上唯一沒有趴下的人。接著，我下令機槍往道路上集中火力，也對敵軍戰車加強射擊。到了此時我們才看清楚，那些戰車全都在路邊挖掘的壕溝內隱藏車身。

戰鬥正在發生的時候，我轉身查看尼克森的狀況，他就在我的左邊。他在檢查鋼盔，臉上掛著大大的微笑。敵軍機槍一開始掃射的時候，一枚子彈打穿他的鋼盔正前方，擦過他的額頭，再從鋼盔的側面飛出去，只在他的額頭留下棕色的痕跡，甚至連皮膚都沒劃破。這次意外的好運意味著，尼克森是屬於二營中從諾曼第跳傘開始，至歷經了整場戰爭結束，極少數沒有獲得至少一枚紫心勳章的人之一。

從我的立場來看，要是尼克森陣亡，那我就完蛋了。身為一位領導者，你不會在戰鬥時停下來並計算你的傷亡。你不能停止戰鬥，並且了解自己承受了多少傷亡。你只能在戰鬥結束後清點損失。自反攻行動的第二個星期開始，傷亡數字就是我最關心的事情，我們終究會取得勝利，但是必須付出的傷亡就是會讓人感到痛心的代價。從這方面來看，尼克森似乎是個特例。

我和尼克森的性格雖然不一樣，但是我們兩個人是可以有話說的。他就像是一個宣洩出口，讓我能夠卸下身為戰鬥領袖的負擔。「尼克」和我徹底了解彼此，對於領導統御、應該如何部署部隊、要如何打仗等議題，我們觀念相通。回想起來，尼克森似乎總是在我身旁。我們從本寧堡的軍官候補學校和在塔可亞的時候就已經認識，但我們的友誼一直要到諾曼第才變得深厚。布里考特的戰鬥之後，我曾經要求給部屬額外的彈藥，卻沒有任何人前來。我自行前往營部，在那裡看見斯特耶中校和他的參謀正在研究我從其中一處砲陣地找到的地圖。我氣炸了，雖然考慮到我的軍階此舉完全不適當。尼克森四處幫我張羅彈藥，幫了非常大的忙。之後我們搭乘戰車登陸艦從法國返回，他朝我走來，要求我幫本營的其他軍官上一堂關於領導統御的課程。這個要求吸引了我的注意。在戰爭接下來的期間，我們始終維持好友關係。

我現在的工作是要讓E連離開那塊空地，並且同時維持火力基地。我們第一個步驟是先把步槍兵撤出來，他們建立火力基地的同時，再把機槍手撤出來。我接著走到樹林的邊緣，登上其中一輛我軍戰車，直接和車長面對面討論。我告訴他在公路的另外一邊有一輛虎式戰車，車身藏在壕溝內，然後我建議他：「如果你把車停在樹林邊緣的路堤後面，你也可以把車身藏起來，然後就可以朝那輛虎式開砲。」我爬下戰車，然後接下來發生的事情讓每一個人都驚訝無比。第一輛戰車和它左邊的另一輛戰車，一起直直往前犁過樹木，一路上發出可怕的轟鳴聲，直到空地的邊緣。一到空地的邊緣，車長就下令戰車旋轉，向左邊排成一排，準備朝虎式開火。磅！虎式開了一砲，在雪曼的砲管上留下擦痕，然後又掠過車身。英軍車長連忙全速倒車，此時虎式戰車開了第二砲，直接從正中央打穿砲塔。雪曼戰車頓時爆炸，車長被拋飛，虎式又開了一砲，結果又正中目標，擊毀第二輛英軍戰車。幾名傘兵連忙趕去協助戰車組員，把受傷的英軍士兵從車裡拉出來。其中一名戰車兵的一條手臂不見了，另一人則是全身著火。戰鬥就是這麼激烈。

此刻我讓E連弟兄退回樹林邊緣，我們繼續沿著公路用機槍和德軍互射。尼克森從營部連帶來八一迫砲，我們對著公路掃射，直到天色變暗。那兩輛英軍戰車還在燃燒，車上的彈藥整晚炸個不停。在夜裡，我可以聽見德軍戰車發動引擎並四處移動，我希望他們正在撤退。尼克森找到一瓶杜松子酒，他一個人就把那瓶酒給喝光了。

九月二十六日，也就是次日早上，E連出發。在沒有抵抗的狀況下，我們越過那三百五十碼的距離抵達公路。看來是馬拉其的六〇迫砲或營部的八一迫砲火力直接命中了其中一座機槍陣地，一名倒臥在陣地裡的陣亡德軍傘兵有雙很漂亮的全新傘兵靴。此時我正好需要一雙新的靴子，因此我坐下來，把我的鞋底拿來和他的鞋底比對，看看尺寸是否合適。太可惜了——靴子不夠大。我們之後冒雨行軍返回烏登，一直要到入夜後才抵達市區。此時我們早已累得不成人形。過去這十天太艱辛了。這一個半星期，E連不斷地戰鬥，共有二十二人傷亡。

第八章　島嶼

現在我方已經控制烏登，E連和一〇一空降師其餘部隊奉命前往「島嶼」，也就是奈美根以北、下萊茵河和瓦爾河中間的一處狹長地帶。在這兩條河流的堤防之間的土地，是平坦的農地，並有小村鎮點綴其中。沿著河流的堤防有二十英尺高，原野上各種排水溝渠縱橫交錯，並且有茂密植被覆蓋。堤防的頂端有道路，相鄰的田野間也有狹窄路面穿越。這裡的農田相當密集，鬱鬱蔥蔥的田地種滿紅蘿蔔、甜菜和高麗菜，還有果園點綴其間。為了即將進行的作戰，一〇一空降師配屬給英軍第十二軍。十月二日，五〇六團搭乘卡車通過奈美根橋，成為一〇一空降師第一個抵達島嶼的單位。情報指出德軍三六三國民擲彈兵師（Volksgrenadier Division）就在周邊地帶，並且奉命肅清島嶼。三六三國民擲彈兵師的前身三六三步兵師在諾曼第被覆滅，但現在重新獲得兵源，迫切想重返戰場。

次日，五〇六團接防了英軍第四十三威塞克斯步兵師（Wessex）據守的前線陣地，該師負責掩護大約六英里長的防線。四十三師企圖奪取下萊茵河上的渡口，把跳入安恆的英軍第一空降師解救出來，但蒙受慘重傷亡。當我們接近前沿陣地時，英軍士兵正搭乘卡車撤出。我仔細打量了一番，從未看過意志如此消沉的士兵，長達兩週的戰鬥徹底擊垮了他們的士氣，部隊徹底萎靡不振。斯特耶中校的二營在萊茵河南岸散開，形成戰線，掩護長度超過三英里的地區，起點是從海特倫（Heteren）以東半英里處開始，朝歐弗斯登（Opheusden）延伸二英里半到蘭德韋克（Randwijk）以西的地方。三營位於我們右翼，一營擔任預備隊。E連據守二營防線右翼，D連位於左翼，F連擔任預備隊。斯特耶中校在位於我們前線後方的小村赫門（Hemmen）設立營部。每個連都要負責掩護長達一英里半的前線，遠超過連防禦陣地的一般距離。若要掩護這整條防線，就只能策略性地在敵人最有可能接近的路徑，和我估計敵人可能會進行滲透的地方部署前哨據點。連部透過無線電、野戰電話和聯絡斥候，與這些前哨據點保持聯繫。我把二排和三排部署在前線，留下第一排擔任預備隊。E連可出勤的完整人員編制包括五名軍官和一百三十名士兵。

前兩天沒有什麼動靜，不過到了十月五日〇四〇〇時左右，敵軍對我軍側翼發動猛烈進攻，有機槍和迫砲火力支援，直搗三營營部，結果營長被打死。同一時間在我們的戰線上，由亞瑟・尤曼中士領導的四人巡邏小隊，離開蘭德韋克以觀察敵軍活動，並從萊茵河南岸的一處前哨據點校正砲兵火力。這支巡邏隊包括尤曼、羅德里克・洛斯托爾、吉姆・艾利（Jim Alley）和喬・李斯紐斯基（Joe Lesniewski）。這支巡邏隊在〇四二〇時返回，四人全都因輕兵器火力和手榴彈而負傷，其中艾利傷得最重。他的身體左側共有三十二個洞，臉、脖子和手臂都有，接下來兩個月都待在醫院。巡邏隊的每個人都氣喘吁吁。一看到他們這個樣子，你就知道他們真的經歷過戰鬥，在夜裡面臨死亡。這點絕對不會有任何疑問。洛斯托爾報告他們在E連指揮所以東四分之三英里的十字路口遭遇大量德軍，他估計德軍已經成功大規模突破我軍防線，還報告敵軍有一挺機槍隨機朝南邊發射。他們接近那挺機槍時，巡邏隊就遭到敵火射擊。

有鑑於整體戰況有潛在嚴重風險，我決定親自調查一番。我帶著連部的雷歐・波義爾中士（他攜帶 SCR 300 背負式無線電），還有此時仍擔任預備隊的第一排的一個班組成一支巡邏隊，並盡可能以最快速度出發，釐清現況。當我們接近路口時，我可以看到並聽見間歇的機槍射擊、曳光彈朝南邊飛去。這樣子的射擊狀況，我一點都搞不懂是怎麼回事，因為我知道沿著那條路將近三英里半的距離之間——在那之後是二營在赫門的營部——什麼鬼東西都沒有。

這個時候，我命令巡邏隊停止前進，並打算跟為我們擔任砲兵支援前進觀測員的加軍聯絡。我想要讓觀測員集中砲兵火力打擊那個路口，但我沒辦法用無線電聯絡上他們。我把巡邏隊交給波義爾中士負責，親自抵近偵察，以找出接近那處路口的最好辦法。我看見堤防靠河流的那一側有一條溝，大約有二英尺到二英尺半那麼深，和堤防的道路平行，這可以當成我們比較好的掩護。我留下兩個人看守後方並保護右翼，接著帶領剩下的班兵往上走，越過堤防到北側，沿著水溝朝路口和機槍方向前進。在距離路口大約二百五十碼的地方，我再度命令巡邏隊停下，自己在溝裡匍匐前進，前往查看現場狀況。當更靠近路口時，我聽見了聲音，在夜空的映襯下觀察到七名敵軍士兵的輪廓。他們就站在堤防頂上的機槍旁邊，穿著冬季的長大衣，以及戴有一眼就看出不同的鋼盔。我繼續往前爬行，直到他們身後大約二十五碼處的堤防邊排水溝內。我不禁想到，這跟電影《西線無戰事》沒有兩樣。

我回到巡邏隊，並告訴他們敵軍配置狀況，並清楚地指示他們：「我們一定要匍匐前進到那裡，絕對不能發出任何聲音，保持低姿態，而且動作要快。」我看得出來，能夠掩護我們行動的黑夜的時間已經所剩無幾。當天色逐漸破曉時，我們抵達距離機槍大約四十碼的位置，我下令巡邏隊停下，指示下士杜克曼和技術士官長克里斯登生架好機槍。我走到每個人身旁，低聲給他們指定德軍機槍小隊裡的每一個目標，並要求他們聽我的口令開火。接著我回到原本的位置，稍微提高了音量說：「預備，瞄準，射擊！」步槍打得相當準，但機槍射得有點偏高，三名德軍開始衝向堤防另一邊。我提起我的M1步槍，和其他人一起射擊。我們一口氣就消滅了全部七名敵軍士兵。

我們才剛殲滅德軍機槍組，就馬上遭到從堤防通往河流的路面東邊打來的零星步槍射擊。我立即帶著巡邏隊沿著我們接近路口時使用的同一條溝撤退。走了大約二百碼之後，又換到另一條排水溝，跟我們被步槍射擊的路面平行。麻煩的是，路面另一邊的德軍至少是戰鬥巡邏隊的規模，而目前我只有一個步槍班可用。我用無線電呼叫人在連指揮所的哈利．魏許中尉，要求把第一排剩下的人都派過來，也要營部的法蘭克．雷斯中尉（Frank Reis）帶他的輕機槍組來支援。此時，幾發槍榴彈從道路下方通往河邊的涵洞方向打了過來。不等命令下達，弟兄們立即還擊，摧毀了德軍陣地。隨後的交戰中，我們失去了大家都尊敬的威廉．

杜克曼下士。「杜克」是塔可亞時期的兄弟，連上每位弟兄都愛他。

等待排上其餘士兵會合的同時，我往外走五十碼，進入雙方戰線之間的草地，評估我們正面對的狀況。經過仔細思索後，有三件事情顯而易見：首先，德軍位於完整、堅固路面路堤後方，我們則在淺溝裡，撤退的路線不安全。第二，德軍的位置很好，可以從我們的右邊側翼迂迴，在空曠且沒有掩蔽的田野逮住我們。最後，如果德軍的兵力足夠，他們可以沿著路面向南推進，不會受到任何阻攔，直到他們碰到營部所在地。確定不能待在原地不動，又不能撤退，於是我決定進攻。沒有道理把主動權讓給敵人。我認為，當你面對一場對決時，先動手開槍的一方通常會贏。除了直接朝敵人打過去以外，真的沒有什麼好選擇。我向上帝祈禱，希望祂賜予我力量。

等到第一排其餘兵力抵達後，我方陣地已經完全天亮了。我把雷斯和第一排排長皮卡克、還有佛洛伊德．泰伯特上士三個人一起叫來，並給他們如下指令：「泰伯特，帶第三班到右邊，皮卡克帶第一班到左邊，我會帶第二班在中間。雷斯，我要你把機槍架在縱隊之間，我要有效的掩護火力，直到我們抵達路面。然後帶著你們的機槍馬上過來，跟我們會合。上刺刀和列好隊，越快越好。皮卡克，當每個人都就定位，我會打手勢通知你，然後你丟一顆煙霧彈當信號，我們這邊就出發。」

隨後我召集第二班並解說計畫。唐・胡伯樂（Don Hoobler）就正正站在我面前。當我說：「上刺刀，」胡伯樂吞了好大一口。到現在我還記得看到他的喉結在喉嚨裡緊繃地上下移動，他的腎上腺素正在大量分泌。

我的腎上腺素也正在加速。我這一生中從未如此亢奮。隨著煙霧彈開始發煙，掩護組立即射擊，三個縱隊的所有人開始向前衝刺，越過一百七十五至二百碼左右的草地。我在唸書時就是個優秀的運動員，但我確信跑這二百碼的距離絕對比我這一生中跑過的任何二百碼都要快。一串串鐵刺網藏在草叢裡，大約到我們的鞋子頂端那麼高，我被絆到一兩次，但還是繼續往前跑。奇怪的是，當我迅速超過其他人時，我似乎正在漂浮，而不是在奔跑。我跑到通往堤防的路面時，就只有我一個人，完全沒有注意到其他人的位置。

道路從堤防處的二十英尺高度逐漸降低，直到在我面前約三英尺高。我連跑帶跳，接著一躍，就到了路面上。天啊！正前方，一個哨兵正在哨點裡、把頭低下來，躲避雷斯的掩護火力。我的右邊有一群步兵，全都擠在一起，躺在堤防和路面的交會處，也就是我目前站著並且通往河流的那條路。他們也是把頭低下來，躲避我方的掩護火力。由於十月已經很冷了，敵軍全穿著冬季長大衣、背著背包，這些東西全都妨礙了他們的行動。每個人都面向堤防，而我在他們的後方。我當然知道傘兵的連級編制的兵力狀況，因此我知道眼前這比我們任何一個連的規模都要大得多。除了我正前方一個孤立的哨兵外，這群人的後方離我大約有十五碼遠，而這個連的正面距離我的位置也不過再多個五十碼而已。

我轉身退回到面向路堤靠我方的這一側，拔掉手榴彈的插銷，然後扔過去。同一時間，德軍哨兵也朝我拋了一顆「馬鈴薯搗碎器」過來。我一把手榴彈扔出去，就發現自己糗了。我在手榴彈上還纏著一圈萬一發生任何意外，避免插銷突然被拔出來的膠帶。幸運的是，敵人扔過來的手榴彈同樣沒有爆炸。我馬上又跳回路面上，德軍哨兵依然彎著腰，用雙臂擋住頭，等著我的手榴彈爆炸。他距離我只有三、四碼而已。經過了這麼多年之後，我依然可以看見當我站在堤防頂上的時候，他對著我微笑的樣子。我根本不需要舉槍瞄準，把槍端在腰上就開火了。這一槍驚動了一整個連，他們開始爬起身，一起轉過來面向著我。在我幹掉那個哨兵後，就順著轉向右邊，繼續朝著部隊射擊。

在我看來，敵軍的行動真的是太荒謬了。他們起身的動作、反應看起來相當遲緩。當他們聽到我開槍的聲音而轉頭看的時候，就像慢動作一樣。接著他們開始舉起步槍射擊，看起來卻毫無生氣。除了說四周圍的所有人的時光流逝速度似乎跟我不同步之外，我實在沒有辦法告訴你說發生這種看似精神恍惚狀態的原因。我是唯一一個看似正常的人。之前從來沒有在戰鬥中經歷過這種狀況，日後也沒有。我立即打光了第一個彈匣的八發子彈，接著裝填第二個彈匣。我依然站在路中間、把槍端在腰上射擊，朝向敵軍又把彈匣打光了。此時我可以看見一些德軍把步槍端到肩上，開始對我射擊，但他們相互推擠，沒有辦法好好對準我開槍。大部分人就這樣跑走了。我打光第二個彈匣後，就退回路面靠我的這一側找掩蔽。我往右邊看，可以看見泰伯特一個箭步衝到堤防、蹲了下來，離路面還足足有十碼遠。在他正後方的是雷德中士，正邁開大步直直跑上路面。我帶領的縱隊還在艱苦地抵達路面的位置。他們被鐵刺網絆住，距離至少還有二十碼遠。皮卡克少尉所帶領的縱隊，同樣距離路面也是差不多有二十碼左右。

沒有等到排上其餘的人，我就裝填第三個彈匣，接著開火，打了一發還是兩發，然後又退了回來。在此期間，德軍開始盡全力逃跑，但當他們沿著堤防邊向東奔逃遠離我時，那些長大衣和背包卻妨礙了他們邁出大步。這時候，泰伯特、雷德還有他的部隊已經就定位，他們立即射出致命的精準火力。我下令：「火力全開」。你不可能寫出比這個更好的劇本了。

泰伯特和雷德的班兵就像射鴨子那樣，直直地對準那群撤退的人背後開火。說實在，根本不可能打不到。由於缺乏有效的指揮讓他們冷靜下來，並且在混戰中恢復秩序，敵軍的撤退隨即演變成了全面潰逃。

就在這時，德軍的另一個連從大約一百碼外，也就是路口的東邊抵達。他們當時在河畔的風車附近。當他們跟被我們擊潰的這一個連結合在一起時，部隊人數的增加代表能夠打的目標也變多了。現在我的縱隊已經抵達路面，上兵羅伊．科布（Roy W. Cobb）架好機槍，對撤退中的德軍做遠距離火力打擊。科布是一個冷靜的傢伙，一個職業軍人，清楚了解作戰是怎麼一回事的人。科布的射擊相當有準頭，泰伯特的班打出來的火力也一樣，他是從二百五十碼的距離外直接命中目標。我的左邊，皮卡克率領的部隊正在和敵軍交戰，擊斃六名撤退中的德軍，並俘獲九人。敵軍沿著堤防逃跑，抵達可以回到河邊的路上，這一切都在我們眼皮下看得一清二楚。德軍以盡可能快的速度朝河邊奔逃，我在此時呼叫砲兵支援，同時維持有效火力打擊他們。

我當下的意圖是追趕到河邊，然後切斷他們的撤退路線。我向營部要求多加一個排的兵力，他們下令F連的一個排來增援我。我們在等待增援排抵達的同時重整隊伍。我方傷亡是一人陣亡和四人受傷，技術下士約瑟夫．李高特的手臂受了點輕傷，但他還能行動，因此我指派他押送七名德軍戰俘前往後方。李高特是E連最受尊崇的戰鬥人員之一，但我們也全都聽說過他對戰俘非常粗暴的傳聞。李高特是E連的其中一位「殺手」，所以我認為謹慎一些會比較好。當他聽到我說，「把這些戰俘帶回營部，」他回答：「這樣啊！我會好好照顧他們的。」李高特一付熱忱，站起來後來回踱步，顯得非常緊張又憂心。

我把他擋住。「這裡有七名戰俘，我要把這七名戰俘全都交給營部。」

李高特暴怒，開始發脾氣。雖然有點不確定他會怎麼反應，我接著把我的M1靠在腰上，打開保險，然後說：「李高特，把你的彈藥都卸下來，步槍裡面的也要清空。」他不停地碎唸、不停地咒罵，但還是按照我的命令做了。「現在，」我說，「你可以在步槍內裝填一發子彈。如果你開槍打任何一個戰俘，剩下的人全都會衝向你。」其中一名德軍戰俘是個軍官，他顯然聽懂了這項交換數。當他理解我的命令後，就放輕鬆地坐了下來。那天李高特把七名戰俘都帶到營部——我親自跟尼克森確認過。

當F連派來支援的排總算抵達後，我分發彈藥，然後擬定朝河邊推進的計畫。我打算建立一處火力點，然後把該單位一半兵力向前推進一百碼，停下來建立另一處火力點，然後該排的另一半兵力就可以往前躍進一百碼，我們會再度建立一處火力點，然後重複這樣的模式推進直到河邊，全程距離六百碼左右。這條路通往河流的盡頭是個渡口，聯繫萊茵河北岸的任肯村（Renkun）以及萊茵河南岸的一座工廠。很顯然，德軍就是利用這處渡口把這兩個連從安恆送到「島嶼」上。現在他們想要回到渡口，搭乘渡船撤退。

我們總共進行了四次躍進，沒有遇到太多麻煩，除了遭遇敵軍砲兵些許集火射擊，但都落在我們左側，沒有受到任何傷害。當我抵達工廠廠房時，我們的右後側翼遭到一批敵軍攻擊，我估計大約有七十五人。我從工廠看了看當下所處的戰術位置，明白我正讓自己陷入咽喉處。此時E連已經相當靠近河流，我們抬頭可以看到德軍砲兵和迫擊砲陣地。這時在我的右後側，德軍那兩個連的殘餘兵力正在往我的側翼猛打，企圖切斷我手下兩個排的退路。我決定今天就到此為止，下令撤退，活下來以便明日再戰。我們撤往堤防，以相反的方向躍進，但總是有安置火力點。

一切都按照計畫進行，但正當我們把最後一組人拉過堤防時，敵軍突然出手，集中迫擊砲和火砲火力對著十字路口狂轟濫炸。他們老早就精準鎖定了那個位置。在我們的部隊可以向左或向右遠離路口之前，就已經有十八人負傷了，我一把抓起 SCR 300 無線電，跑到堤防頂上，打算呼叫砲兵火力回擊德軍。我把無線電放在左肩下，極盡所能地快速協調砲兵火力。我也呼叫營部要求派出醫務兵和救護車來撤出傷患。營部助理醫官傑克森・「醫官」・尼沃斯少尉（Jackson "Doc" Neavles）回應我，想要知道有多少名傷患。我告訴他我們這裡有「兩支棒球隊」的人需要幫忙。尼沃斯對運動不是很在行，要求我把話說清楚，於是我回覆他：「你他媽的趕快給我離無線電遠一點，這樣我才可以叫到多一點砲兵支援，不然我們就要湊滿三支棒球隊了。」

差不多就在那個時候，一陣密集的迫擊砲彈打下來，就打在我的正後方，然後我聽見「叮」的一聲。我脫下鋼盔檢查了一下，我覺得是我的鋼盔被打中了，但是沒有看到任何損傷的痕跡。我把鋼盔戴回去，然後注意到在我左肩旁邊的無線電天線，從無線電機面的地方斷掉了。最終，火砲和迫擊砲平息，但我們有太多人受傷，無法繼續交戰。幸運的是沒人在這場火砲和迫擊砲的瘋狂集火打擊中陣亡。雷歐・波義爾上士是其中一位被打中的人，他向來都是我的得力幫手。他就在我身後的一個散兵坑裡被打中的。對波義爾來說，戰爭結束了，他是個非常好的、非常忠誠的朋友。救護車把傷患接走。我安排了幾個據點，以掩護十字路口，但沒有把任何據點擺在路口上，德軍已經把那裡當成目標參考點。差不多就在這個時候，尼克森上尉現身，然後問我：「狀況怎麼樣？」

「給我水，」我一邊回答他，一邊坐在堤防邊上。一直要到這個時候，我才曉得我到底有多疲累。他遞給我一個水壺，而當我把水壺舉高時，雙手顫抖到肉眼可見。我常常見到尼克森酒喝太多酒的時候手會顫抖，但這是我生平第一次看到自己的手在抖。尼克森的手會抖，是因為喝了好幾杯「翡特六十九」（Vat 69）威士忌之後，導致他神經系統的顫動。我覺得我的手發抖，是因為我的神經系統正在平靜下來，正從勞累和亢奮中平復過來。

我完全不曉得我們是怎麼活下來的。就某種程度來說，我們非常幸運，因為我們很可能會面對超過三百名敵軍。所幸德軍的指揮相當差勁。這與我們在諾曼第歷過的情況大不相同，當時敵軍不論是射擊準度還是低伸射擊都對E連造成更多傷亡。在目前這場作戰，從來沒有任何證據顯示，在直至我們抵達河邊、他們的砲兵開火之前，有德軍幹部下令任何經過精確瞄準和集中火力的射擊。這種缺乏射擊紀律的現象，最早可以從當天清晨機槍毫無章法的射擊中看得出來。當我們殲滅敵軍機槍組後，我們最早出擊的那個班得以順利脫離，後續待在曠野，等待排上其餘部隊及連部的機槍組前來，進而使錯誤變得更嚴重。當我們在等待時，我們人就在一條淺溝內——他們則有路堤可作為射擊線的依託。我們在那裡等了至少一個小時，完全沒有看到敵軍展現任何一絲主動精神。此外，當戰鬥開打時，德軍軍官居然容許麾下士兵擠成一團。最後，德軍讓我們僅用兩挺機槍就壓著打。第一排其餘人馬就在這時衝刺兩百碼，越過一片平坦的草地，此舉使得他們所犯下的錯誤更形惡化。讓區區三十五個人就擊敗兩個連的精銳部隊，實在很難對敵方的領導指揮說什麼好聽的話。

就我看來，這場由E連執行的行動，是E連在二戰期間所有經歷過的戰鬥中最重要的一場，也是我擔任連長期間最出色的一戰。E連在D日當天消滅布里考特莊園的德軍砲兵陣地，對猶他灘頭登陸行動成功做出極度重要的貢獻。但這場行動卻證明了E連的每一個人，在步兵戰術每一階段的全方位優越能力：巡邏、防禦、基於火力點進攻、撤退、還有最重要的，就是使用步槍、機槍和迫擊砲火力的優異射擊技能。所有這一切都在擁有十比一數量優勢、以及強大砲兵和迫擊砲火力支援的敵軍面前達成。從那天清晨開始，我方參戰的五十五名左右士兵當中，共有二十二人受傷。尼克森和我估計，敵軍約有五十人陣亡、十一人被俘，受傷的人數更是數不清。我想自己有獻出一份力，但我從未因為殺戮而感到快樂。說滿意嗎，是有的，因為我有做好了自己的工作；但從未因此感到快樂。

沒有任何高階軍官或參謀軍官，親臨現場見證這場戰鬥的任何一部分。因此，我必須留下紀錄。在描寫這場行動時，我從頭到尾交代得清清楚楚，但卻故意完全不使用「我」這個詞。理由很簡單——我想要確保所有榮譽都歸於那些應得的人。我無意謀求個人的獎敘，或是要求任何人認可我身為戰場指揮官的能力。十月十六日，我提出建議第一排和營部連機槍排第一組的英勇行動應接受表揚。在我彙整的推薦報告，我提到第一排在卡倫坦時，擔任全連的進攻先鋒。在荷蘭，這個排又領頭對紐南的攻擊，期間蒙受了十五人陣亡或受傷。現在他們又對消滅兩個連的黨衛軍做出舉足輕重的貢獻。天啊，我還真以這些人為榮！十一天之後，辛克上校對團內發布通令，表彰E連第一排在面對擁有數量占絕對優勢的敵軍面前，表現出「大膽無畏且積極主動的進攻精神，以及傑出的戰術能力」。這份褒揚對我而言已是最大的肯定。

我真正的滿足在於弟兄們的眼神。從某種意義上來看，泰伯特上士可以說是全連的表率。從那天起，人們對他的眼神充滿敬意，我的眼神也流露出對他和其他進攻參與者的尊敬。身為成功的戰場領袖，關鍵是贏得尊敬，不是階級，而是其個人的人格特質。在一封戰後的信中，泰伯特試著就我們之間的關係下個總論：「我們擁有的東西，對我來說幾乎是神聖的。」這種感覺是彼此相互的，十月五日這一天確認了無法言喻的袍澤和友誼之情。你難以用筆墨形容，你必須親身經歷過它，且絕對不會質疑它。

十月五日是我以E連連長身分進行的最後一場作戰，也是我在實戰中持槍射擊的最後一天。十月九日，辛克上校把我調到二營營部，擔任副營長，菲德烈．海力格中尉暫代E連連長，直到團部的小諾曼．戴克中尉（Norman S. Dike Jr.）接任這個我待了兩年的單位的連長一職。海力格曾在二營營部連擔任八一迫砲排排長，曾進行過兩次戰鬥跳傘，深獲E連官兵敬重。

離開E連是我這輩子做過最煎熬的一件事。步兵連的生活極為親密融洽，日後弟兄們總在任何時候，分享彼此的共同體驗。當我回想起這兩年在E連的經歷，從塔可亞的排長到D日起的E連連長，我體認到自己正要遠離一群曾一起服役、最棒的弟兄。從索柏上尉如暴君般任期到我的離開，E連歷經磨練和戰鬥儼然已經凝聚成為一個共同體。在塔可亞，索柏經常對弟兄尖聲叫囂，他強迫每一位士兵只能自立自強。他認為你們不應該互相幫助。如果你這麼做，索柏就會施以禁假，罰做額外勤務。他想要耗盡弟兄們的精力。此舉使得弟兄們更加緊密團結，像是他們在扭傷時互助，或是搬運重型裝備時，就如同需要多人共同操作武器那般，迫擊砲和底板的關係。E連需要攜手合作才能度過每一天，當日子一天天過去，這樣的凝聚力就逐日累積。隨著時間推移，我注意到當弟兄們開始收到家裡寄來的包裹時，他們會和同班、同排的袍澤分享。當我們在一九四三年部署到英格蘭，士官因為畏懼和索柏一起上戰場而群起反抗時，反而更加強化彼此之間的合作。這次反抗是基於對前景的真實恐懼，所幸辛克上校介入，防止更進一步危險狀況的發生。在真正開始作戰之後，大家仍然一起分享著甘苦與共的時光，無論是艱難還是輕鬆的時刻。自D日起，作戰進一步鞏固了團結E連的親密感。壓力和戰鬥創造出一種獨一無二的凝聚力，只會在戰時的步兵連中出現。困苦和死亡讓弟兄團結在一起，就跟任何家庭或夫妻一樣緊密。就是這個凝聚力，讓E連成為「兄弟連」，直到今天。我是何其有幸身為其中一份子，但E連的這個凝聚力，說不上是跟我的指揮有什麼關係。E連屬於每一位弟兄——軍官只不過是管理者的角色而已。

第三部

戰爭的黑暗煉爐

In War's Dark Crucible

戰士是死亡國度的子民，

時間的來日不曾允諾他們半分酬償。

《夢遊者》，齊格弗里德．沙遜（Siegfried Sassoon, *Dreamers*）

第九章　中場休息

我在十月九日前往營部，接任斯特耶中校的副營長新職。辛克上校大幅調整五〇六團的組織，我的轉調只是其中之一而已。在十月五日的戰鬥過後，辛克調動團內部分軍官擔任多個不同的指揮和參謀職位。在五〇六團九個步槍連當中，共有四個迎來新連長的上任。除了E連之外，一營各連都由新連長接手指揮。許多調動的起因都是戰場傷亡，其他則是因為軍官無法調適戰鬥所帶來的壓力，還有一些軍官似乎是沒有做出決策的能力。我對凡是不能做出榜樣的領導者都深感不以為然。你從弟兄們的眼神也可以發現類似的感受。當新排長走馬上任時，弟兄們做的第一件事，就是「好好打量他」，以評斷他是否有才能。最大的問題是替補軍官。我們迫切需要在技術上和戰術上都相對幹練的優秀軍官。不幸的是，戰場上的傷亡使我們不得不接受一些水準不是那麼高的替補人選，不過我們毫無選擇餘地。我們需要有人來填補空缺。

儘管我對履新感到興奮，但我的調動是有甘有苦，因為這意味著要離開E連。命令就是命令，沒有討價還價的空間，但如果說我離開E連那天一點都不難受，那就太假了。現在我不過就是個副營長，一個沒有指揮實權的參謀軍官。我不再有創造力，感覺自己「失去了弟兄」。我認識E連的每一位弟兄，我曾是他們的領袖，自從他們加入陸軍開始就和他們共處。在營的層級，你不會真的認識個別官兵，或和他一同執行任務。你打交道的對象是軍官和領導幹部。在E連，我們一加入空降步兵，等於是生死與共。就是這種共同的經驗創造出連隊內部的凝聚力和忠誠心，而這樣的忠誠心不一定會轉移到營或更高的指揮階層。

身為營部成員，我有大量機會可以反思我過去兩年多以來身為E連一員的一切，尤其是我有幸擔任連長的過去四個月時間。雖然我犯過錯誤，不過那些都是疏漏之行，而非蓄犯之罪。我的主要錯誤——當時並不明白——是易於陷入某種特定的習慣。我通常將第一排部署在左翼，第二排在右翼，第三排擔任預備隊。我在整場戰爭中都是如此調度。這樣說你也許已經猜到了，前兩個排承受的傷亡人數最多，這就是為什麼戰爭結束六十年之後，第三排仍活著的人比他們隔壁排的人還要多很多。這對我十分懊惱，我應該以不同的順序排列這幾個排，並變換戰術隊形才是。

直到後來斯特耶才透露我調職的背後原因。十月初，辛克上校把斯特耶叫到指揮所並告知他，打算讓手下從西點軍校畢業的後勤官卡爾・布希納少校（Carl Buechner）出任營長，讓他可以獲得不可或缺的經驗，以利日後晉升至更高層指揮職務。但即使二營的副營長奧立佛・荷頓少校不論是在軍階資歷，還是在本團服役的時間都比布希納資深，他還是打算硬幹。根據斯特耶的看法，這不過就是「西點呵護協會」（West Point Protective Association）在作祟而已。斯特耶告訴辛克，他不同意布希納擔任那項職務。過去布希納在處理人事問題時，表現和作為都缺乏常識。斯特耶提出有力辯解，認為荷頓已經升遷，應該要有表現的機會。但辛克非常固執，指示荷頓少校前往團部報到，就此說明狀況。斯特耶中校之後返回營部並告訴荷頓，如果團長堅持要跳過自己讓布希納接掌指揮的話，他——荷頓本人——應該要求召開軍事法庭。最後辛克態度軟化，指派荷頓出任指揮職，因此在二營留下空缺。斯特耶之後返回團部，要求指派我擔任荷頓的副手。不過令人遺憾的是，荷頓少校在十月五日於歐弗斯登附近的一場攻擊行動中陣亡。斯特耶認為，荷頓是五〇六團最傑出的軍官之一，之後便用他的名字為自己的兒子命名。

我發現和指揮E連相比，營部幕僚的日子無聊到極點。現在我的主要職責是為本營提供後勤與行政支援。戰術工作則是幫其他人整隊以進行攻擊，或是維持陣地。身為副營長，我再也不能親自參與戰鬥。那是連長或排長的主要職責。我的新職務是顧問、指導者和領導者。作為營部的幕僚所要求的新職責，我會盡可能快地做出必要調整。

在十月的第三個星期，營部接待一位來自英軍第一空降師的訪客。杜比中校（David Dobie），外號「安恆的瘋狂中校」，在市場花園作戰期間被俘，但他逃了出來，並獲得荷蘭地下反抗組織的營救。現在杜比打算協調萊茵河北岸大約一百四十人的救援行動。那是包括八到十名荷蘭平民、五名美國飛行員，還有超過一百名英軍傘兵的一群人。當德軍摧毀英軍在安恆的空頭堡時，他們僥倖躲過了德軍。救出英軍士兵的任務落到了E連頭上。暫時充當連長的菲德烈·海力格中尉擔任巡邏隊隊長。我身為副營長，除了提供必要支援之外，巡邏隊不論是計畫還是執行都沒有讓我親自動手的份。海力格無疑幹了非常出色的工作，所有盟軍士兵都在十月二十二日夜間和二十三日清晨安全返回友軍防線。E連參與營救行動的全部二十四人之後都因為「行動積極、充滿氣魄、迅速服從命令、盡忠職守」而獲得表揚。英軍還頒發英國的軍功十字勳章（Military Cross）給海力格，以向他對行動的貢獻和領導能力的致意。

這場「救援行動」過後不到一個星期，一〇一空降師的責任區擴大了，導致五〇六團要沿著河流向東轉移，接管之前由五〇一傘降步兵團占領的地區。二營營部遷移到艾斯特（Elst）以西的舒恩德洛赫特（Schoonderlogt）。這段期間的軍事行動侷限在偵察和戰鬥巡邏等。德軍仍然據守安恆以南萊茵河靠我們這一側沿著鐵路的區域，就像一把刀無時無刻吊在我們頭頂上一樣。敵軍依然控制河流北邊的高地。白天的時候，他們可以把我們的一舉一動看得一清二楚，任何時候，只要我們看起來是值得消耗砲彈的目標，他們隨時可以、也願意用迫砲和火砲集中火力轟我們一輪。

十月三十一日，我打電話給海力格中尉，提議當晚我們兩個人去檢查E連的哨所。過去一個星期德軍曾積極地在E連的防區穿透過去。「穆斯」爽快答應，我在當晚大概二一〇〇時抵達他的指揮所。二排排長哈利．魏許上尉負責防線向東的地段。他的指揮所位於一座穀倉，在鐵路西側大約五十碼左右，沿著德軍在鐵路所設的前哨。這是個敵軍非常活躍的區域，因此我們打電話給魏許，告訴他我們在要去找他的路上。魏許是個表現優異的排長，但這一次他卻沒有通知哨兵我們正在接近他的陣地。穆斯和我肩並肩，沿著通往指揮所的通道步行。通道只有大約六到七英尺寬，而且些微抬高，所以和兩側的排水溝有大約三英尺的高低差。海力格感覺我們越來越接近排指揮所了，但就在這時我們聽到有人喊出：「站住！」穆斯是冷靜、隨和的軍官，但當他倒吸一口氣時，我馬上開始緊張了。我知道穆斯忘記了口令。他開始表明自己的身分，但他連一個字都還沒說出口，砰、砰、砰！我們往下一看，一把步槍的槍管從十碼外的距離，向我們噴出火焰。

當我看到那把步槍射出子彈時，出於自我保護的本能反應，立即往下跳進通道左邊的溝裡。海力格中尉呻吟一聲，倒在了路上。有那麼一刻，以為我們是碰上了德軍巡邏隊，那支步槍射擊速度那麼快，很可能是德軍的衝鋒槍。然後我就聽到跑步離開的腳步聲。我從溝裡爬出來，把穆斯扶起來，然後把他拉到路肩。他的右肩和左腿被打中，他的小腿看起來就像是剛被炸飛一樣。我立即動手用繃帶包紮他的腿。過了幾分鐘，我聽見有腳步聲朝我們而來，然後我認出哈利．魏許低聲叫我們，「穆斯？迪克？」

看見魏許和一些E連的弟兄感覺真好。穆斯非常需要幫忙，我們盡所能用繃帶幫他包紮，又幫他打了好幾針嗎啡，以緩和他的痛苦。等到我們把他後送離開前線並送上救護車的時候，他已經失血過多，幾乎要昏迷。他的臉色一片慘白。他被送往醫院的時候，我說：「希望他可以撐過去。」海力格活了下來，但戰爭對他來說已然結束了。他當連長還不到一個月，就成為一場毫無意義、被自己人射殺的案件受害者，這是基於毫無紀律的士兵還沒受到適當訓練就匆忙上前線所致。平安回到英格蘭後，他寫了一封信給我，感謝我在那天晚上照顧他。他繼續寫道：「天啊，他們在我的傷口上石膏，聞起來就像貓在我的床上拉屎一樣，我不想聞到都不行。」穆斯就這麼待在醫院直到一九四七年退役。他的餘生，一直因為那次受傷而吃了不少苦。直到他在超過半個世紀後去世時，依然想不起來當天的口令是什麼。

至於那位開槍打到海力格的士兵，我安排他立即調離E連。他只是克盡己職而已，但當我們接近哨點時，他顯然異常緊張。正常情況下，站哨的士兵會把身子壓低，想辦法辨識來人輪廓，之後才會開火。我沒有閒工夫去記得那個開槍打海力格的阿兵哥的名字，他很明顯怕得要死。他沒有採取任何預防措施就開火。至於把他調到哪裡，我不知道、也不在乎。他在餘生都得面對他所做的這件事情。當時我沒有想過他的未來，我掛心的是E連的士氣。無論如何，這名士兵都不能留在E連了。

雖然中間偶爾有一些短暫的激烈時刻，但隨著E連和二營留在前線越久，無聊的時候就越長。德軍似乎有充足的彈藥，加上他們據守高地，有利觀測。每個白天或黑夜，他們都會讓我們曉得他們非常清楚我們到底在哪裡。有時候英軍的颱風式（一種戰術型飛機）會對德軍砲兵陣地發射火箭。戰術空中支援的景象壯觀無比，看到在過去一個月裡咄咄逼人的敵人反過來被狠狠修理，感覺美妙極了。我們日復一日地執行巡邏任務。補充兵是來了又去。

我們在荷蘭的這段期間，天氣不是很好。幾乎天天都在下雨，所到之處都泥濘不堪。雨水灌滿散兵坑，每個人、每樣東西都全部溼透。羅伯特・史密斯上士簡潔明瞭地說：「這一定是荷蘭商會為這個國家描繪美好景象所做的一些努力。」就史密斯的評估，天氣不只是糟糕而已，而是異乎尋常的糟糕。回想E連的歷史，他說看起來無論他到哪裡，雨水和壞天氣就跟到哪裡。當史密斯從加州抵達塔可亞時，當時正在下雨，而且似乎每當E連要開始行軍或進行野戰演習時，雨大到就像水庫打開了一樣。在朝亞特蘭大行軍時，一路上都在「下雨、下凍雨、下雪。麥考爾營對我們非常好，布雷肯嶺（Breckenridge）和布拉格堡也是——至少當那裡下雨時，總是會出太陽把我們曬乾。英格蘭溼答答地迎接E連，讓我們也始終溼答答。」法國舒適多了，但荷蘭天天下雨的天氣，讓E連飽受折磨。沒辦法遠離泥巴和雨水，隨著日子一天天過去，我們就越來越消沉。但巡邏時的緊張和近距離戰鬥的可能發生，依然讓我們時時保持警覺。在危險無所不在的氣氛中，我們盡情享受生活。

過了好幾個月，我總算有機會可以上教堂。雖不華麗，但終究是教會。牧師在一座穀倉裡主持儀式，牛隻和馬匹咀嚼著乾草，為四周環境添加了令人愉悅的芬芳。另一個亮點是收音機，但它只會偶爾播放。大部分我們能夠收聽到的是一個有女性播音員的德國電台，我們都叫她「安恆安妮」（Arnhem Annie）或惡女格蒂（Dirty Gertie）。她每天的播報內容都提醒我們如果被俘要帶上什麼、艾森豪是有多豬狗不如、羅斯福總統的家人正如何毀滅國家之類的。她最常掛在嘴邊的是「美國佬，你已經盡力了……只要帶著你的牙刷、外套和毛毯，對你來說戰爭就結束了。」接著安妮會公布最近被俘虜的美軍姓名，告訴我們這樣有多好，因為對他們而言戰爭已經結束了。在廣播之間的空檔，我們會聽到一些蠻不錯的美國樂團舞曲。

行政和懲戒勤務也在戰鬥之外帶來令人愉悅的消遣。當你接受了任官令，少尉就是軍官階級中的最底層。下級軍官得執行無數無關緊要且平凡無奇的任務。副營長也是類似的狀況。身為營部的資深幕僚軍官，我的職責經常需要主持軍事法庭。從市場花園作戰一開始，竊盜就成為我們和德軍交戰雙方的一大麻煩。十月中旬，英軍把島嶼上的荷蘭平民疏散，然後在接下來的一個半月，英軍、美軍部隊以及荷蘭平民會定期進入我們防區內的荷蘭村落。此外，在各種狀況下，部隊會在這些住家之間隨時來來去去的輪調，因此不可能鎖定是哪個單位要為廣泛的竊盜行為負完全的責任。士兵們待在那裡、看著這些個人物品長達好幾個星期，他們順理成章會拿走許多原本的居民逃往安全區時所遺留下來的私人財物。竊盜行為十分猖獗，使得主持軍事法庭成為非常繁重的工作。我日復一日，處理被控竊盜的弟兄。我認識這些弟兄，作為一個上戰場的軍人，我對他們致上最崇高的敬意。他們是我的朋友，然而我的上司命令我：「必須阻止竊盜行為。」最常見的懲罰是監禁六個月，並沒入三分之二的薪餉。

我還能享受的些許樂趣，源自和尼克森及營部參謀成員的日常交流。尼克森上尉現在擔任營部作戰參謀（參三），他總是那個很難醒來的人。有天清晨，我需要一大早出發去視察一個連，所以我派傳令兵去把尼克森叫醒。尼克森，一如既往，沒辦法真叫他離開睡袋，因此我親自前往他黑漆漆的房間。百葉窗還是關起來的，我也不客氣，他還在睡袋裡，我就一下子把他的腳抓起來，然後放到我的肩上，我問他：「你準備好要起床了嗎？」

他咕噥著說：「走開，不要來煩我。」

我看了看梳妝臺，發現水壺裡還有一半的水。我繼續把他的腳扛在我的肩膀上，然後一把抓起水壺，再次威脅他：「你準備好要起床了嗎？」

他又叫著說：「滾開。」

我接著說：「我要來囉！」隨著這句話我也開始把水往下倒。

就在這一刻，尼克森睜開雙眼，然後開始大喊：「不！不！」

不過太遲了，裡面的液體已經倒出來了，然後隨著他不斷地吼著「不！不！」我才發現水壺裡的東西根本不是水，而是尿。

尼克森連忙從睡袋裡氣急敗壞地爬出來，一邊又哈哈大笑。我們都同意最好調整我們的安排，然後前往我們聽說過位於奈美根的淋浴間。

到了當月底，終於輪到我們離開前線。十一月二十五日，加拿大部隊前來接替一〇一空降師。本師在前線待了七十天，共有三千三百〇一人傷亡，光是五〇六團，總計就有一百七十六人陣亡、五百六十五人受傷和六十三人失蹤，占本團全體人數的百分之三十一。E連跳傘進入荷蘭時，共有一百六十二名官兵，離開時有一百一十三人仍可作戰。E連有六人陣亡：小威廉・杜克曼下士、詹姆士・坎貝爾下士（James D. Campbell）、上兵維農・門澤（Vernon J. Menze）、上兵威廉・米勒（William T. Miller）、上兵羅伯特・范・克林肯還有一兵詹姆士・米勒（James W. Miller）。市場花園作戰和防禦島嶼是在戰略層面受挫、成本高昂的戰役。蒙哥馬利元帥意圖在一九四四年秋天結束戰爭的計畫徹底失敗。不過在戰術層面上，我們贏得了會戰，卻因為我們無法把德軍從萊茵河以北的陣地趕出去，成功因此失色不少。對這時候的五〇六團二營來說，最高興的就是可以登上卡車，前往大穆爾默隆（Mourmelon-le-Grand），兩個空降師要在那裡休息整補，以準備執行擊潰納粹德國的最後戰役。

位於大穆爾默隆郊區的穆爾默隆營（Camp Mourmelon），離蘭斯（Reims）大約十九英里。二營待在穆爾默隆三個星期——在前線兩個半月之後接著的三個星期放鬆、三個星期整補。對本營官兵來說，從戰場退下歇息的時機恰當剛好。傘兵最需要的，就是睡眠。對每一位士兵來說，一夜好眠可以締造奇蹟。整體來看，弟兄不需要一星期或一個月的時間恢復體力。他們需要的是幾個夜晚的徹底休息、幾餐熱食、定時淋浴，然後就會煥然一新。在之前兩個月的戰鬥後，在大穆爾默隆的這三個星期就像是場及時雨。弟兄們拿到假條，可以遊覽蘭斯還有巴黎，還要每天跟八十二空降師的人打架。這兩個空降師在作戰時都打得相當勇猛，不過一旦歇息休整，多少就有點難以管教。他們在休假期間惹事生非，尤其是另一個單位的某個士兵說了噓鷹師或傘兵的壞話之後。不過，當弟兄們自D日開始經歷過這一切之後，這種情況是在意料之中的事。

我和這些官兵一樣，最需要的就是睡眠和時間，以便整理我的思緒。我會藉由閱讀聖經來找到慰藉和救贖。我不是聖經的權威，也不打算成為這種人，因此當我閱讀聖經時，不一定是為了提升我個人想法或學習裡面的箴言，以求我能透過引用章節和詩句來給別人留下深刻印象，反而是為了放鬆和營造環境。我為了逃離穆爾默隆日常的一成不變，在十二月初休了短暫假期，前往巴黎旅遊。這座城市太迷人了！這座「光之城」就跟宣傳手冊上講的一模一樣，就算考慮到我已經有一段時間沒有接觸文明，巴黎仍然是一座值得一瞧的城市。我參加了旅行團，遊覽許多景點。差不多就是這樣。我還學到了比我想知道的更多東西，像是艾菲爾鐵塔有多少螺帽和螺栓，有多少法國人被送上斷頭台斬首，以及專業戰鬥士兵面對作戰時所不需要知道的所有資訊。我看了幾場精彩的歌舞秀，買了幾件衣服，最棒的就是有機會可以在彈簧床上好好睡一覺，甚至可以享受一下奢侈的熱水澡。

我當然沒有任何失態，從來沒有，以後也不打算這樣做。為什麼不會？首先也是最重要的，我要對得起自己的良心。其次，我拒絕讓雙親蒙羞；第三，因為我是美國陸軍的軍官。我就是引以為傲，也以目前的階級和職位為榮，我不會去想做任何事情來敗壞我的服儀、我的傘兵、我的傘兵靴、我的傘徽、我的空降部隊章或是我的軍隊。我很享受在巴黎的時光，但返回部隊也是心情很好。從某個角度來說，我應該回到二營才能獲得一些平靜，這多少有點諷刺。大部分士兵都有相同感受，放輕鬆的感覺確實很棒，但只有當他們能和夥伴一起參觀這些景點時，才會感到愉快。軍人要與戰友近距離接觸，才能感到舒適。

當時還有一件比較不明顯的事情，就是在荷蘭的這段期間，多少改變了我這個人。我企圖對我的筆友黛塔·奧爾蒙（DeEtta Almon）表達我的感覺。自從入伍後，我就經常與她有書信往來。不好意思的是，自從我離開奧爾本之後，我就沒有寫過比較長的信了，我在信的開頭問她是否記得「那個偶爾寫信、見首不見尾的傘兵。」我沒有辦法老實地解釋我這裡通信不便的狀況，自從我們跳傘進入荷蘭的那一天起，我寫不到三或四封短信。雖然我真的很忙，但我不會說我沒有那個時間。真實情況是，我沒有那個心情。若是要盡量解釋的話，比較像是這種狀況：我收到一些信，看著字裡行間，聞著信封的香氣，我讀起來真的很享受。之後我答應自己：「我有機會就要寫信給她，但現在一定要先讀這本手冊。」或是做這個做那個，要是我沒有找到事情做、或找不到理由，我就乾脆休息。不要問我為什麼突然變得不想再提筆寫信。不是因為我的朋友、我的父母或其他任何人——純就我個人因素而已。在越來越常看到弟兄們戰鬥並死去之後，我再也找不到任何值得要說的事情了。說實話，我注意到自己變得越來越冷淡。如果我已經沒有什麼值得要講的話，為什麼還要寫信呢？當我花時間寫信時，我的信件內容不再集中在抽象的想法和平淡的冒險。說真的，我發現自己對更為嚴肅的話題或領導統御等事務，反而有更多的評論。

在接下來的一封信裡，我回答了黛塔對於我夢境的內容。這個，也有了變化。在作戰中指揮過士兵之後，現在我會夢到領導巡邏隊、和德軍戰鬥，在布局、機智、火力和戰力上勝過敵人。這些夢是緊張、殘酷、艱熬、痛苦的。我晚上做夢有百分之八十都是夢到作戰。但從某種程度來說，這些夢帶來巨大的好處。有時候當我反覆夢到如何解決特定問題的時候，我就這麼找到了解決的辦法。儘管在寒冷的晨曦中這看起來似乎很瘋狂，但它通常很有效。事實上到目前為止，這些夢總是帶來回報。我知道我的朋友不想聽到這些，但這就是現實。至於剩下的百分之二十，其中百分之十當然跟溫暖舒適的家、美味的菜餚和兒童的歡笑帶來的幸福快樂有關。另外百分之十，主要是未來的作戰和幸福的計畫。相信我，我打算且希望看到那麼一天的到來，並且更加輕鬆地享受人生。但反過來想，我很好奇為什麼我的信件內容越來越片面，她卻還是願意繼續書信往來。

E連現在由諾曼．戴克上尉直接指揮，一個從師部調來、經驗不足，上級認為需要多歷練一些前線勤務的軍官。E連的資深軍官——以服役時間長短來看的話——是哈利．魏許，他在一九四三年四月就已經於北卡羅來納州麥考爾營加入本團。經過諾曼第和荷蘭長達六個月的征戰後，E連軍官已經沒有任何一位是塔可亞時期的原班人馬了。所有人要不是陣亡、負傷，就是轉調擔任營部或連部的參謀。一如以往，E連的核心就是那一群經驗老道的士官，而且他們的人數正不斷萎縮。大多數塔可亞時期的士兵現在都是副排長或班長。我們真的是非常依賴這些不斷減少的士官團隊。從這個意義上來看，E連與本營任何其他連相比並沒有什麼不同。這個空降師從D日當日就投入戰場，傷亡已經讓它的領導階層逐漸耗竭。

十二月初，幾名負傷的軍官重返二營，其中包括在紐南附近的進攻行動中被打中的「巴克」．康普頓中尉。其他軍官職務的空缺都被補充進來的人占滿，他們太年輕，缺乏經驗，無法有效指揮。話雖如此，調到歷經戰火洗禮的部隊的補充軍官，會是世界上最艱難的職務之一。除非在戰鬥中表現合格，否則絕不會贏得敬重。大多數替補軍官都沒辦法通過這項考驗。

在這個時候返回本營的人還包括一些塔可亞時期的原班人馬，其中還有經歷過兩次戰鬥跳傘的老兵。十月在防衛島嶼作戰中於堤防上受到重傷的詹姆士・艾利，從人員補充站出逃再回到E連。他在我們啟程前往巴斯通之前兩、三天回到的。到了十二月中旬，本營基層官兵數量提升至高達百分之六十五。軍官員額超過法定編制的百分之百，以為未來可能預見的傷亡未雨綢繆。每個排現在都有一名排長和一名副排長，就是希望在五〇六團返回戰場前，他們有時間可以從老兵身上多學點東西。不過，顯然希特勒另有安排。

十二月十六日凌晨時分，希特勒發動西線上最後一場大規模攻勢，企圖奪取安特衛普，阻撓艾森豪向東推進。這場進攻打擊了位於阿登高地（Ardennes）的考特尼・霍吉斯中將（Courtney Hodges）第一軍團轄下特洛伊・米多頓少將（Troy Middletown）指揮的第八軍。德軍攻勢的規模和範圍徹底震驚了盟軍總部。希特勒為了這次攻勢，在盟軍情報系統毫無所悉的情況下，集結了二十五個師，超出他在一九四〇年發動並使法國徹底崩潰的攻勢。除了盟軍的過度自信和艾森豪總部瀰漫的傲慢態度之外，還有幾個因素使得艾克沒有辦法及時解讀希特勒的意圖。首先，天候惡劣導致盟軍空中偵察無法發現德軍集結區。第二，敵軍專注執行只收不發的無線電靜默，以防止無線電通訊被攔截。最後，盟軍總部徹底低估了德國的軍事資源。九月時，盟軍遠征部隊最高司令部吹噓地預測戰爭將在聖誕節結束。市場花園作戰讓這個希望煙消雲散，但艾森豪的參謀現在卻預測，一旦天氣改善，希特勒就沒辦法阻擋盟軍前進。德軍的反攻，結果成為美軍歷史規模最大的一場戰役。直到五十五英里寬的德軍「突出部」在一月中旬徹底瓦解時為止，盟軍部隊蒙受超過七萬人的傷亡。德軍部隊傷亡超過十二萬人，其中包括大部分的裝甲預備隊。

在盟軍高階指揮官當中，艾森豪率先承認德軍突入的規模遠超出局部反攻的範圍。他立即採取行動，下令巴頓的第三軍團留在原地，並立即出動所有可用的援軍，阻止敵軍突穿阿登。由於他的防線從德國北部的平原一路延伸到瑞士，十分單薄，艾克通知八十二和一〇一空降師做好準備要在三十六小時之內搭乘卡車出發。一〇一空降師的目的地是交通要衝巴斯通，這座小城人口有三千五百人，坐落在阿登森林間的一小塊平原上。艾森豪親自下令要不惜一切代價守住巴斯通，因為共有七條公路從該城的中心呈放射狀展開。為了奪取安特衛普，敵軍要不繞過巴斯通，經由次要道路繼續前進，否則就要攻占該城。他們選擇了後者。

十二月十七日晚間，有關德軍攻勢的消息傳到了二營營部，辛克上校立即取消所有休假，並開始集結各營部隊，準備立即出動。補給勤務部隊（Services of Supply, SOS）的卡車在次日早上抵達穆爾默隆，到了十二月十九日，一〇一空降師全體部隊就在前往巴斯通的路上。五〇六團總共用了四十輛十噸車輛來實施移防。本團在頭兩個小時內前進了四十英里。之後交通就變得非常擁擠，卡車一輛貼著一輛行駛，中間的停頓時間相當久。就像大部分美軍單位，本營戰力嚴重不足，沒有適當的服裝，武器和彈藥都短缺。更甚者，我們對敵軍的戰術位置完全一無所知。我們的高階指揮官也沒人能夠向我們說明，因為他們也得先了解整體局勢，才能對參戰的各營發布必要命令。

身為副營長，我的職責是監督全營官兵乘車前往巴斯通。車隊前進時，我會督促我們後方的部隊不脫隊，確保每個人都保持縱隊緊密，並維持正確的行軍順序。車隊停下時，我習慣從吉普車下來，沿著車隊來回巡視。在這段漫長路程的某個時間點，十二月十日才報到加入本營的替補軍官班．施塔佩爾費爾德少尉（Ben Stapelfeld）朝我走來，並問他是否該做點什麼事。「你看這些人在幹嘛？」我回答他，「他們全都在睡覺，你也去睡吧。當我需要你的時候會讓你知道。」日後施塔佩爾費爾德說，他絕不會忘記第一次和我打交道的狀況。對於這次乘車移防，我記憶中最鮮明的，就是駕駛在夜間把車燈打開。我們正不要命似地趕路，而且甘於冒險犯難。有一件事可以說明我們有多麼混亂，以及本營準備移防的時間有多麼不足。當我們啟程趕往巴斯通時，斯特耶中校正在英格蘭參加先前協調救援行動的杜比中校的婚禮。他連忙趕回前線，身上還穿著軍常服。

當二營接近巴斯通時，我們可以聽見北邊傳來非常激烈的交火聲。當時不曉得，我們即將直直闖進美國陸軍歷史上規模最大、最血腥的會戰。之後我們發現交火聲是從諾維勒（Noville）傳來，E連將會在這裡進行一場連隊史上最危急的作戰。全營官兵在巴斯通郊區下車時，有其他車輛載運彈藥到來。我們沿著公路前進，駕駛駕車穿過道路兩邊的縱隊，其他士兵則把彈藥傾倒在路邊。不管你是什麼階級的，每個人都手腳並用地搶奪彈藥。交火的聲音告訴我們會需要這些彈藥——真的很快就會用到。我依然可以回想起E連一名阿兵哥布萊德・佛里曼（Brad Freeman）[1]在我們朝戰場移動時所說的：「我們又出發啦！」

1 編註：佛里曼於二〇二二年七月三日過世，享年九十七歲。在他過世之前，佛里曼是E連最後一位在世的成員。

第十章　再度被包圍

詢問任何一位曾參與西北歐戰役的老兵，他參與過最艱辛的一場作戰，你也許可以預料他會說D日，或是他的單位經歷過、讓人激動非常的某一天。對五〇六傘降步兵團二營E連來說，十月五日就是這樣的日子。要是問老兵指出曾經歷最艱辛的戰役，那麼選擇就更不多了。對一〇一空降師的官兵來說，答案很簡單：「突出部之役」。五〇六團在二戰期間所經歷過最兇猛的一場惡戰，就是從我們抵達巴斯通那天開始，直到一月十七日本團進攻諾維勒行動結束的這三十天。巴斯通無疑是本團在整場戰爭中最艱困的戰役。巴斯通過後，戰火就開始漸習。五〇六團趕往巴斯通東北方的前線，每天都進行大規模防禦和進攻作戰長達整整一個月。直到一九四五年一月一日為止，本營的行動主要是以防禦作戰為主，之後辛克麾下的傘兵轉守為攻，發動一連串行動，當中的最高潮是二營展開攻勢，奪取位於巴斯通東北方大約十英里處的小鎮諾維勒。

十二月十九日，我們一到巴斯通，二營就部署到佛伊（Foy）南邊的防線，是巴斯通環形防線的一部分。佛伊是一座位於巴斯通東北方六英里處的小村落。它坐落在山谷中，南面有一座小山，其上坡通往一處非常堅固的據點，位於後方約三百到四百碼處。最初辛克上校打算守住佛伊，但由於敵軍占據三面的高地，這個位置根本無法防守。不過，南邊的高地讓我們有個立足點，能夠控制通往佛伊的通道。諾維勒位於佛伊後方四英里，這裡跟佛伊一樣是敵軍活動最頻繁的地方。一〇一空降師的其他幾個營部署在巴斯通四周的陣地。剛開始，五〇六團二營擔任團預備隊，一營和三營分別進入諾維勒和佛伊的防線。次日二營取代了前線的三營。我們的左翼與位於巴斯通—諾維勒公路後方的三營連接，形成交叉射界。我們的右翼則延伸到哈爾特（Halt）的火車站，理論上應該要跟五〇一團連接。當二營排成路上縱隊前進時，我們遇見在戰爭中從來沒有見過的景象。美國陸軍正全面撤退。美軍士兵全速朝後方離開，他們的臉龐告訴我們，儼然已經陷入徹底恐慌。士兵拋棄了武器、背包、裝備和大衣。他們凹陷的雙眼，透露出人們深陷恐懼時展現的所謂「千碼凝視」。他們在我們經過身邊時大喊：「快跑，快跑！他們什麼都有，戰車、飛機，什麼都有！」我可以很驕傲地說，我不記得弟兄有任何人回應過任何一個字。我們沒有附和他們，就只是繼續朝著前方某地雙方交戰的位置走去。

當我們靠近佛伊前方公路上的狹窄路肩，營部部署人手準備清除公路右側的樹林。在我們到達之前，已經有一些人穿過樹林前進，打了一場惡戰。這一帶的樹木充斥著已經死去和即將死去的人，德軍和美軍都有。我們的弟兄肅清了幾處敵軍抵抗口袋陣地，之後奉命建立防線。我們在樹林內設立幾處前進陣地，可以俯瞰佛伊東南方的平原。士兵旋即挖掘散兵坑，想辦法保持溫暖，並先睡個幾小時。我在距離前哨陣地大約七十五碼的地方設立營部。很難說明我們在巴斯通第一晚的混亂。似乎沒有人知道我們的界線在哪裡，也沒有人清楚我們的任務到底是什麼。斯特耶中校人還在團部，我命令尼克森上尉找到辛克上校的指揮所，並和團部作戰參謀赫斯特少校協調，確保我們收到的命令是正確的。在接下來的幾個星期，尼克森往返團部多次，確保我們能時時得知消息，並且理解我們的命令，清楚我們和相鄰單位的界線位置。這個作業模式運作得相當好，讓二營省去了不少麻煩。尼克森對防衛巴斯通的最大貢獻，就是擔任營部和團部的聯絡官。在緊接而來的作戰期間，沒有任何人對於維持本團的緊密聯繫貢獻比他更大。當我身在非常靠近戰區前緣的地方時，尼克森在傳達團部命令並協調作戰支援等方面，表現真的是好得不得了。

下面這則故事，可以讓你更清楚了解尼克森對五〇六團奉獻了多少心力。在巴斯通的一場摸彩活動，有人從帽子裡抽中他的名字，獎品是可以返回美國休假三十天。但是尼克森拒絕了這個獎項，他說他想要與自己的部隊留在前線。你要怎麼解釋這種奉獻精神？弟兄們從來不談及類似的奉獻，但也絕不會忘記。當時五〇六團亟缺士兵和軍官，尤其是能力優異、經得起考驗的軍官。

次日清晨發生了一起意外，證明了在巴斯通的頭幾天，混亂確實無所不在。一陣濃霧在前一天夜裡出現。到了第二天拂曉時，依然停留在樹林和原野間。當時我正站在營部後方一處樹林邊緣的田野上，一切都很平靜安詳。突然間，一名穿著冬季長大衣的德軍從我左邊的樹林裡走出來。他沒有揹步槍或背包，緩慢地朝田野中間走去。我身旁的幾名士兵本能地把步槍舉到肩上，但我示意他們不要開火。我們很驚愕地看著這位士兵停下腳步、脫掉大衣、拉下褲子，然後開始上大號。等他完事之後，我用我最好的德語對他大喊：「過來！」這名士兵就照我說的走了過來，然後馬上被俘。這個可憐的傢伙口袋裡就只有幾張照片、幾個隨身物品和一條不新鮮的黑麵包末端。就我所知，他是最後一名穿越我軍在巴斯通防線的德軍士兵。想想看，這裡有一名德軍士兵在拂曉的晨光中漫步於林間，穿越我們的防線，走過連指揮所，最後在營指揮所後方結束這趟旅程。沒有其他人穿過我們的防線，但這小子就這樣走了過來。在第一天晚上我們有些防線就是這麼鬆懈！現在想想，這個單一個案為他那可憐的德軍士官長所造成的麻煩，他要如何在早點名後提到這個傢伙？

接下來幾天，我們派出偵察和戰鬥巡邏隊。德軍也做同樣的事情。前線的生活相當可怕。一九四四年到一九四五年的冬天是過去三十年來最冷的。直到天氣情況允許空投補給之前，弟兄缺乏適當的裝備、冬季服裝和充足彈藥以守住防線。美軍砲兵彈藥尤其短缺。本師在我們左翼的巴斯通─諾維勒公路旁部署了一門火砲。我們被告知砲手只剩三發砲彈，而那幾發最後的砲彈將在反戰車時使用，以防備敵軍裝甲部隊進攻。由於惡劣的天候限制了飛行員的視野，我們也沒有太多戰術空中支援。但當我們真的獲得空中支援時，很可能打到我們防線的機率和打到敵軍是一樣的。一直要到十二月二十三日天氣首度放晴，我方的航空部隊才能提供戰術支援。在那之前，我們基本上都只能靠自己。對五〇六團來說，被包圍不是什麼新奇的事情。在D日、在卡倫坦、在恩荷芬，我們都經歷過敵眾我寡被包圍的狀況。至少在巴斯通，我們擁有可進行主動防禦的優勢。接下來三週，在戰役最後階段轉守為攻時，我們在短時間內造成敵軍的傷亡遠比己方遭受的要多得多。要是敵軍發動有組織的攻擊，且部隊是由經驗豐富的老兵組成，很可能就可以穿透我們的防線。幸運的是，我們在巴斯通的前幾週期間，德軍把他們的精力轉移到另一段防線上。

另外還有其他問題使得我方的防禦狀況惡化。與右翼的五〇一傘降步兵團保持接觸是持續困擾我們的問題。有時候我們能找到他們的前哨，其他時候又找不到他們的前線陣地。對我來說，我們的右翼宛如「空氣一般」，如果敵軍決定進攻我們暴露的側翼，那我們一定會被包圍。要依賴另外一個單位來保護自己防線的右翼實在很倒楣，即使他們是傘兵也是一樣。

病號和戰壕腳這類問題一再地發生，減損了我軍的戰力。在我們的非戰鬥傷亡當中，足足有三分之一的人是因為戰壕腳和凍傷。有些士兵試著用麻布袋來包住自己的腳，以做為補救措施，結果卻適得其反。戰壕腳的起因是過度潮濕和寒冷，進而對身體循環產生不良影響。用麻布袋只會增加腳周圍的濕度，導致皮膚變得過於脆弱，使得士兵無法繫緊靴子。技術下士尤金．羅（Eugene Roe）是E連的醫務兵之一，他在餘生中都一直記得多個患了凍傷的傷兵。由於戰況十分惡劣，羅常常得拿走每個士兵都會攜帶的嗎啡針，把這些小藥瓶從陣亡的士兵身上拿走，交給仍守在散兵坑裡的戰士。此外，差不多每名士兵都會罹患某種呼吸系統疾病，像是三營隔著巴斯通－諾維勒公路、在我們對面的某個阿兵哥。儘管相距一百五十碼遠，但我們還是可以聽見這可憐的傢伙整晚咳個不停。他暴露了我們的位置。過了幾晚，他的咳嗽聲停止了。他要不已經陣亡，不然就是他的班長把他送回巴斯通。

幫手下官兵弄到熱食，對我來說是困難重重的挑戰。幾乎每個人都可以把在部隊時的聖誕節晚餐菜色記得一清二楚，但我沒辦法。關於食物，我唯一的記憶就是我們在晚上喝豆子湯。在戰場上，軍官是最後一個排隊打飯的。所有士兵都會理所當然地認為這是軍官手冊中最好的規則之一，食量大的傢伙可以用很快的速度喝光一整杯的豆子湯。他們在聖誕夜的夜色之中，可以輕易地溜回去排隊，再喝第二杯。我犯的一項戰術錯誤，就是在我排隊打到飯之前，就容許幾位士兵回來排隊裝第二杯。那天晚上我是最後一個排到豆子湯桶的人——只有半杯豆子湯可以喝，整頓飯只有五粒白豆子和半杯冷掉的湯。我猜這就是為什麼我記得豆子湯，而且我想這就是從此以後，每年聖誕節我都會努力彌補少吃到的那一頓的原因。

前線的生活難以用言語表達。天氣非常寒冷，地面結凍，非常堅硬。挖掘散兵坑是部隊裡人人感到厭惡的工作，但卻是必要的例行公事。不幸的是，我們乘車移防到巴斯通的安排實在是太過倉促，許多士兵都沒有帶掘壕工具，就無法挖出標準的戰鬥陣地，而現場氣溫也低得令人害怕。冷就是冷，你住在散兵坑裡，雙腳濕透，你不斷扭動腳趾，讓它們不要結凍，很難集中精力挖出一座標準的戰鬥陣地。我沿著防線巡視，觀察到士兵在糟糕的位置修築陣地。這些陣地周圍的射界非常不好。我能怎麼辦？不可能把整條防線往前推，也不能後退來改善狀況。利用加個頂蓋在散兵坑上改善又是一個問題。我們沒有非常好的斧頭可以把樹砍成適當的尺寸來做為保護。在荷蘭加入我們的替補軍官艾德・湯瑪斯少尉（Ed Thomas）自行找出了解決辦法。艾德跟大部分軍官不一樣，他的臉上經常掛著無憂無慮的微笑，還有幽默感。但他也喜歡透過誇大的方式展現自己的強悍。他對沒有頂蓋的解決辦法，就是每晚都會把兩三具德軍「遺體」擺在散兵坑上。

隨著天氣更加惡劣，體力耗竭加上精神疲勞，使得傷亡人數異常增加，這種狀況現在歸類為戰鬥疲憊或戰鬥疲勞。我在諾曼第曾見識過各種壓力，在荷蘭也有一些，但在巴斯通更多是出自於嚴寒、睡眠不足與持續不斷的砲轟。我不知道有誰經歷過巴斯通苦戰之後，沒有不為人知的戰鬥疲勞的傷痕。也許這就是讓一〇一師的傘兵，表現出前所未有的緊密團結的原因。幾乎在所有的案例來看，從D日開始到現在，這些弟兄長期在前線奮戰不懈，他們現在真的感到精疲力盡了。他們沒有熱食、缺乏睡眠、沒有休息、持續性的張力、還要忍受戰鬥的壓力。夜晚是最糟糕的時候，氣溫急遽下降，濃霧籠罩在戰場上，直到早上才會散去。不曉得在前面幾碼的下一棵樹後面到底有什麼東西這種不確定性，足以讓一般人崩潰。讓這些人的身體變得勞累不堪，也就一點也不奇怪了。

身體疲勞導致精神疲勞，進而會導致人失去紀律。失去自制力之後，就會產生戰鬥疲勞。自律可以讓士兵專心做好工作。反之，他就會失去榮譽感，並且在戰友看來，他失去自尊這項重要的東西。自尊驅使軍人前進，並在戰鬥中讓他堅持下去，我就是會害怕失去這個——失去了趕上弟兄們的動力。看到其他人崩潰之後，你就會好奇下一個會輪到誰，並且會開始認真地審視自己。我經常會感到疑惑，為什麼自己沒有在戰鬥的壓力下崩潰。其中一個因素無疑在於我的營部距離前方的散兵坑有七十五碼遠，我不在敵人的監控範圍內。因此我可以專心在我的職責上，不需害怕敵軍輕兵器的火力。另一個因素就是我的體能狀況，我不認為本營有人的體能比我還要好。我的責任是確保士兵的安全，這點也強化了我面對每日戰鬥壓力的能力。

我對戰鬥疲勞的最後一項觀察：當你看到一個人崩潰時，他經常會把鋼盔用力地甩在地上，然後狂抓頭髮。我不知道這是有意還是無意的，有一名士兵會用手按著頭，又搖了搖頭，然後就走開。你可以跟他說任何你想告訴他的事，但他聽不到你在說什麼。當他到了這種程度時，對大家來說最好的做法，就是讓他散步走走。戰鬥疲勞會突如其來發生，你不會想變成戰鬥疲勞的受害者。

那你要如何防止戰鬥疲勞？你可以藉跟部隊講話，然後找一個理由把士兵從前線拉下來。無疑，把士兵從前線拉下來會讓留下來的人壓力變大，但這是必要的妥協。我時常詢問我看到正處於崩潰邊緣的士兵：「跟我一起回到指揮所幫忙幾天，怎麼樣？」用這種方式，你就會發明出一個理由，可以把這傢伙拉下前線，但又不會傷害到他的心靈。技術下士約瑟夫．李高特就是個很好的例子。李高特是一位非常優秀的戰士，在諾曼第和荷蘭都有所表現。在巴斯通，「理髮師」也開始感受到壓力，因此我把他帶回我的指揮所，擔任傳令兵幾天，讓他休息一下，遠離前線的壓力[1]。過了幾天，他想要返回前線和弟兄在一起。顯然比起我的陪伴，他更需要和他的同袍交流。但對他來說，緊張壓力依然太過沉重，因此我們把他送往師部，他在那被指派到參二（情報）工作，以利用他會說德語的能力。就我的判斷，這是一個重大的錯誤。李高特是猶太人，對德國人的仇恨可以理解，但大家也都知道他憎恨戰俘，此舉等於是為他的長官帶來一連串新的問題。

——

技術上來說，斯特耶中校依然指揮二營，我是在前線後方大約七十五碼的地方開設戰術指揮所。這個位置有利於和二營的前線各單位保持日常聯繫。斯特耶是非常幹練的軍官，但他總是需要有人在他身邊，只要身邊有能力同樣格外優異的軍官，他就能夠確保在戰場上的成功。作戰期間，我和斯特耶很少講話，他人不在的這個狀況就跟他在諾曼第的時候是一樣的。斯特耶身為營長，他都授權給他的作戰參謀下決定，第一順位是赫斯特，然後是尼克森。當我成為副營長之後，這點依然不變。斯特耶中校允許我指揮作戰的明顯目的，就是要給我在戰鬥中運作一個營的機會。所以我不自覺地發現自己正在做戰術性決策。為了找出賦予二

1　編註：李高特戰後返國，在洛杉磯成為一名理髮師。

營的任務，尼克森前往團部，然後向我報告。他和我會輪流步行巡視防線，定期察看弟兄。根據我們的發現，尼克森接著會確保團和營之間維持正常溝通。因為二營在最初是採取守勢，我們的任務不會很複雜。主抵抗線一旦建立，我們只要想辦法維持住就可以。

我的日常作息是每天早上刮鬍子，然後視察防線。現在回想起來，在那麼冷的天氣裡刮鬍子實在荒謬，但這個習慣源自於我第一次和辛克上校的會面。在塔可亞時，辛克要求我們每天都要刮鬍子。他說：「你每天早上刮鬍子，是為了弟兄，如果你想要為了女人每天晚上刮鬍子，自己決定就好，但我要你樹立典範。」他講的一點也沒錯。我記得有一天早上當我們要準備進攻佛伊時，我在半夜就起床刮鬍子，接著找點東西吃。過程中，我不小心把自己刮傷，非常嚴重。我的樣子看起來一定糟透了。辛克上校在我們發動攻擊前過來視察的時候，他看了我一眼，然後臉上堆滿笑容。我之後才發現，他是在笑我在那麼冷的早上還刮鬍子。但是這就是我為弟兄樹立榜樣的其中一件事──在早上刮鬍子，偶爾還會把上半身脫光，然後給自己來個「法式洗澡」──這件例行公事也吸引了每個人的注意力。我這樣做有一個理由，就只有一個理由──引起大家的注意，讓他們知道我會在他們身邊待一段時間，而且情況沒有他們想像的那麼糟。反正就是，做自己能做的。

在此期間，二營維持住防衛陣地，等待著德軍的另一波進攻。十二月二十四日早上，本營右翼遭遇小規模攻擊，被我們迅速擊退。到了那天早上稍晚的時候，德軍積極地在我們的防區巡邏，但在蒙受四人陣亡和四人受傷的損失後撤退。二營在聖誕節負責防衛從佛伊公路－巴斯通－布錫（Bourcy）鐵路的交叉路口，到佛伊以南之間的防線。到了次日，敵軍接觸狀況依然相對輕微，因為雲層開始散開，戰術空中支援得以擾亂德軍巡邏和部隊的集結。儘管有了陽光照射，在前線散兵坑裡的生活依然極不舒服。經過長達一星期的下雪和嚴寒，同時不斷受到敵人的刺探，二營仍然堅守不退，不使敵軍獲得任何戰術上的優勢。倘若德軍更兇猛地加強進攻力道，他們很可能就會獲得這樣的優勢。

有人可能會問這些人如何維持住士氣和他們的防禦陣地。他們守得住，這是因為他們是傘兵，而且是因為D、E、F連都有人拒絕為了待在舒適的後方而放棄自己的弟兄。如果有正當理由返回巴斯通的救護站的人全都利用這個狀況的話，那就不會有什麼前線了。我們的前進陣地是由一連串前哨組成，不是主抵抗線。在回想美國傘兵的不屈不撓表現時，立刻會想到幾位士兵。我記得唐・馬拉其用毯子把雙腳和雙腿裹住在雪地跋涉，想要避免凍傷，但徒勞無功。他的好兄弟華倫・「史基普」・穆克中士因為散兵坑被砲彈直接命中而陣亡，我提議把馬拉其拉回來，在營指揮所待幾天。他有禮貌地回絕了，因為他拒絕離開E連的弟兄。

卡伍德．李普頓士官長的手臂被德軍八八砲的砲彈破片打到，他讓醫務兵包紮傷口，之後繼續留在前線。後來到了二月，他的連長和我推薦李普頓在戰場任官，辛克上校立即批准。另一位士官、隸屬營部連的史蒂夫．米霍克上士（Steve Mihok）總是身先士卒。你經常會先徵求志願者，然後才發布最終命令。米霍克每晚都自願出去巡邏，真是個好傢伙！如果我活到一百歲，我絕對不會忘記這小個子的傘兵站在那裡，肩膀上掛著湯米衝鋒槍，兩眼的黑眼圈早就告訴我他已經累得半死，但他還是應聲回答：「我去。」他之後獲得兩枚銅星勳章——他應該要獲得一打才對。

喬．托伊中士四度負傷：諾曼第、荷蘭，然後巴斯通兩次。一月二日，德軍空襲的一枚炸彈破彈擊中托伊，他的副排長把托伊送到巴斯通的救護站接受治療。同一天稍晚的時候，我望著原野另一邊我們的左翼，看到喬．托伊順著路走來，越過原野返回前線，手臂還用繃帶吊著。我走過去跟他打招呼，並問：「你要去哪裡？你不需要回來前線。好好放幾天假。」這不是喬．托伊的作風。他告訴我，他在救護站遇到另外一位少尉，疑似為了逃避作戰勤務，用槍射擊手掌自殘。喬不會這樣，他身為班長，就是要在前線。對喬．托伊中士而言，戰爭這檔事已經是習以為常，而且他很擅長打仗。他手下的士兵性命都得依靠他掌握戰技的能力。從某種程度上來看，托伊和他的副排長比爾・葛奈瑞已經成為恩尼・派爾所謂「殺戮體制下的資深合夥人」，並且在乎他們的手下。與其留在後方，托伊選擇搭約翰・馬隆尼神父（John Maloney）的便車回到前線[2]。托伊告訴我：「我想要回來跟弟兄們在一起。」我知道他不應該回到前線，但我敬佩他對他的班所做的奉獻，因此我放手不管。喬・托伊是第一流的美國英雄。

次日，托伊和葛奈瑞碰上敵軍砲擊。他們說你絕對聽不到擊中你的那枚砲彈。我不確定是不是真的如此，但砲彈擊中的地方距離越近，你聽到它們的時間就越短。在這場襲擊巴斯通E連位置的砲擊中，葛奈瑞失去了一條腿，托伊的右腿受傷過重，醫生立即在第一時間從膝蓋以下截肢。之後回到美國紐澤西州大西洋城的英格蘭中央醫院（England General Hospital），他們發現他的膝蓋也嚴重受創，再也無法使用，因此又進行膝蓋以上的二度截肢。

2 編註：影集於卡倫坦交火之際，為受傷官兵祈福的那位神父。

接下來要說的是瓦爾特・戈登下士，他用一條大毛巾包住自己的頭，然後把鋼盔戴在上面。瓦爾特坐在散兵坑邊上，前面就是他的輕機槍，看起來就像被凍僵一樣，呆滯地瞪著前方的樹林。記得我曾走過戈登身旁，他卻完全沒有認出我來。我停下來，轉身瞧一瞧他，然後嚇我一跳，「媽的！戈登成熟了！他是個男人了！」德軍在聖誕前夕的〇八三〇時發動進攻，瓦爾特被擊中。

美軍傘兵在巴斯通所展現的果斷決心不僅限於士兵而已。聖誕夜，我們站在營指揮所的火堆旁，哈利・魏許中尉差點就受了會永遠退出戰場的傷勢。我們為了保持溫暖，決定冒險生個火。果不其然，德軍發現了火堆，然後朝我們發射了一枚迫砲彈。我不知道他們是運氣好，或是他們就是這麼厲害，這枚砲彈居然在我們這群人中間爆炸。我從地上爬起來，檢查魏許，看見哈利臉上充滿恐懼，他把褲子撕開，仔細看被打中哪裡。他的蛋蛋還在，但距離真的近到難以放心。有時候生與死之間的距離就是差那幾公分而已。魏許立即被後送，在盧森堡、巴黎和英格蘭動手術。醫生一把縫線拆掉，哈利馬上偷溜了出來，回到二營。差點失去魏許後，我們剩下的人怕得要死。這就是在巴斯通的聖誕夜。

十二月二十二日，包圍巴斯通的德軍部隊指揮官要求安東尼．麥考利夫准將率領一〇一空降師投降，以「拯救被包圍的美軍，免於被徹底殲滅的命運。」麥考利夫是老陸軍出身的一流將領，在泰勒將軍前往華盛頓出差時暫代嘯鷹師的師長職務。麥考利夫對敵軍的無條件及立即投降的要求只簡短地回覆：「荒謬！」對我們那些在主抵抗線上的弟兄來說，我們對麥考利夫的強硬立場引以為傲。就我而言，我很高興是麥考利夫指揮防禦巴斯通作戰，而不是泰勒。泰勒總是完美無瑕地盛裝打扮，一定會有侍從和記者跟在他後面簇擁。麥考利夫是軍人中的楷模，他真正了解在美軍普通小兵眼中的地面戰鬥是怎麼回事。正因為如此，我最尊敬的就是麥考利夫。

二營和E連官兵待在前線度過了聖誕節。各指揮部轉發了麥考利夫將軍的談話，他在當中讚揚了一〇一空降師的優點，並提醒我們，在面對如此不可能的劣勢局面，依然守住防線，而我們頑強不屈的抵抗已經成為美國報紙的頭條報導。辛克上校也親自巡視營指揮所，向我們說明當前的戰況。我們格外感謝他在這方面的努力。

有些人試著以自己的方式記住聖誕節。鮑伯・雷德中士和唐・胡伯樂下士決定親自駐守前哨，而不是派出幾個士兵或一個班前往前線陣地。胡伯樂和雷德，還有謝普・霍威爾是同時入伍的，而且一直是最要好的朋友。兩名士官一起待在同一個前哨據點很不尋常，但他們的副排長考量到情況特殊，因此批准這種非常規的安排。胡伯樂和雷德在接下來的幾個小時，低聲來回交談，談論他們老家的家人，他們在做什麼的，並好奇他們的家人是否會上教堂。胡伯樂和雷德最能代表E連。在聖誕夜，他們倆人冒著生命危險，就為了多給同袍一些平靜安寧。遺憾的是，那是他們兩人一起度過的最後一個聖誕節。那晚不久之後，胡伯樂帶在身上的魯格手槍意外走火，打斷了他的大腿動脈，傷重身亡。胡伯樂和我在諾曼第一起跳傘，E連上下都對他的離去感到深深哀痛。

十二月二十六日下午，克雷頓・艾布蘭中校（Creighton Abrams）指揮巴頓將軍第三軍團轄下的第三十七戰車營，朝巴斯通推進，突穿德軍防線，巴斯通總算解圍。他的抵達是遲來但歡樂的聖誕禮物。跟在艾布蘭後面的是浩浩蕩蕩的車隊，由補給車輛和救護車組成。這是本週以來首度有卡車駛進巴斯通，為我們帶來糧食、彈藥和其他補給品。卸下補給品後，我們之中狀況最嚴重的傷者，包括E連的瓦爾特・戈登在內，最先由車輛後送。到十二月二十七日結束時為止，第六十四醫療群已經把六百五十二名傷患後送到陸軍醫院。到了十二月二十八日，最後一名躺在擔架上的戰壕腳患者和可以步行的傷患抵達後方。加上這些人，美軍受傷人數總共超過一千人。

現在巴斯通的包圍圈已經被突破，二營期盼返回穆爾默隆。但是過了沒多久，盟軍總部就讓我們這個想法化為泡影。嘯鷹師將會繼續留在前線，一有機會就將發動攻擊。盟軍進攻行動的一個主要部分，將會是一〇一空降師朝佛伊和諾維勒推進。蒙哥馬利的第二十一集團軍要在突出部北部邊緣的大規模攻勢中打頭陣，本師將會和他們進行協同攻擊。

十二月三十一日相對平靜，但到了一月一日〇〇〇一時，雙方都以砲兵和迫擊砲火力來迎接新年。德軍在元旦那天進行至當時為止規模最龐大的空襲，出動了數百架飛機，喬．托伊就是在這場攻擊中第三度受傷。同一天，五〇六團二營接到命令，要進攻並肅清賈克森林（Bois Jacques），也就是過去十二天E連以之為家的森林地帶。佛伊就在這片森林的後方，佛伊之後就是諾維勒前方的高地。一月二日〇九三〇時，二營作為全團攻勢行動之一員開始前進。深深的積雪和濃密的森林阻礙了我們的前進，排和連之間的聯繫也暫時中斷。士官立即動起來，重新建立接觸，我們才得以繼續前進。二營只遭遇些微抵抗，直到我們抵達距離森林邊緣大約二百碼遠的一條線上。剛開始時抵抗激烈，但持續時間不長。二營在一五三〇時攻占了目標。一月三日，我們奉命延伸正面涵蓋一營的地段，因為一營又回去擔任師預備隊。那天開始下雪，接下來的一個禮拜每天都下雪。同一時間，敵軍砲兵和迫擊砲火力開始加強。

那是很困難向某個從未經歷過戰鬥的人，形容砲兵轟擊所造成的影響。如果你熬過砲擊，那就終生不會忘記，但你也從此變了一個人。火砲不只殺人，它還可以讓人殘廢，把人體炸得四分五裂，殘肢斷臂飛得到處都是。「卜派」．文恩回憶，「我們經歷過幾次驚天動地的砲擊。」當士兵碰上密集的砲擊時，他常常會發現自己因為衝擊力而在地上彈跳。對領導者來說，最大的問題是要保持理智，不要因為懼怕而呆若木雞——要能夠思考，盡快對部屬下達指示，讓他們站起來並且動腦筋。長時間的強烈火砲射擊，會對戰鬥中的部隊造成戲劇性的影響。在最後一輪砲彈落下後，身為領導者，你一定要開始在弟兄間走動。「大家都還好嗎？現在起來，我們前進，注意敵軍的攻勢。」集中弟兄們的注意力，並且在他們之間走動——如此他們看到了你，並且正和你交談——他們知道你就在那裡，然後意識到他們不是單獨面對這一切，對他們而言世界就不一樣了。就算有士兵出於自己的感受和恐懼，連動都不敢動，如果他的領導者正在弟兄之間穿梭，士兵會明白長官也正經歷著他正在遭受的苦難。到了那時，也只有到了那時，士兵才會開始動作。這正是E連在一月三日下午調整防線，並且在還有最後一絲日照的時候進入新陣地時所發生的事情。

正當E連人馬進入樹林，德軍立即展開威力強大的密集砲擊。弟兄們遭遇如此致命火力，便立即拔腿狂奔，盡可能尋找掩蔽。第一輪砲彈在樹頂上爆炸前，許多人趕忙跳進彈坑，或是之前的散兵坑。有些人很幸運，但像是喬·托伊之類的其他人就沒那麼幸運了。托伊身為班長，他拒絕先避難，直到他掌握所有人的下落為止。他沒有聽見那枚擊中他的砲彈，彈片扯斷了他的右腿，插入腹部和手臂。他大聲呼救，痛苦地躺在地上翻滾。他的副排長、也是他最好的朋友比爾·葛奈瑞聽見他的呼喚。就像托伊，葛奈瑞的情緒也異常高漲。在砲火暫歇的空檔，他立即離開安全的散兵坑，把托伊拖到安全的地方。就在這時，砲彈又開始落下。一枚砲彈在葛奈瑞的上方炸開，把他的腿炸成重傷。對托伊和葛奈瑞來說，戰爭已經結束了。唐·馬拉其和艾德·「貝比」·赫夫朗（Ed“Babe”Heffron）幫忙把他們從前線上拉出來，並協助醫務兵把他們送上救護車。至今天為止，沒有人能夠談論這一次的遭遇。

如同砲擊快速地開始一樣，它也很快就結束了，但造成的傷害非常嚴重。李普頓士官長監督傷患後送，並探望每一位弟兄。李普頓一抵達前方，戴克中尉就叫他接手指揮整個連，而他要返回連部。你可以想像弟兄們看著他們的指揮官徒步離開前線時的感覺。對一位連長而言，他在交戰中途放棄手下弟兄，尤其是他們已經承受了一部分傷亡的時候，這是不可原諒的。戴克才剛離開，連隊又失去了另一位軍官。「巴克」・康普頓中尉目睹托伊和葛奈瑞血肉模糊的腿傷，終於在戰鬥壓力下崩潰了。他把鋼盔脫掉，用手指抓住頭髮，然後放掉鋼盔，接著就跟戴克一樣，徒步離開前線。喬治・魯茲（George Luz）企圖攔住他，但攔也攔不住。經過幾個月的戰鬥，加上又看到兩個最要好的朋友重傷的慘狀，「巴克」受夠了。不到幾分鐘時間，二排失去了其經驗最老到的班長、副排長和排長。葛奈瑞和托伊都是塔可亞時期出身的，他們是排裡面其他人的老大哥。康普頓自D日開始就跟著E連一起行動，從諾曼第到荷蘭，現在則在巴斯通。把戴克換掉當然可以很簡單，但喪失這麼多關鍵領導人物，重重地動搖了我的老連隊士氣。

E連正處在崩潰邊緣。沒有多少單位能夠承受E連在一月三日蒙受的傷亡數字，尤其是資深領導階層的部分。它的戰力目前已經低於百分之五十。二營其餘的連也同樣虛弱。要是李普頓士官長和其他塔可亞的老兵沒有挺身而出的話，E連很可能已經瓦解了。儘管還有另外兩名軍官在場，但李普頓實質上接管了E連的所有指揮權（名義上除外）。其他士官則填補缺口，像是波頓・克里斯登生和唐・馬拉其這幾個人在諾曼第時還是小兵，在荷蘭升了下士，如今在巴斯通已經是中士了。他們成為了E連的骨幹。我們現在的防線即薄弱又危急，但五〇一團在一月四日於前線接替了我們。二營改為擔任五〇六團的預備隊。

我還記得那天晚上發生的另一件古怪事。我在散兵坑裡坐了一會兒後，感覺散兵坑似乎變得越來越小。接著，我注意到坑壁的側面開始結了霜，於是我把肩膀挺直，沿著坑壁摩擦，把霜弄掉。

接下來的一個星期，前線相對平靜。二營持續在我們被積雪覆蓋的森林至前線之間巡邏。一月八日有一場極為猛烈的暴風雪。德軍在一月十日對五〇六團的陣地發動猛烈砲擊，造成一百二十六人傷亡。兩天後，二營把一個連配屬到三營轄下，準備進攻並奪取佛伊。我選擇E連領頭執行這次的攻擊。在攻擊展開前一夜，我坐在散兵坑中，透過燭光讀著《步兵攻擊手冊》（*Infantry Manual on Attack*）。我想起——把一本步兵手冊塞進背包帶到巴斯通——我應該帶賀喜巧克力棒才對。我都熟記了這本手冊的內容，但這一次手冊沒有完善到可用來對應我目前正在準備面對的局勢。它的內容看起來太入門了。我研讀手冊時，李普頓士官長過來找我，想和我討論一件高度敏感的事情。李普頓關切的是戴克中尉無法勝任領導隔天的進攻行動。我認真聆聽，但除了認同他的擔憂，並告訴他會調查之外，我沒有太多的選擇。我之後決定，當攻擊在次日展開後，我會站在攻擊發起線上觀察進攻狀況。

次日拂曉，我親自向戴克中尉做這次攻擊行動的簡報。然後命令法蘭克．雷斯中尉在面對佛伊的樹林邊緣，安排兩個輕機槍班。當E連穿越大約二百五十碼的積雪開闊原野朝這座村落的外圍前進時，這些機槍會提供掩護火力。E連在〇九〇〇時跨越攻擊發起線，接著推進越過原野。掩護火力做得相當到位，但每當副射手更換彈帶時，在那短暫的停火片刻，我連一口氣也不敢喘。德軍只從村落西端的一座前哨據點，用步槍零星開了幾槍。對排成散兵隊形穿越雪地的弟兄而言，這個過程很痛苦，然而戴克中尉把隊形維持得還不錯，E連以適當的速度前進著。突然，戴克中尉在距離佛伊邊緣大約七十五碼的地方下令停止前進。每個人都在雪地蹲下，並且毫無緣由地停在那裡。我用無線電呼叫戴克中尉，但沒有任何回應。整個連就像一群活靶那樣在雪地一動也不動。視察這場進攻行動的辛克上校轉過身來大吼：

「溫特斯，你打算怎麼辦？」

「我現在過去！」我一邊大喊，一邊抓起我的M1，衝出去要接管E連的指揮權，讓他們繼續行動。我跑了沒幾步，就想到自己的工作是領導整個營，不是一個連。我轉身走了回來，看見隆納德．史畢爾中尉站在我面前，一個天生的殺手。

「史畢爾！」我說道。「解除戴克並接管那個連，然後繼續攻擊行動。」

我真不知道為何史畢爾正好站在我旁邊。我只是轉個身，人就在那裡了。就好像擲骰子一樣，我正好需要人，他就站在那裡。我很高興正好是史畢爾。作為一個作戰領袖，我很敬重他，因為他會在戰鬥中做出對的決策，不過他在戰鬥後的決定——不是在前線的——通常引人詬病。在D日，史畢爾和他的手下摧毀了布里考特莊園外的砲兵陣地裡的第四門砲。之後二營上下就流傳著一個故事，說史畢爾擁有「殺手的本能」，他曾經在D加一日於諾曼第槍斃一名抗命的中士。這個傳言的內容很難證實，但從表面上來看，弟兄們相信了。當然比起當初看得到的部分，這個故事的背後絕對大有文章。D連在六月五日至六日之間的夜晚都不停在作戰，D日一整天也是如此。六月六日當晚，警戒部隊休息還不到兩到三個小時，六月七日的作戰就已經開始。D連整晚向後轉前，軍官打算把各排排列成適當的陣形，以便在次日清晨越過攻擊發起線。緊接而來的戰鬥可說是戰爭中最讓人困惑的一次。隨著夜幕降臨，對即將展開的戰鬥感到緊張，加上這些弟兄自六月五日一大早起就沒有休息過，導致他們幾乎精疲力竭。一些官兵和他們的指揮官實際上跟夢遊沒兩樣，無法理解命令。一名觀察到這點的人提到：「軍官和士兵持續行軍太久，現在只能靠意志力繼續前進。」

儘管有關史畢爾中尉作為的謠言甚囂塵上，那晚發生的事情其實是D連奉命停止進攻聖科姆迪蒙，以便讓團部安排移動彈幕射擊來支援地面突擊行動。團砲兵已經選定聖科姆迪蒙周邊十五個目標，準備進行砲擊。為了發起攻擊，團砲兵火力會校準朝美軍戰線後退，然後再以每四分鐘一百碼的速度向前移動。斯特耶中校命令D連緊跟這個「移動彈幕」朝目標前進。史畢爾中尉接著把命令傳遞下去給前線的班長，要他們待在目前位置，直到砲兵火力協調完畢。但是他手下的一名中士忽視命令，史畢爾重複這道命令，但這位中士拒絕服從。史畢爾就把他槍斃，子彈打在眉心上。透過這起事件，史畢爾很可能拯救了這個班其餘人的性命。值得讚揚的是，史畢爾立即向他的連長傑爾·格羅斯上尉報告這起事件。格羅斯在次日繼續朝聖科姆迪蒙突擊的過程中陣亡，因此這起事件就沒有被追究。史畢爾麾下的士兵肯定沒人對更高層指揮單位提過任何事。我認為排上的士兵做出了正確的判斷——因為他們可能會是下一個。其次，如果有人主動朝史畢爾還擊，他不可能知道他會付出怎樣的代價。我相信這些人具備完善的求生本能。

另外還有謠言指控史畢爾殺害了六名德軍戰俘。我個人和史畢爾中尉在D日之後的接觸有限，直到我不再指揮E連。身為副營長，我認識本營的每一位軍官，並且要分析每位幹部的長處和短處。我個人的評價認為，史畢爾中尉是二營其中一位表現最佳的戰鬥軍官。他的手下尊敬他，但也懼怕他，史畢爾已經清楚豎立起他是殺手的形象。他努力博得殺手的名聲，且時常為了達到震撼而殺人。營和團的高階幹部一定早就聽說有關史畢爾的傳言，但是他們亟需留住不畏戰鬥的合格軍官，因此選擇忽視、或是不調查這些指控。當我首度聽說這些故事的時候，第一時間根本無言以對。他在諾曼第的作為讓人不敢置信，且無法饒恕。要是在現在的軍隊，史畢爾一定會因殘害行為而被送上軍事法庭，但是我們格外需要那些不怕和敵人交手且以身作則的軍官。史畢爾正好就是符合這些要求。

無論如何，我一指示史畢爾接管E連，他立即三步併作兩步往前衝。史畢爾在指揮組尋找掩護的乾草堆後頭碰到了戴克中尉，當場接管連的指揮權。戴克沒有任何異議。史畢爾中尉馬上往前衝刺，越過戰線，找到在E連側翼的I連。當他往佛伊狂奔時，一門八八砲對著他開火，李普頓之後這樣形容史畢爾衝過分隔德軍和美軍陣線的「無人地帶」：「實在是太扯了。」史畢爾和I連協調後，越過同一片原野返回，再率領E連攻入佛伊。在雷斯中尉指揮的強大火力基地機槍支援下，E連進行逐屋巷戰，最後占領佛伊。尼克森在一一〇〇時報告確定奪取佛伊。在攻占這座小鎮的過程中，E連擄獲了二十名戰俘，只有一人陣亡和幾個人受傷而已。要是史畢爾沒有接手的話，傷亡人數絕對不止於此。

事後回想，我們在進攻佛伊期間所目睹的，就是在最糟糕狀況下出現戰鬥疲勞的經典案例。我們在稍早的時候已經觀察到一些跡象，但是戴克因為身為團部某人的愛將而被派到我們這裡來。辛克上校那晚在團部召開了一次會議，所有參加這次進攻的主要人員都出席。斯特耶中校也在場，辛克問他：「E連你打算怎麼辦？」

斯特耶轉過來對著我，把問題重複了一遍：「溫特斯，E連你打算怎麼辦？」

我沒有多做解釋，只回答：「解除戴克中尉的指揮權，然後給史畢爾指揮。」這樣就搞定了，會議結束。辛克上校立即批准我推薦的人選。史畢爾現在是連長了，並且會繼續指揮E連，直到戰爭結束。E連自從在塔可亞成軍以來，有六位軍官擔任過連長——索柏、密漢、本人、海力格、戴克和現在的史畢爾——「斯巴契」．史畢爾指揮這個連的時間比任何一位前任都更久。儘管他據稱有不當行為，但是卻不能低估他對這個單位立下汗馬功勞的貢獻。

至於戴克中尉，他當然滾出了我的營，只能打包走人。之後我們發現他轉調到團部，擔任助理作戰參謀。

另一個有關那天和那場進攻的回憶也值得一提，這件事也讓我心情不好。當弟兄們把傷者從佛伊撤回來時，我驚覺有兩位攝影師站在我身旁，拍攝著這個過程的細節。我不確定他們是從哪裡冒出來的，也不知道他們是哪個單位的，我只知道我之前從來沒有見過他們。當運輸傷兵的隊伍距離樹林還有大約二十到二十五碼的時候，這時已經不用擔心還會有人從佛伊放冷槍的危險，其中一名攝影師放下他的相機，然後衝出去，協助攙扶其中一名負傷士兵。他抓住這位士兵的方式，卻是盡可能使他身上的全新厚重羊毛夾克袖子和正面都沾染大量鮮血。然後這位攝影師轉向他正在拍攝的夥伴，接著裝出已經累到徹底虛脫的模樣，掙扎地走過最後幾步路抵達樹林。就在這個時候，他立即閃到鏡頭以外的地方。也太假了吧！真受夠這些虛偽。

次日，團部下令二營繼續進攻，以奪取諾維勒四周的高地。攻擊命令下達後，我整個人很火大。我不能相信在經歷過這一切並完成任務，在承受這些傷亡之後，辛克上校又命令我們帶頭發動另一次進攻。H時安排在一二〇〇時。這又是團部或師部沒有運用良好判斷力的另一次，為什麼你要在陽光明媚的大晴天正中午，派出麾下官兵在及膝的深雪裡跋涉越過一英里半的開闊原野，朝胡肯尼–科布呂–諾維勒（Recogne-Cobru-Noville）前進呢？德軍就在高地上守株待兔，還有戰車躲在建築物後面，車身一點都沒有露出來。為什麼不在清晨拂曉時進攻，如此我們至少還有一點時間是有黑夜掩護的啊？

那天我總算有了運氣。在我們越過攻擊發起線前，我發現唯一能解答我們難題的地方，很可能就只有諾維勒西南側的地形上有一處險峻的山肩。如果我派出部隊直接朝那裡前進，就可以在接近諾維勒的時候有更多的掩護空間。敵軍在山肩有堅強據點，我們的計畫進行得相當順利。我把全營排成一路縱隊，在積雪中前進。這麼做其實相當危險，也不是很符合戰術隊形。當我們逼近諾維勒時，一營距離我們左側大約四百碼，而且些微落後我們的縱隊。我不時轉頭瞧一瞧他們在幹什麼，結果他們被守在諾維勒的德軍戰車的八八公厘口徑的火砲直射火力迎頭痛擊。敵軍火力以毀滅性的力量重創他們的陣線，人都被炸飛到半空中。多年以後，在電影《齊瓦哥醫生》（*Dr. Zhivago*）當中，我就看到部隊越過積雪的原野，遭到部署在森林邊緣的大砲猛轟，人都被炸飛到半空中的場景。那些畫面對我來說格外逼真寫實，一下子就跟我在進攻諾維勒時的親身經歷連結在一起。

我們非常努力地越過原野，然後在大約一五三〇時聚集在山肩的下方。到了夜裡，我帶領二營逐漸逼近該鎮東南角的溪谷。為了奪取這裡，我們穿越從諾維勒打出來覆蓋了溪谷的機槍火力前進。為了反制這些火力，我們也架設幾挺輕機槍回擊。德軍對我們開火，我們就會打一串子彈回去，並且在同一時間派出一組八到十個人的小隊，衝過溪谷和溪流到另外一邊。雙方你來我往，需要無比的耐心，但我們終究完成了，而且沒有任何傷亡。二營趁著夜色就位，準備第二天的進攻。當晚是我這輩子度過最寒冷的夜晚，我認為其他弟兄應該也有同樣的感覺。我們一整個下午都在努力奮戰，全身被汗水浸溼。太陽下山後，就變得酷寒刺骨。夜裡，我打算在一個小土丘上休息。沒多久，我馬上渾身顫抖離開那小土丘到溪谷下。我很快放棄了要打個盹的念頭。

我曾經考慮過與其站在那裡整晚挨冷受凍，不如乾脆發動夜襲。但我當時沒有把這個想法和任何人討論過。基於某些理由，我有預感德軍已經撤出了。我很快重新考慮我的替代計畫，但認為在暗夜中不小心打到自己人的機會實在太大了。我們在次晨拂曉時分開始進攻諾維勒，抵抗十分輕微。敵軍已經從諾維勒撤退，只留下一小批後衛部隊進行遲滯行動，好讓其餘敵軍撤離。我們擄獲了幾個戰俘，當中有兩名年輕軍官。我的參二情報參謀艾德．湯瑪斯少尉想要問到一些有價值的情報，但徒勞無功。一月十六日，二營繼續進攻，並肅清拉尚

（Rachamps）和哈迪尼（Hardigny）兩座村莊。這是我們在比利時的最後一次進攻，並為五〇六傘降步兵團二營及E連的主要戰鬥行動畫上句點。雖然我們繼續進行戰鬥巡邏，想要接觸敵軍，但二營再也沒有對堅強抵抗的敵軍進行大規模攻勢。

泰勒將軍顯然對我們的努力相當滿意。在奪取諾維勒的隔天，泰勒和參謀還有他的副師長傑勞德．希金斯准將（Gerald J. Higgins）還有辛克上校碰面，在諾維爾市政廳附近進行了一次臨時地圖勘察，以討論未來的戰略。次日，第十七空降師接替了在前線的一〇一空降師。本師奉命擔任軍預備隊。巴斯通會戰總算徹底告一段落，但一〇一空降師的「嘯鷹戰士」已經寫下其作戰史中最輝煌的篇章。這是場代價慘烈的戰役，但美國陸軍學到了執行冬季作戰的寶貴教訓。其中最價值連城的一課，就是在夜間要隨時注意聆聽聲音的重要性。戰技純熟的士兵可以辨認出腳踩破積雪表面的聲音，以及引擎在遠處運轉的跡象。無線電兵學到不要直接對著麥克風講話，因為說話的呼氣會使麥克風結凍，導致無線電機無法使用。武器上只要塗上薄薄一層油，會比起塗了厚厚一層更有效。最重要的教訓則是要依靠常識和戰場上的臨機應變，這些在強調進攻和防守作戰的入門野戰手冊裡都沒有提及。

我不知道是否有人經歷過巴斯通，卻沒有因那場苦戰而留下傷疤。二營的戰線從未被突破，我非常引以為傲。二營寸步不讓，沒有讓敵人突破或穿越。我要再強調一次，美國傘兵在這場戰爭中最致命血戰的表現，正是讓E連戰士以及本師其餘官兵維持如此緊密團結的原因。

第十一章　最後的巡邏隊

一〇一空降師官兵有所不知的是，當它在巴斯通為存亡而戰時，德軍在除夕夜於阿爾薩斯（Alsace）發動牽制攻擊，目的是把艾森豪的注意力從阿登轉移開來。行動代號「北風」（Nordwind），這場攻勢打擊的對象是亞歷山大．巴區（Alexander Patch）指揮的美軍第七軍團。一九四四年八月，第七軍團先是在法國南部登陸，然後構成艾森豪朝萊茵河推進的廣正面戰略南翼。當盟軍總部指示巴頓朝北推進解救巴斯通時，巴區的軍團就把防區拉長，接管先前由巴頓的部隊據守的防線。德軍一開始的進展相當順利，迫使巴區和他的上層指揮部，也就是雅各．狄費爾斯中將（Jacob Devers）的第六集團軍要求增援。艾森豪手上已經沒有可用的預備隊，他因此派遣一〇一空降師。一月十九日，辛克上校的五〇六傘降步兵團前往後方，此時他們接到命令，要經由公路調動距離遠達一百六十英里，前往位於阿爾薩斯的德法邊界。要去阻擋敵軍另一波突破的這個想法，不禁讓我想到：「天啊，這支軍隊裡難道他們找不到其他人可以派去填補缺口嗎？」

次日，我們登上卡車，運輸車隊在覆蓋積雪又滑溜的公路上展開行動。路線是從巴斯通經過貝洛馮添（Bellefontaine）、維頓（Virton）、圖勒（Toul）、南錫（Nancy）再到阿爾薩斯。我們在一月二十二日抵達杜林根（Drulingen），就立即進入預備陣地。這讓我有機會寫一封短信給人在美國的朋友黛塔．奧爾蒙。我在信中試著概略描述前一個月的作戰，並回應她先前提出的一連串問題。我重新讀了她先前寄的信之後，注意到她又再度表達對我沒有回信感到失望。這點可以理解，但戰況不是我可以控制的。我們絕對沒有人會忘記剛過去的聖誕節和除夕夜。我的朋友說她好強，所以我也以同樣的方式回應。我寫道：「如果你想吵架，不如趁我還剩不多力氣的時候就吵，因為當我強大的時候，我就是個戰士。我也可以同時和德軍、軍隊還有妳戰鬥，而不是分別應對。我覺得我可以應付這所有人，還不會把自己累垮。至少我不會真的很擔心和妳吵架，就算妳能說出口的話很難聽，只是此時我甚至不會懼怕它們。這些話對我來說就是沒有效果。」這是打從我們離開穆爾默隆前往巴斯通以來寫的第一封信，然後我把她的信拿來和落點很近的砲彈相比較——當我聽到砲彈來襲時就趴在地上，直到彈片不在我頭上呼嘯而過，然後繼續走我的路。在前線忍受酷寒低溫長達一個月之後，沒有什麼東西可以嚇倒我了。如同我告訴朋友的：「有時候你被彈片擊中，可能會讓你的腿或手臂僵硬，並且有點瘀青，但還不會痛到讓你停下來。這個道理在任何形式的爭論都一樣。你被打中，當然，你一定會被打中，但不意味著你出局了，或是真的受到傷害了，除非你要這麼想。」我還有事情要忙呢。

從六十年後的觀點來看，我很訝異自巴斯通的那個月之後是有多麼地疲憊。我在信裡加了註腳，提到一九四四年九月十七日到一九四五年一月二十二日之間，我在荷蘭跳傘，與英軍第二軍團並肩作戰（七十三天）；在巴斯通被包圍（三十天）；搭乘卡車前往阿爾薩斯和洛林（Lorraine），以阻擋德軍在一月一日的最後進攻（北風）。這一場古老的戰爭真的是有夠難搞。黛塔能收到一封一九四五年一月二十二日寫的信，她就已經很幸福了！

先駐紮了幾天之後，二營及五〇六團前往維克賽姆（Wickersheim）。本團在五天後返回戰線，攻下法芬霍芬（Pfaffenhofen）和下摩德恩（Niedermodern）等村落。接下來兩週，二營都留在格拉森多夫（Grassendorf）擔任預備隊。二月初，本營往前移動到戰區外圍，沿著莫德爾河（Moder River）建立防禦陣地。自從德軍占領了河對岸之後，我們所有的戰鬥巡邏都是在能見度有限的情況下進行。二月四日，F連的施塔佩爾費爾德少尉率領戰鬥巡邏過河，結果遭到機槍和迫擊砲火力攻擊，他的損失是一人陣亡和六人受傷。前線上的生活依然危險，天候狀況依然惡劣，所幸本營在二月四日收到冬季戰鬥靴、極地襪和毛氈鞋墊等物品。要是我們六個星期前在巴斯通的時候就有這些東西，該有多好！

施塔佩爾費爾德率隊巡邏的次日，五〇六團接替了駐守哈根努（Haguenau）的七十九師三一三步兵團。這座城市坐落在莫德爾河兩岸，居民約有兩萬人。河道的寬度會隨著地方不同而改變，從三十到一百英尺寬不等。水流湍急，直接渡河的話危險程度相當高。市區的後方有一片開闊的原野，距離哈根努森林的邊緣約一英里遠。辛克上校把本團趨前部署，一營在左，二營在右，三營擔任團預備隊，待在該城外圍。等到我們接替三一三步兵團的時候，七十九師已經準備好要離開前線了。由於戰鬥的損耗，該團已經無力繼續據守哈根努以北的防線。三一三步兵團自一月八日起到一月二十一日為止，都在位於哈根努北方僅有幾公里一座叫做哈滕（Hatten）的村落內部跟周圍，和德軍第二十一裝甲師戰鬥，他們是在砲兵的掩護下脫離戰鬥，撤往莫德爾河。他們撤回後，德軍第二十一裝甲師的一位戰鬥群指揮官漢斯．

馮・盧克中校（Hans von Luck）在當地教堂用管風琴彈奏巴哈的聖詠《願萬民稱謝祂》（*Nun danket alle Gott*）。當琴聲穿過教堂的廢墟傳到戶外時，許多所屬的官兵和當地居民成群結隊來到飽受戰火破壞的教堂前，並跪了下來。馮・盧克在他的回憶錄裡提到，他的手下並沒有因為流下淚水而感到羞恥。值得一提的是，我和馮・盧克在一九九一年回到這座教堂，他為哈滕的居民再度彈奏《願萬民稱謝祂》。馮・盧克奪取哈滕是他在這場戰爭中的最後一次勝利。不到兩週，他的單位就被調離前線，重新部署到東線，執行無望的、阻擋蘇軍對德國心臟地帶的大規模攻勢。

二月中旬，泰勒將軍調整了本師的正面，以確保所有四個團的前線勤務責任區相等。辛克上校的五〇六團有一個營在前線上駐防，一個營擔任團預備隊，一個營擔任師預備隊。二營留在沿著莫德爾河的陣地裡，H連（三營）調了給我們。為了填補軍官的空缺，我們接收了三名最近剛從西點畢業的替補軍官，其中一名軍官是賴瑞・費茨派翠克少尉（Larry Fitzpatrick），他是西點軍校一九四三年六月年班，被指派到F連。二月十五日晚間，F連渡河進行戰鬥巡邏，費茨派翠克太過熱血，急著想要在戰鬥中有所表現。他在我不知情、或沒有授權的狀況下，請纓參加任務。渡河後，巡邏隊攀登上北岸，費茨派翠克踩到了地雷，當場被炸死。我總是會試著親自和每一位候補軍官面談，想辦法認識他們，盡可能愈多人愈好。在我有機會跟費茨派翠克碰面前，他就陣亡了。我記不起來、也想不出來另一個對替補軍官來說命運如此殘酷的例子。約翰·馬隆尼為他做了最後一次彌撒，寫信給費茨派翠克的雙親，通知他們「接下來幾天，全連上下都陷入一片哀悽和悲傷……他（費茨派翠克）毫無疑問是本團人人都愛戴的軍官。」費茨派翠克剛來到部隊就陣亡，是這場戰爭中另一個愚蠢的悲劇。

到戰爭的這個階段，我的營參謀共有一名參一（人事）查爾斯·邦寧少尉（Charles Bonning）和一名參四（後勤）。大約六星期以前，當我們還在巴斯通的時候，後者似乎迷路了，現在依然找不到他。事實上，我沒有參二（情報），沒有參三（作戰），也沒有了參四。我的軍階還是上尉，過去一個月，當我和其他營長協調時，都一直在和掛中校的指揮官打交道。和軍階比我高出許多的軍官協調各種事項時格外吃虧。我擁有的一項優勢，就是我和尼克森上尉關係很好，而他是辛克上校的作戰參謀。尼克森是我非常要好的朋友，然而當他想搞定一個棘手的任務時，他總是找來依然有很多好朋友的二營。當他指派二營派出巡邏隊想辦法抓幾個戰俘回來的任務時，就是我說的這種情形。

在夜間渡河並想要抓住戰俘是件異常困難的任務。你要怎麼接近手上有步槍的士兵，或是待在一座防禦陣地裡、已經有良好的射界、正坐在機槍後面的傢伙，然後勸說他當你的戰俘，跟你一起走？我們的目標是隔著河、E連正對面的一處德軍據點。根據我對E連的了解，我建議第三排的肯·梅西爾中士率領這次任務。我知道史畢爾上尉和他的弟兄能夠給我所需要的支援，然後把這項任務搞定。計畫是從E連的右翼逆流渡河，然後巡邏隊再順流而下，潛入河對岸德軍占據的那一側，再前往地下室就是德軍據點所在的那棟建築物。行動計畫要求巡邏隊萬一要緊急撤退時，將會有E連的火力掩護。為了完成這項任務，巡邏隊必須要抵達離據點夠近的一個地點，然後把一發步槍槍榴彈從地下室的窗戶打進去，梅西爾中士會負責這件事。接著巡邏隊衝入，把更多手榴彈丟進地下室窗戶。隨著手榴彈的爆炸，巡邏隊就會衝進去，趁著德軍還沒從震撼中恢復過來時想辦法抓到任何俘虜。同時，還要安置、隱藏一個裝有化學引信的炸藥包。猜想敵軍會在次日早上來這處據點換班，所以我指示梅西爾設定延遲引信，在十小時之後爆炸。梅西爾中士負責吹響哨子作為撤退的信號，並提醒人在E連指揮所的我啟動撤退掩護火力，以掩護巡邏隊的撤退。

每一次軍事行動，不論規模大小，都有兩個要件：行動計畫還有火力支援計畫。若要支援梅西爾的巡邏，每一處已知或疑似德軍陣地都會有指定的步槍、火砲、八一及六〇迫砲的火力覆蓋，且它們全都已經鎖定指定的目標。五〇和三〇機槍也預先對準目標，巡邏隊將可以在支援火力組成的火網下撤退，不用擔心有哪個德國佬會蠢到把自己的頭探到他的散兵坑外面。

陪同執行巡邏任務的漢克．瓊斯少尉（Hank Jones），是我們其中一位新來的替補軍官。就像運氣背到極點的費茨派翠克少尉，瓊斯也急著想要在戰鬥裡證明自己的能耐。儘管他的軍階高於梅西爾中士，但還是由梅西爾領隊。任何時候，只要有替補軍官加入本營參與行動，我都會直接和士官溝通，因為我指望他們的領導統御能力，並且能夠把任務搞定。替補軍官一定要在場，但是從我的觀點來看，他們在「關鍵時刻」只能當個觀察員。在非戰時，我尊重軍隊的指揮鏈，會直接對下級軍官下達命令，並期待他可以完成任務。但現在是戰時，我依靠身經百戰的老兵來進行必要的領導。我認為要是有資深士官可用的話，由未經實戰考驗的軍官來指揮戰鬥巡邏實在太過危險。因此，瓊斯是在巡邏任務的後方。

由於梅西爾以身作則的領導，這支巡邏隊如教範般完成任務。直到今日我依然清楚記得，梅西爾中士向營部報告擄獲兩名德軍戰俘的情況，我立即把他們轉交給團部。梅西爾非常自豪，還很激動，臉上掛著大大的微笑。壞消息是，我們失去了一兵尤金·傑克森（Eugene Jackson），他是在荷蘭的時候加入E連的補充兵。當巡邏隊逼近敵軍據點時，傑克森的額頭被手榴彈爆炸的破片擊中，他因此受到致命重傷。在醫務兵能夠把他後送到營部救護站前就死了。他的陣亡令人感到無比傷痛，但任何以生擒戰俘為目標的襲擊行動若要成功，就得依靠手榴彈爆炸後那一瞬間的快速、強力衝鋒。損失一名士兵是你偶爾得付出的代價。次日早上，我們很高興看到炸藥包依時爆炸。我們無從得知炸藥引爆之前是否有任何德軍返回那座據點，但也不在意。（瓊斯少尉稍後因為搭乘的吉普車壓到地雷，在德國陣亡。）

第二天，辛克上校對於巡邏隊的戰果相當得意，特地和他的朋友、第三二七滑降步兵團的約瑟夫·哈珀上校來看我。辛克的來訪讓我回想起諾曼第，當時他帶著同僚前來連部，聽我們講述如何成功擊潰布里考特莊園的敵軍砲兵陣地。辛克團長是位了不起的指揮官，但這次應該是酒喝得有點多了。他下令派出另一支巡邏隊抓更多戰俘，這一點道理也沒有。我們已經俘虜到足夠的戰俘可供偵訊。第二支巡邏隊只會在沒有必要的情況下導致額外的傷亡。使情況更加惡化的是，河畔剛降下的雪在當天很快就結成了冰。如果我遵照辛克上校的命令，敵軍從很遠的地方就可以聽到我們來了。

那要怎麼辦？我回應道：「是的，長官，」然後立即忽略這項命令。但為了表現出服從的印象，我把人叫到一棟房子裡集合，告訴他們不打算派出這樣的巡邏隊，因為我不認為此舉可行。我也告訴他們，要是任何人把這件事洩露出去，我就要倒大楣了。這樣一來弟兄們就可以休息，補足一點他們亟需的睡眠，而我則拿起無線電，根據我所想定的目標來調整迫擊砲和火砲射擊。我事後回想，我做了正確的事，從來沒有後悔過。準備的時間不足，加上我們戰線前方的原野相當開闊，我會無緣無故就損失太多人。我時常會好奇，如果我是一名關心自己前途未來的職業軍人，我會怎麼做？我會讓我的信念妥協嗎？故意不服從我的指揮官下達的合法命令，會造成極為嚴重的道德兩難。

二月二十日，五〇六團三營接替了二營防守戰線。二營戰鬥的日子即將結束。兩個星期後，也就是三月八日，我升上了少校。就我個人而言，能夠加入校級軍官的行列我當然開心，但我的日常行程實在太過忙碌，根本沒有太多時間去想這件事。隨著斯特耶中校把他大部分時間都花在團部，我繼續擔任代理營長。我並不指望「代理」會持續太久，但這份工作本身還是不錯的。團部隨即通知我們要返回穆爾默隆。二十三日，第三十六師總算來接替一〇一空降師防守莫德爾河前線。不到兩天，我們登上火車前往小穆爾默隆（Mourmelon-le-Petit），旅程長達十八個小時。五〇六團在二月期間的傷亡總數與巴斯通的時候相比少了很多，但在戰爭的這個階段仍算是慘重。總計這個月的戰鬥讓本團損失了四十四人，當中二營共蒙受十九人陣亡和負傷。這時候我們還不曉得，但我們全都開始走在路上會更小心，有如腦袋背後長了眼睛，以確保不會被幹掉。我個人從未覺得自己變老了，但我確實感覺不再所向無敵。有時候回想起前幾個月我在戰鬥中的所做所為，會讓我感到害怕。我們在布里考特和在荷蘭十字路口的攻擊，已經讓身為傘兵應該要有九條命的我去掉兩條了。不知什麼原因，我活下來了。我想可以很確定地說，在哈根努之後，每個人都有種直覺：「天啊，我想我一定可以撐過去！我應該可以熬過戰爭了。」

在我們離開阿爾薩斯之前，我很榮幸出席卡伍德．李普頓士官長從美國陸軍榮退的儀式，同時頒授戰場任官的少尉軍階給他。李普頓絕對比任何人都有資格獲得此項榮譽。他曾在布里考特和卡倫坦英勇無比地戰鬥。自九月起，他作為E連的資深士官，表現也可圈可點。在荷蘭、巴斯通、哈根努，他就是讓E連緊密團結的黏著劑。取代李普頓擔任連士官長的是佛洛伊德．泰伯特上士，我總覺得這位士官是E連最棒的軍人。李普頓和泰伯特都是從塔可亞出身的，兩位都屬於經歷過三場主要戰役後，少數仍留在E連的人。

在前線待了兩個月之後，穆爾默隆看起來就像是討喜的暫時解脫，但也有缺陷。這次官兵不是在兵營裡住宿，而是住在綠色的十二人大帳篷。先前在哈佛大學主修英語、出身塔可亞的大衛·韋伯斯特（David Kenyon Webster），他先是在荷蘭受傷，康復後碰巧在一月十九日我們登上卡車準備前往哈根努時歸建。他說本營的住宿比在布拉格堡大門外的北卡羅來納州小鎮費耶特維爾（Fayetteville）還糟糕。不論他的評價如何，穆爾默隆讓本營弟兄有機會洗熱水澡、清潔乾淨、打理好個人衛生。這些在巴斯通和哈根努時根本辦不到。

還有其他的變化也正在醞釀。三月七日，師部的高階軍官出席了一款新式棒球型震撼手榴彈的現場示範活動。不幸的是，其中一枚手榴彈過早爆炸，造成十一名在場人員受傷，包括一〇一空降師其中一名副師長傑勞德·希金斯將軍，以及師作戰處長哈利·金納德上校（Harry W. O. Kinnard）。他們的受傷產生了滾雪球效應，導致五〇六團有一些人事變動。查爾斯·蔡斯中校榮升師部參謀，以取代受傷的金納德。斯特耶中校接替蔡斯擔任辛克的副手，他因此交出了二營的指揮權。現在斯特耶已經轉調到團部連，辛克上校因此真除我的營長一職。能夠取得二營的指揮權當然是一項榮譽，這意味著我在兩年半內，在同一個營從資淺少尉一路升到少校營長。就了解，我是五〇六團裡唯一從諾曼第時的排長升任到營長的軍官。我喜歡這份工作和伴隨晉升而來的責任感。我認為，如果沒有冒出一個高階的傢伙來接手，而且如果我運氣夠好的話，也許有一天會升上中校。但還是要再強調一次，我希望這場戰爭可以在接下來的一百天內結束。之後未來的路要怎麼走，我還不曉得。在這段過渡期，我依然每天都要打這場仗。

對二營來說，三月其餘的日子也不平靜。從三月到戰爭結束，二營還是有些許傷亡。就我所記得，E連沒有士兵在作戰中陣亡或受傷。現在我有了一些時間，開始把我的參謀團隊找齊。我指派洛依德·考克斯上尉（Lloyd J. Cox）擔任我的副營長。尼克森上尉加入參謀行列，擔任作戰參謀。查爾斯·邦寧少尉和小拉爾夫·里奇少尉（Ralph D. Richey Jr.）分別擔任後勤和行政。邦寧隨後被一位考英少尉（Robert H. Cowing）取代，哈利·魏許擔任我的情報參謀。尼克森之所以回來當營部參謀，就是因為他酒喝太多了。辛克上校承認尼克森的確有戰術才華，但對他的酗酒行為實在感到厭煩。有一天辛克來找我，開門見山問我：「你有辦法跟尼克森相處嗎？」

「是，長官，我可以跟他相處。」

「你跟他在一起會有收穫嗎？」

我再度回答：「是，長官，我們合作無間。」

「你會希望他回來嗎？」

「是，長官，我會。」

「那他是你的人了。」

尼克森就是這樣回來擔任營部參謀的。從個人觀點來看，重新跟尼克森再一起感覺很好。他的重新指派給我擔任參謀，在團部參謀團隊引發骨牌效應。辛克上校把薩夫．馬瑟森上尉調來擔任他的作戰參謀，讓索柏上尉填補馬瑟森留下的空缺。身為團部後勤參謀，索柏如今將會和他一手帶出來、為開戰做好準備的舊單位有密切的接觸。看到這麼多他原本的舊部，現在擔任責任更重大的職務，想必索柏心裡一定五味雜陳。前E連的軍官現在指揮五〇六團三個營當中的兩個（克雷倫斯．赫斯特中校現在指揮一營），還在團內擔任兩個關鍵職務（參三和參四），以及我的參謀團隊中的兩個職務（參二和參三）。歷史學家安布羅斯的說法是正確的：「回頭看一九四二年的夏天，索柏在塔可亞一定是做對了什麼事情。」

舉例來說，當我們準備下一場作戰時，我不禁對許多德軍戰俘所展現的專業精神留下了深刻印象。戰俘在穆爾默隆的醫院工作一整天後，會在黃昏時行軍返回戰俘營。當他們經過俘虜他們的美軍人員時，就會唱起軍歌，當中充滿的驕傲和活力，只會在作戰時團結一致的部隊身上找到，看了賞心悅目。我總是很期待每天的那個時段，並且會找個好地方停下來，聆聽被擊敗的對手依然透過袍澤之誼團結起來。在戰爭的喧囂和殺戮之間，我告訴自己，一定要一直記住這美妙的時刻。天啊，這些人就是戰士！雖然我鄙視納粹政權所代表的一切，但我清楚了解對所屬部隊的自豪感，是可以超越國家和政治制度。

三月十五日，最近升上五星上將的艾森豪將軍視察一〇一空降師，為嘯鷹師頒發「總統集體嘉獎勳章」（Presidential Unit Citation），以表揚我們防衛巴斯通的行動。在向本師致詞時，艾克提到感謝美國空降部隊的勇敢和英雄氣概是「個人無比的光榮」。他希望當戰爭逐漸邁入尾聲時，我們可以一切順利，並願上帝保佑我們。在現場的熱烈氣氛中，泰勒將軍在精心安排的儀式裡自豪地接下了這個榮耀。而以資深副官的身分站在泰勒旁邊的不是別人，正是E連之前的連長諾曼・戴克上尉。他的現身幾乎沒有影響儀式的氣氛，因為這是陸軍歷史上第一次有一整個師獲得這項頗具盛譽的獎章。陸軍部的規定確立了單位獲頒總統集體嘉獎的標準，只有在該單位於引人注目的戰鬥行動中表現突出，其性質值得授予個人在美軍排行第二的英勇獎章——傑出服役十字勳章時，才會獲頒此獎章。艾克的一般做法，除非遇到最不尋常的狀況，否則會把集體表彰限制在編制較小的單位。不過艾森豪於戰爭結束時離開歐洲戰區之前，他重新思考了他的立場，並寫信給喬治・馬歇爾將軍表示：「陸軍的團隊精神是以師為中心，比任何其他層級都更多。因此，在一個師裡面表彰特定的營，對士兵來說不如表揚全師。」戰爭過後，艾森豪也推薦了其他八個師領受總統集體嘉獎，但一〇一空降師是四個空降師中唯一一個在歐洲戰區獲得表揚的。

在盟軍最高統帥前來視察前一個星期，布萊德雷將軍打電話給艾森豪，表示約翰・米利金將軍（John Millikin）的第三軍已經在雷馬根（Remagen）占領了一座橫跨萊茵河、完好無損的橋梁。艾森豪抓住這個機會，迅速在德國最後的天然屏障上建立一座橋頭堡。隨著盟軍其餘部隊朝萊茵河進軍，巴頓將軍透過美軍第五步兵師的先頭單位，驅策他麾下的美軍第三軍團在三月二十二日夜間於沃母斯（Worms）和美因茨（Mainz）之間的小鎮奧彭海姆（Oppenheim）渡過萊茵河。到了次日晚間，也就是三月二十三日，蒙哥馬利元帥發動「大學作戰」（Operation Varsity），出動他麾下整個英軍第二軍團的兵力在威瑟爾（Wesel）展開大規模攻擊，橫渡萊茵河。節制一〇一空降師的第十八空降軍由李奇威將軍指揮，原本已經預定要參與這場攻勢，但部隊編成有所更動，最後只有威廉・「巴德」・麥利將軍（William

"Bud" Miley）的第十七空降師參與了蒙哥馬利這場大肆宣揚的攻勢，成為了美軍唯一加入這場作戰的空降師。一〇一空降師獲准派觀察員同行，我便派了尼克森上尉。

尼克森很幸運，他被指派擔任所乘飛機的跳傘長。當接近空投區時，他的飛機被猛烈的高射砲火擊中。尼克森和另外三個人成功逃離飛機，但其餘成員都在飛機墜毀時陣亡。尼克森跟第十七空降師一起待了一個晚上，然後搭乘一架專機返回穆爾默隆的二營。尼克森顯然對自己與死神擦肩而過感到極度震驚，尤其是在戰爭已經到了這個階段，沒人會在勝利垂手可得的時候故意將自己置於險境。當晚，尼克森上尉又在酒精裡找回以往的平靜，我很高興看見他平安歸來。順道一提，尼克森和第十七空降師的跳傘，使他成為五〇六團中唯二有資格在傘徽上加上三顆星的其中一人：諾曼第、荷蘭和大學作戰。另一位是導航組的瑞德・萊特，在塔可亞時曾是E連的一員。

在美國國內，嘯鷹師現在人盡皆知，有關我們的傳言正四處流傳。大學作戰渡過萊茵河後的某一天，我們聽到收音機說一〇一空降師也在萊茵河東岸跳傘了。這真是太好笑了！真希望他們有事先通知我，這樣我就可以帶著本營一起參加這場秀了。

當我們等待下一個戰鬥任務的命令時，本營的工作讓我一直很忙。我和人在國內的朋友黛塔·奧爾蒙通信，主要內容在於我對一位來自賓州蘭開斯特郡的年輕小夥子的關切和觀察。這個人原本在一九四一年夏季入伍，打算盡可能越快退伍越好，但戰爭改變了他。她注意到一張我寄回家的照片，照片裡的我頭髮顏色變深，我的前額因為「憂慮肌」而充滿皺紋。我有點挖苦地說明，我的頭髮顏色變深，是因為我一年裡面沒多少機會可以洗頭。至於布滿臉上的憂慮肌，只要戰爭拖得越長，它們就會變得越深，「在我有時間思考自己的未來之前，眼前有超過六百個包括我自己在內的個人的事情需要我去擔憂。」我也不太能容忍沒有參加過戰鬥的駐軍士兵、或是為了讓女性留下深刻印象而對戰時功績誇大其辭的軍人。當黛塔告訴我，她有和另一個來自其他傘兵團的阿兵哥碰面時，我真的忍不住，用更加嘲諷的語氣寫給她說：「聽這個乳臭未乾的小毛頭講一些傘兵必須經歷的事情一定很有趣。我可以想像，一定很糟吧。我敢打賭他們一定要把他給弄死……他有跟妳說他赤手空拳就幹掉三個德國佬的事情嗎？或是他收到女友的來信而深受鼓舞，出去幹掉十個、甚至更多個該死的德仔？」我敢保證，這些故事我早就聽膩了。

我當然不想寫下去了。我無法解釋為什麼，但是我唯一會有的情緒，就是憤怒的感覺。發了一整天脾氣後，我在半夜只會感到徹底疲憊。為了什麼發火？差不多什麼事情都可以把我惹毛，差不多每一件做錯的事、每一件沒有做到完美的事。唯有盡善盡美，其他都無法接受，所以我一直在發火。讓我感到打擊最大的，就是每一天結束時，我累個半死，以及要集中注意力是有多麼的困難。現在會有人問我有關武器、目標、擾亂射擊、低伸射擊、膳食、運輸和火力基地的各種問題，沒完沒了。我沒有時間去思考個人的感覺或專注於重點，或是偶發事件。戰鬥需要我的思緒和感受維持嚴酷、冷靜、中立和有效率。至於戰前我可能會有的任何體貼的想法，早就在英格蘭的編組區被我拋到九霄雲外，忘得一乾二淨。沒有多餘空間可以留給瑣碎的事物。我確實偶爾想過死亡這件事。我當然花了很多時間認真思考那些付出生命代價的傘兵，但沒有時間去哀悼他們。不論是在前線或後方，我拒絕放鬆警惕。指揮一個營需要用到每一分尚存的精力——如今戰爭正步入尾聲，沒有時間放鬆了。

第十二章　勝利

四月一日，辛克上校通知二營，本團收到另一項防禦任務。這一次是要沿著萊茵河協助封閉魯爾「口袋」。我們的工作是要守住面對杜塞道夫（Dusseldorf）的萊茵河西岸，以及沃林根（Worringen）以南的地區，而布萊德雷將軍的大軍將包圍並消滅東邊的口袋。二營的防區從北邊的史徒佐堡（Sturzelberg）到我們南翼的沃林根，並在那裡和八十二空降師接壤。八十二空降師傘兵的防區在科隆延伸十或十二英里，從北邊的沃林根到南邊的波昂。這兩個空降師基本上都是占領部隊，僅會派出擾亂巡邏，用火砲轟擊對岸，且只會偶爾遭到敵軍砲兵火力回擊。這項占領勤務持續到口袋在四月十八日崩潰為止。期間，我們會渡過萊茵河巡邏，但強度無法跟我們在巴斯通的戰鬥相提並論。占領勤務也使我們首次和德國在地人有所接觸，但開始打交道之後才知道問題之所在。艾森豪的盟軍遠征部隊最高司令部（SHAEF）堅持，美國大兵和德國在地人不得往來。然而，有那麼多不同國籍、住在多座集中營，被送來德國本土淪為奴工的流散猶太人（DP, displaced person）[1]，要不讓雙方往來根本是天方夜譚。我們的士兵沒有幹太多體力活，因為那些集中營的猶太人做了大部分瑣碎和令人厭煩的工作，像是協助部隊伙房的幫廚。禁止人員接觸的命令雖然立意良善，但是完全不切實際。對於那些在前線待了好幾個月，完全沒有與女性往來的士兵來說尤其如此。我身為營長，努力落實各項規定，但絕對不會天真到認為我的阿兵哥不會想出新創意來規避盟軍總部的政策。

等待被包圍在魯爾口袋的德軍投降之際，二營奉命派遣一支巡邏隊渡過萊茵河。我選定的區域就在史徒佐堡隔著河的正對面，因為這是我們防區當中最安全的地方。在對岸德軍的所在，我們沒有觀察到任何活動，對岸的農田覆蓋著一片廣闊的果園。營部參二（情報）哈利．魏許中尉奉命領導巡邏隊，我親自指定任務目標，管控集中掩護的砲兵火力的同時，陪著巡邏隊一步步登上河東岸，朝向工業中心本拉特（Benrath）前進。魏許對我這個刻意強加巡邏隊接受的安全限制感到非常不以為然，我不想再失去任何弟兄了。事實上，我們煞有其事地做了一次戰鬥巡邏，什麼都沒有發現，最後大家都安全返回。巡邏行動中最危險的部分就是橫跨來回萊茵河，因為這條河有三百五十碼寬，水流非常湍急。

我也前往一座叫做頌斯（Zons）的小鎮，它位於河流靠我方這一側。頌斯是一座典型的德國小村莊，在十五世紀初期建立。它所有的建築、城堡和城牆全都是用石材建造，城堡四周還有護城河。我很好奇在過去的五百五十年，這座村莊到底受過幾次攻擊。畢竟親眼目睹過那麼多的破壞及毀滅之後，很高興頌斯沒有被空襲或砲擊所摧毀。和在德國鄉間星羅棋布的小村落相比，盟軍轟炸機已經摧毀了像是科隆這樣的大城市。經過連續數月的轟炸，整座城市已經沒幾棟像樣的房子聳立了。大多數居民都逃往鄉間，少數仍留在大城市地區的則在瓦礫堆中遊蕩，搜尋食物和個人財物。我年輕時在旅遊雜誌上曾經讀過的城市，可說是被徹底抹滅了。戰爭初期，德國居民幾乎無法想像戰爭有多麼恐怖。如今目睹自己的城市在他們的身邊崩壞，終於領教了現代戰爭的可怕。

1 編註：二戰後歐洲設置DP營（Displaced Persons Camp）以安置流散的猶太人，直到一九五二年關閉了最後一座DP營為止。

在鄉間，德國人過得遠比住在都市裡的好多了，也比自D日起我們曾經在當地作戰的國家的居民好很多。鄉下的德國人在戰爭期間沒有受到太大傷害，會有誰會想要他們受到傷害，因為法國、波蘭和其他一些國家都向他們提供絲襪、原物料和其他用品。和英國人相反，他們從戰爭初期開始可以說什麼東西都要配給。就我評估，德國人民並沒有像我們的報紙要我們相信的那麼不堪。德國城鎮和村莊真的是美不勝收。我在英格蘭、法國和比利時都沒有見過類似的景觀。整體來說，在德國的軍事勤務還算蠻不錯。二營進入一座小鎮，選擇最棒的房子，然後告訴裡面的人：「我會給你們合理的時間搬走——十五分鐘。留下床、銀器和炊具。」等到合理時間倒數結束後，二營就有了一個很棒的指揮所。如果時間允許的話，還可以在這裡好好吃頓飯、睡個覺、洗個澡。能用這種方法打仗真是棒極了！占領勤務比諾曼第、荷蘭或巴斯通好太多，在那裡我們絕大多數時間只能蹲散兵坑。現在我們在他們的家門口開戰，一想到他們要為挑起戰爭付出代價，就覺得痛快。他們也明白這點。我看到其他人在德國占領軍那裡承受的苦難後，很難同情這些德國人民的境況。

四月十日，大部分本營官兵都獲得七天前往法國尼斯（Nice）的休假。他們在享受法國鄉間的舒適環境時，五〇六團仍持續定期派出巡邏隊。其中一支巡邏隊，來自F連的普度少尉（Perdue）觸發詭雷受傷，立即被後送。同一天，五〇六團的參二參謀威廉・利奇少校（William Leach）首次率領戰鬥巡邏。在為巡邏進行準備工作時，利奇勸說我的朋友、師部攝影官艾爾・克羅奇卡中士（Al Krochka）駕駛一架派珀的小飛機到萊茵河上空，拍攝一處疑似是機槍陣地的位置。結果飛機被擊中，克羅奇卡的手臂被機槍打傷。當晚，利奇少校帶了四個人企圖要過河。不幸的是，友軍沒有接到通知他們即將要渡過萊茵河。到了河中央的時候，一個美軍機槍小組對著利奇和他的隊員開火，全員覆滅。他們的屍體到了四月十八日，才在F連於史徒佐堡的陣地前方被發現。

利奇是位優秀的參謀軍官，憑著自己的個性和社會專才，一步步登上了成功的階梯。在這個關鍵時刻——魯爾口袋的勤務只不過是警戒勤務——利奇從來沒有率領過巡邏隊。就像在哈根努的漢克・瓊斯少尉，他還不曾在戰場上立功而獲得勳獎。類似於瓊斯，利奇也計畫把軍隊當成一生的志業。瓊斯在初次受過戰鬥的洗禮後存活了下來，立即被轉調離開連隊，但利奇就沒有這麼幸運了。他喪命之後，大家普遍的感想就是這次的巡邏真的蠢到不行。利奇根本只想要「表現自我」，貪圖拿個蠢到不行的動章，結果在這個過程中害得全體隊員都白白送命。六天後，德軍在魯爾口袋的抵抗徹底結束，三十二萬五千名德軍官兵在四月十八日投降。這是戰爭到目前為止，數量最多的一批敵軍戰俘。

到了四月中旬，西歐的戰事就快要來到尾聲。即使德國人也明白戰爭要結束了。他們之所以繼續奮戰，這是因為他們身為職業軍人。正當我們準備發動最後的推進，二營收到消息，羅斯福總統在四月十二日去世了。羅斯福不僅是在我們的人生中長時間擔任總統的人物，他也是我們大多數人唯一會記得的總統。美國陸軍的每一位軍人都對這位三軍統帥表現出至高無上的敬意，沒多少人認得他的接班人哈利．杜魯門，但大家都確信新總統將會看到戰爭成功結束。根據艾森豪將軍的命令，各個部隊都舉行簡單的追思會，以紀念我們逝去的三軍統帥。在此期間，二營總算收到亟需的補給物資。四月十九日是重要的一天，每個阿兵哥都收到一雙新襪子、三瓶可口可樂和兩瓶啤酒。現在的生活條件，跟弟兄們在巴斯通和哈根努經歷過的根本是天壤之別。基本上，我們越深入德國，生活條件就越好。一名士兵指出，過去一個月，無論是飲食、衛生還是睡眠，都比他過去二十個月在海外的任何時候都要好。弟兄們不用再吃K型口糧，連續六天可以在早餐時享用到新鮮雞蛋。羅伯特．史密斯上士開玩笑說，如果接下來的戰時居住條件都一直維持這種水準的話，「可能一口氣就簽下去三十年了。」經過仔細思量後，他接著寫到：「我在說什麼屁話？我一定是被人下藥了。」

三天後，一〇一空降師前往巴伐利亞的路上，盟軍總部把本師調去給亞歷山大．巴區中將的美軍第七軍團，他們當時正在德國南部朝希特勒的「阿爾卑斯堡壘」（Alpine Redoubt）前進。大家都在猜測，希特勒是不是真的打算在巴伐利亞的阿爾卑斯山修建要塞，但艾森豪不想冒任何風險。我們離開萊茵河畔的防禦陣地，登上了40'×8'鐵路貨車（可搭載四十人或八匹馬的鐵路有蓋貨車），此外每個人也拿到五份K型口糧[2]。礙於當時德國鐵路系統的狀況，這趟一百四十五英里遠的鐵路運輸之旅共行經四個國家：荷蘭、比利時、盧森堡和法國，最後才抵達德國的威登（Widdern）。四月二十五日，我們換乘一種叫做DUKW的大型兩棲車輛——D代表一九四二年，U代表兩棲，K代表全輪驅動，W代表雙後軸——載運我們前往慕尼黑東南方的米斯巴赫（Miesbach）附近區域。我們在德國鄉間繼續這趟旅程，經過曼漢（Mannheim）和海德堡（Heidelberg），最後抵達烏母（Ulm）。烏母橫跨多瑙河兩岸，我們在這裡停下，替DUKW車加油，之後繼續前往位於巴伐利亞阿爾卑斯山山麓丘陵間的布克洛（Buchloe）。我們在這裡停留了一晚，因為車隊的燃料又

2 編註：一份K型口糧，可滿足普通士兵一天的伙食需求。

不夠了。不論什麼時候停下來，我們的標準作業程序都會派出偵察巡邏隊。當天稍早，一名隸屬E連的老塔可亞弟兄法蘭克・派康提（Frank Perconte）報告，他和巡邏隊發現了一座德國人的集中營。第十裝甲師已經在前一天進入蘭德斯堡（Landsberg），他們也在蘭德斯堡－布克洛地區發現幾座集中營。之後我們發現希特勒在這附近區域設立了六座大型的「勞動營」。

到這個時候，我和弟兄們都已經是能征慣戰的老兵了。但當我們抵達集中營所目睹的一切，根本無法形容。現場見到的駭人景象，直到今天依然深深烙印在每個傘兵的腦海裡。你無從解釋，你根本無法形容，也不會去刻意誇大。不久之後就明白了，原來納粹企圖消滅掉所有猶太人、吉普賽人以及任何與希特勒政權唱反調的人。我們透過鐵絲圍籬看著那些飢餓、茫然的人們，他們垂下眼睛和頭，就像一隻被毆打、虐待的狗會畏縮一樣，這樣的記憶在我們所有人心中永遠都揮之不去。即使已經來到了戰爭後期，納粹政權的殘暴是絕對不容低估的。我立即指示尼克森把所有的當地居民集合起來清理營區，包括火葬場和墓坑。

我經歷過了戰爭，我自然會自問，我為什麼在這裡？為什麼我要忍受嚴寒、連綿下雨和失去這麼多戰友？有任何人在乎嗎？士兵每天都要面對死亡，他的生活充滿不幸和匱乏。他很冷，他飢腸轆轆，隨時都有可能餓死。目睹圍籬後面那些人所造成的衝擊讓我感覺到，如果只對自己說的話，如今我知道自己為何在這裡！我第一次了解這場戰爭為的是什麼。

當晚，我選擇了在布克洛的一間大房子開設營部。我們在地下室和相鄰的房子發現了一堆又一堆的大塊圓形起司。我不知道德國人在這座村莊裡是否有工廠，但我知道該做什麼。我們立即把這些起司分發給被監禁在集中營裡的拘留者和我們的部隊，接著我用無線電向團部報告我們在集中營碰到的問題，並請求協助。幾個小時後，旅部醫官路易斯．肯特少校（Louis Kent）抵達，他提醒我們不要給這些之前被關押的人吃太多東西。在他的監督下，我們停止分發起司，因為攝取過量卡路里會對瘦弱的拘留者產生有害影響。更困難的任務，是強迫獲得解放的拘留者返回營舍，如此一來醫療人員才可以照料他們。

先不論我們首度接觸「猶太人大屠殺」後隨之而來的震驚和毛骨悚然，巴伐利亞鄉間的天然景色是美到無以復加，絕對不假。晶瑩剔透的山泉水灌溉了翠綠的田野，長滿了春天的花朵，E連傘兵羅伯特．史密斯上士不敢置信，「他從來沒有看過如此美麗的鄉間，就像眼前在德國看到的……因為他們禁止在路旁豎立招牌之類的東西。當我們下高速公路的時候，你可以一眼飽覽所有的美景，而不是看一堆『緬甸刮鬍膏』的廣告看板。」德國最漂亮的地方正在迎接春天的到來，我們在這個美麗迷人的時刻，看著希特勒的第三帝國在我們面前土崩瓦解。

四月三十日，第七軍團占領慕尼黑，盟軍遠征部隊最高司令部發出賀電，表示「納粹野獸的發源地」已經被摧毀。不過一〇一空降師正在追求更大榮譽——攻占希特勒在阿爾卑斯山的行館所在地貝希特斯加登（Berchtesgaden）。五月三日，二營來到了德國的塔蘭（Thalham）。過去幾天，我們行經川流不息的德軍部隊，他們正緩慢走向慕尼黑，或是在高速公路兩旁躺著。偶爾會遭遇零星步槍射擊，象徵著這個垂死政權的最後抵抗，有時候則是人數更多全副武裝的士兵向北行軍，數量比往南前進的五〇六團傘兵還多。我們趕著進入巴伐利亞，成千上萬德軍讓高速公路水洩不通。美軍和德軍士兵都用好奇的眼神互相打量對方。我很確定雙方軍隊想的事情都一樣——不要管我，我只想讓戰爭結束，然後回家。當晚我們收到命令，要在次日上午〇九三〇時出發，奪取貝希特斯加登，團部指示我們領取額外的彈藥和口糧。

五月四日始曉，我們的車隊開上了高速公路朝薩爾茲堡（Salzburg）出發。我們經過羅森海姆（Rosenheim）和基姆湖（Chiem-See），前往距離塔蘭有四十英里遠的錫格斯多夫

（Siegsdorf）。在錫格斯多夫，我們向右轉上三十號公路，也就是直達貝希特斯加登的公路。我們沿著公路行駛了大約八英里後，碰上了停在路上不動的法軍第二裝甲師。該師由傑克·菲利普·德·勒克萊將軍（Jacques Philippe de Leclerc）指揮。這支部隊在過去一個星期應該是在我們的右翼，但我們沒有辦法和他們保持接觸。他們曾經在那裡，然後又會不見。我們有種直覺，他們在行經德國的路上一路洗劫，但我們沒有證據。車隊之所以停下來，是因為德軍炸毀了橫跨深谷的另一座橋梁，此外敵軍還用機槍從山的兩側由上而下掩護被爆破的橋梁和深谷。在這種狀況下，辛克上校沒有辦法調動本團的架橋設備就位。法軍在前方和德軍隔著遠距離對打，但因為敵軍所在位置在機槍射程外，雙方都沒有人受傷。

還在穆爾默隆的時候，一〇一師就已經聽取過新型五十七公厘和七十五公厘無後座力砲的簡報，並且在塔蘭接收了四門七十五公厘無後座力砲。這天早上，二營首度有機會用它們來打擊遠距離目標。它們正在射擊時，法軍第二裝甲師和五〇六傘兵團團部參謀聚集在一起，這是在戰鬥期間少有的會面。沒有任何壓力，充滿節慶的氣氛，以促進兩國友誼。不久之後我開始覺得這場派對有點無聊，於是走向辛克上校，要求批准派遣一個排繞過德軍路障。他的答覆以戰爭這個階段來看是正確的：「不准，我不希望有任何人受傷。」

他之後經過重新考慮，然後命令我：「把二營帶回高速公路上，你看看有沒有辦法繞過這處路障到貝希特斯加登那裡去。」我們立即循原路返回高速公路，接著繼續開往巴德萊興哈爾（Bad Reichenhall），碰到另外一座被爆破橋梁才停下來。最後，那晚得停在路邊。距離我們的目標還有三十五公里。標準作業程序要求所有的班都要在房舍內過夜，弟兄們在夜晚都有充分休息。次日一早繼續前進，並在一二三〇時抵達貝希特斯加登。

貝希特斯加登這座小鎮，跟我們先前在德國碰到的任何其他城鎮都不一樣。它背倚巴伐利亞的阿爾卑斯山，自從希特勒在附近修建了一座稱為「貝格霍夫」（Berghof）的行館後，這座小鎮就像一塊磁鐵，吸引納粹要員絡繹不絕來此。他的莊園裝有大片觀景窗，可以透過這塊窗戶飽覽德國和相鄰的奧地利美景。上薩爾茲山（Obersalzberg）能夠俯瞰奧地利城市薩爾茲堡，莫札特最後一個住所也座落在此。這座山除了是希特勒的度假別墅所在，大部分納粹高階官員的住家也在這裡，還有黨衛軍的軍營。德國官員的住宅位於山坡上，占地廣大，可充分維護隱私。住宅的施工品質都相當好，並且精心布置。距離貝格霍夫五英里的地方，還有一處希特勒的私人社交官邸，同時也是山間寓所，稱為「鷹巢」（Adlerhorst），位於克爾史坦山（Kehlstein）頂上。鷹巢是由希特勒忠心耿耿的手下馬丁・鮑曼（Martin

Bormann）設計，做為希特勒的五十歲大壽生日獻禮。鮑曼動用超過三千五百名勞工修建鷹巢，直到一九三八年夏季才完工，從裝有大片玻璃的圓形大廳和相鄰的陽台，可以看到堪稱全德國最別致美麗的景觀。

辛克上校下達給我的唯一命令，就是派人看守貝希特斯加登旅館（Berchtesgaden Hof），「師部想要設在那裡。」所以當我們抵達鎮中心時，第一個去的地方自然就是貝希特斯加登旅館，我的參二哈利．魏許中尉跟我一起去。踏進前門時，我們看見飯店員工在轉角處消失，旋即進入大餐廳，在那裡碰見一位非常勇敢的服務生，正在將一大套的銀製餐具收進天鵝絨襯裡的箱子。箱子絕對有四英尺那麼長，顯然他正準備把這最後一組銀製餐具藏起來，但可惜動作還是慢了一點。哈利和我直接朝這傢伙走去，他不等我下令，馬上閃人。我瞧了瞧這些銀器，心裡想著，好傢伙，我的用品袋可塞不下它們。因此我對哈利說：「何不我們對分這套？」他同意，我們平分了這套銀製餐具。直到今天，我們兩家都還在使用這些從貝希特斯加登旅館帶回來的銀製餐具。接下來，我指派多名衛兵看守貝希特斯加登旅館，防止有人再去洗劫。當團部和師部抵達，他們搜刮殆盡，把剩下來的每一件有價值的東西都搶走——我沒有把二營的人帶來這裡搜刮實在太傻了。我也在小鎮周圍多個戰略要點、彈藥堆棧、鐵路隧道、戰俘營和赫曼．戈林的宅邸外指派額外的衛兵。我們以迅雷不及掩耳的速度進入貝希特斯加登，立即接管了旅館、重點建築和供士兵過夜的住家，如果說有任何來自德國士兵或平民的嚴重問題或抵抗，我倒是毫無所悉。

我們現在就在「元首」的後花園，想要什麼就動手拿。我選了一座位於貝希特斯加登外圍的私人住宅當作營部，周圍房舍則由各連接管，一個排一幢。沒收德國人的資產是易如反掌的。就拿當成我營部的那幢房子做例子，我告訴後勤參謀考英少尉，我想把這棟獨特的房子做為我的指揮所，「告訴裡面的人，他們有十五分鐘可以搬出去。」考英是名替補軍官，在哈根努加入我們。他人很好，彬彬有禮，是辦事有效率的軍官，但不曾因戰鬥洗禮而變得強悍。過了幾分鐘，他回來跟我報告：「裡面的人說不要，他們不會搬出去。」

「跟我來，」我說。我走到前門，其他營部參謀跟在後面。我敲了敲門，等到裡面的女士回應，我就宣布：「我們現在就要進去了！」

我們進去了，那家人也不見了。他們去了哪裡我不曉得，但也沒有其他問題了。

我對這件事有罪惡感嗎？我接收這棟美麗的房屋會良心不安嗎？不會！我們在諾曼第時，住在散兵坑裡；在荷蘭時，我們在泥巴裡打滾；我們在巴斯通挨冷受凍；就在幾天前，我親眼看見了集中營的模樣，離這裡不到一百英里。這些人就是所有這一切苦難的理由，我對他們遭遇的問題不會感到絲毫同情，也不覺得有必要向他們解釋。在我看來，一個排接管一棟房屋，並在整個社區裡安頓下來，就應該是這個樣子。安頓部隊——絕對不構成任何問題！

部隊對解放貝希特斯加登的反應如何？你可以看見他們臉上掛著笑容。他們只是悠然自得，與世無爭。部隊沒有渙散，為了保護重要設施，我們持續派人警戒各要點。大部分時候，五〇六團官兵盡情放鬆，享受一些觀光的樂趣。我們徵用了各式各樣的德國車輛，也沒入許多德國陸軍的卡車。我們徹底控制了局勢，當然也嚴格自我管制。

五月六日，我私下外出閒晃，發現自己正走向通往戈林私人宅邸的路上，當中還包括有軍官宿舍和俱樂部。在戰爭的這個階段，我一個人走來走去，到處探索，其實很不智。但我感受不到什麼危險。我在戈林的私人宅邸發現一名身穿全套軍裝、手上還握著魯格手槍、死去的德國將領。他朝自己的腦袋開槍自盡，後來才知道那是卡斯特納—基爾多夫將軍（Gustav Kastner-Kirdorf）的屍體。

正當要離開軍官俱樂部的餐廳時，我發現到房間角落有另一扇門。覺得是有些不對勁，我走過去，沿著一道石頭階梯下樓，進入一處幽暗的地下室。老天啊，我之前從來沒有見過這種景象。這間挑高的房間，大約有五十英尺長、三十英尺寬，裡面的架子層層疊疊，擺滿了烈酒、葡萄酒和香檳，一路堆到十英尺高的天花板。當中涵蓋了全世界每一處產區的品牌，保守估計這個酒窖起碼收藏了將近一萬瓶全球各地的上等佳釀。為慎重起見，應該要在這個軍官俱樂部加派兩倍衛兵看守，尤其是這座酒窖。

尼克森上尉一直是我手下最棒的作戰軍官。我對他唯一頭痛的地方，就是讓他保持清醒。我在那天下午告訴他：「尼克斯，你打起精神，我就給你看一個你這輩子從來沒有見過的東西。」我很快就忘了酒窖這件事。有太多重要的事和地方需要我的關注。很明顯，過度飲酒可能會變得難以控制，因此我下了一道命令——全體禁酒七天。此時的我可不傻，我也不期待這種命令可以獲得百分之百的執行，但我要傳達的訊息很清楚——把局面給控制住。我可不想看到酒醉鬧事。

第二天上午，清醒的尼克森朝我靠過來後問：「你昨天說要給我看的東西到底是什麼？」

「跟我來，」我回答。

我們搭上一輛吉普車，直接開往戈林的軍官俱樂部。尼克森以為他是死後升上了天堂。我告訴他：「這都是你的了。想要就拿，然後叫每個連和營部都出一輛卡車來裝滿為止。這件事交給你辦。」我有一張尼克森在「歐洲勝利日」醒來時，床邊放著酒瓶的照片，以做為他把分配美酒這件任務做得很好的證據，不過，這得等他收刮完個人的戰利品之後才放行。

上兵大衛．凱尼恩．韋伯斯特對戈林的酒窖有不同的見解。韋伯斯特感到震驚，因為他發現「酒窖裡，希特勒的香檳都是年份較新且水準一般，沒有拿破崙白蘭地，也沒有上等的烈酒。」韋伯斯特念過哈佛大學，自認為是鑑賞家，對品酒有一番獨到見解。尼克森也是，他以曾經身為耶魯人為榮。在韋伯斯特到達酒窖之前，尼克森已經帶著他的個人戰利品溜之大吉，並同時監督了把要給部隊的酒裝載到五輛卡車上。一等卡車把分配到的美酒載走之後，尼克森就把衛兵撤掉了。在這件事情上，耶魯人可說是運用職權優勢，略勝哈佛人一籌。莫怪韋伯斯特對剩下的酒感到失望。尼克森一定會率先指出，即使在軍隊裡，階級仍然享有特權。

另一段我最喜歡有關貝希特斯加登的回憶，就是佛洛伊德．泰伯特連士官長站在一輛希特勒的賓士參謀車引擎蓋上的事。弟兄們在貝希特斯加登一帶找到八或九輛這種車。我知道史畢爾上尉徵用了一輛。車窗理應是防彈的。我們在「歐洲勝利日」當天收到命令，要前往澤蘭湖（Zell-am-See）。辛克的團部發布命令，要我們把車留下來給一〇一空降師的高階長官使用。在那之前，團部沒有人有膽量從找到車輛的那些弟兄手中徵用這些車。就我所知，有些車子在離開前最後一天衝下了懸崖。「意外」發生的時候，車裡沒有人，所以就沒有人受傷。泰伯特之後跟我報告，說車窗真的可以防彈，但如果用穿甲彈的話就能穿透。這個就很有趣，你永遠不知道自己什麼時候可能會需要這一類的情報。

貝希特斯加登其他好玩的地方，就是希特勒的鷹巢和國王湖（Konig-See）。要前往鷹巢，部隊就得沿著一條螺旋狀的山路向上爬。這條路是希特勒的工程師沿著陡峭的山坡修建的。鷹巢的興建位置距離谷底將近兩千公尺，比希特勒的行館貝格霍夫還要高出大約八百公尺。希特勒本人並沒有很喜歡鷹巢，所以很少去那裡，除非要讓外國使節大開眼界。在那樣的高度，空氣稀薄，對他的血壓非常不好。我把占領鷹巢的任務指派給E連，奧頓．摩爾（Alton More）在那裡發現了兩本希特勒的私人相簿。他將相簿抄走，還藏了起來，直到一位據稱代表法國高級將領的法軍軍官要求他交出來。摩爾在卡普倫（Kaprun）期間，他就睡在這些相簿上，時時刻刻保護著。一名美軍軍官威脅摩爾，要是他不交出這些相簿，就要把他送軍法審判。為了解決這個問題，我把摩爾從E連調來營部連，擔任我的駕駛兵。我就這樣保護他，直到他帶著這珍貴無比的紀念品返回美國。戰後，摩爾不幸在一九五八年的車禍喪命。

貝希特斯加登處處充滿驚喜。除了國王湖四周的小屋以外，尼克森和我遇見一群德國平民看守著幾輛火車車廂。他們看起來很落魄，但當時的情形讓我們覺得還是不要自找麻煩為妙。我們之後得知那些火車車廂裡存放了一些藝術品，之後就由師部給接管了。

近年來，關於到底是由哪一支部隊率先占領貝希特斯加登一直有所爭議。到底是法軍第二裝甲師、還是美軍第三步兵師的第七步兵團的「棉花打包機」（Cottonbalers）、亦或是辛克麾下的五〇六團的傘兵呢？約翰・「鐵麥克」・奧丹尼爾少將（John W. "Iron Mike" O'Daniel）的第三步兵師，毫無疑問在沒有遭遇抵抗的狀況下奪占了附近的薩爾茲堡，他們的先遣部隊很可能在我們的主力部隊抵達之前，就先一步進入貝希特斯加登。就讓事實自己說話。如果第三步兵師真的率先進入貝希特斯加登，他們去了哪裡？貝希特斯加登是相對較小的社區，當我和魏許踏進貝希特斯加登堡旅館時，除了旅館職員之外，我們沒有看到任何人。戈林的軍官俱樂部和酒窖相信一定可以吸引到某個隸屬於勒克萊第二裝甲師的法國人、或第三步兵師某個傢伙的注意。我實在很難想像，如果第三步兵師真的是第一個先到那裡的話，他們居然會把那些漂亮的賓士車原封不動地留給我們的弟兄，太不可思議了。團史和師史卻留下自相矛盾的記載。在一〇一空降師官方正史《與命運相會》（*Rendezvous with Destiny*）裡，五〇六團是晚到的那個，但我敢向你保證，二營的官兵記憶可不一樣，同時也有照片足以證明，我們在歐洲戰事結束前於貝希特斯加登撈到的好處可不少。

第二次世界大戰，就以我所期盼的榮光方式結束了。貝希特斯加登才是真正的德國心臟，不是柏林。能夠在戰爭即將落幕時待在那裡實在備感榮幸。帝國大元帥戈林、凱賽林元帥（Albert Kesselring）、數十位將領、還有成千上萬德國人趕忙投降，以逃避被蘇軍俘虜的命運。我從來不曾看過，也沒有想像過有這種景象。敵人被逼退到山區，最後走投無路。他們承認失敗，又從山裡走了出來。在最後投降的幾天前，每個人都知道一切都結束了。感謝老天，沒有再發生任何的戰鬥了！

五月六日，五〇六團在貝希特斯加登收到師部發來的公報，內文如下：「立即生效，所有部隊就地待命。本地域的德國陸軍G集團軍已經投降。除非遭到攻擊，否則不准開火。完整詳細資訊有待公告，將由盟軍遠征部隊最高司令部發布。」不論意圖為何，作戰行動都在收到此訊息後終止。當地時間五月七日〇二四一時，艾森豪將軍在位於蘭斯的總部接受德軍的無條件投降。納粹德國的投降在午夜生效。德軍投降的消息立即通過層層指揮鏈傳遞到我的營部。官方宣布五月八日為「歐洲勝利日」。在我的指揮所外，太陽緩緩升起到貝希特斯加登萬里無雲的空中。那天正是D日加三百三十五天。歐洲的戰爭總算是結束了。

第四部

烽火歲月後的平靜

Finding Peace After a Lifetime of War

我們贏得這場戰爭，是因為我們的士兵英勇奮戰……

而不是因為命運讓我們比其他民族更優秀。

我希望在勝利的時候，我們更加感恩，而不是感到驕傲。

我希望我們能夠歡慶勝利

——但要保持謙遜，逝者不會想看到我們洋洋得意。

恩尼・派爾《英勇之人》（*Brave Men*）

第十三章　占領

一九四五年五月八日——歐戰勝利——我們為了這一天，奮戰了超過三個年頭。戰爭結束並沒有讓我內心產生太多情緒，只有疲憊的解脫感。我們沒有舉辦正式的慶祝勝利儀式，但感謝帝國大元帥戈林，弟兄們各自有在慶祝。從二營的傘兵在貝希特斯加登的合照可以看得出來，弟兄們對可以活過戰爭的殺戮到底有多高興。恩尼・派爾在太平洋的最後一場戰役中不幸犧牲了。他在一九四四年離開法國之前，所寫的最後一篇專欄描述了納粹政權的末日。就像我們大部分人一樣，派爾受夠了戰爭，需要喘口氣。一如往常，他寫道：「在這種時候唱歌跳舞，總覺得有些不合時宜——那麼多人已經永遠地離開了我們。太多美國青年加入了那些在法國沉睡了四分之一世紀的無數亡者之列。」可說是總結了我們大家的心境。

一九四五年三月下旬，派爾在一艘駛向沖繩的海軍船艦上，寫下他對西北歐戰事的最後感想，他坦率地承認他的「心還在歐洲，這就是為什麼我寫下這篇專欄，這是寫給一直以來都是我好友的小夥子們。我對這場戰爭的一個遺憾，就是當戰爭結束時，我沒有在他們身邊。」他之後又補充：「在歡天喜地的氣氛中，我們很容易忘記那些逝去的人……對於許多倖存者而言，那些冰冷的屍體散落在山坡上和世界各地樹籬邊的溝渠裡的景象，已經深深地烙印在他們的腦海。」在那之中，我看到了許多我手下的弟兄，他們都是優秀的傘兵。我感謝上帝，殺戮終於結束了。

把這件事交給艾森豪將軍，他自然會以宏觀的角度來看待這場戰爭。艾克一宣布納粹德國無條件投降，他就發送「勝利文告」。一如以往，他稱頌美國大兵「綿延數百英里的行軍路線上，佈滿了昔日戰友的墳墓。每一位倒下的戰士，都曾是你所屬團隊的一員，我們因為共同熱愛自由、拒絕屈服於奴役而緊密相連。」最高統帥強烈要求盟軍每一位成員「讓我們緬懷每一座光榮的墓碑，並向未能親眼見證今日的戰友的家屬們致以慰問之意。」光是五〇六團E連就有四十八人付出了生命的代價，使得其他人可以活在沒有暴政的世界。這場戰爭無疑是一場反抗極權主義勢力的偉大聖戰。為了解放歐洲，我們付出了慘烈的代價。我只不過是二十世紀最偉大戰爭中的一名倖存者。除了表達我對自己竟然能從這場偉大鬥爭中倖存下來的感激之情外，我不知道該作何感想。我覺得很難用一句話就完整表達我的情緒。

意識到戰爭結束的那一刻，我感覺自己就像一匹卸甲歸田的戰馬，茫然若失。我心裡想，總算結束了。我做到了。我不知道該如何是好，也沒有太多時間去考慮這件事。當美國人在時代廣場慶祝歐洲戰事告終時，對我而言，戰爭根本就沒有結束。二營四周全是成千上萬的德軍戰俘，還有最近剛獲得解放卻流離失所的百姓，全都在等待某個人告訴他們該何去何從。一〇一空降師離開貝希特斯加登後，就展開一點也不會讓人羨慕的軍事占領任務。本師的責任區是一塊五十平方英里、正好跨過奧地利邊界的區域。五月八日，辛克上校命令二營在當晚二二〇〇時出發，前往位於貝希特斯加登以南大約三十英里處的澤蘭湖。我們的車隊包括所有可以找到的美軍卡車，加上任何擄獲且仍能使用的德軍卡車。每個連最重視的事情，就是卡車要裝滿從戈林軍官俱樂部搬來的美酒。擄獲的德軍豪華轎車都留在貝希特斯加登，不過還能行駛的也不多了。現在車隊的車頭燈都是大開照亮在行動，已經不再需要燈火管制。卡車後面的弟兄仍然沉浸在派對的歡樂氣氛。過去一年，部隊在夜間搭乘運輸車輛，一般做法都是盡量多睡一點會兒，因為他們絕對不會知道，等到抵達目的地時會發生什麼事。不過歐洲勝利日當晚有所不同。那是一個快樂的夜晚，可以慶祝的夜晚，值得記住的一晚。

在不知情的情況下，當晚我們跟德軍的義大利戰場總司令凱賽林元帥還有他的參謀擦身而過。當時他們在薩爾費爾登（Saalfelden）後方四英里處，正朝貝希特斯加登前進。他之後會在五月十日向泰勒將軍投降，納粹黨的大咖一個接續一個落入我們手中。辛克上校在五月七日接受托爾斯多夫將軍（Theodor Tolsdorff）的投降，一〇一空降師也抓到知名反猶太份子施特賴謝爾（Julius Streicher），還有納粹黨的大掌櫃法蘭茨・澤維爾・史瓦茨（Franz Xavier Schwarz）以及戈林夫人。施特賴謝爾之後會在紐倫堡大審中被判死刑，並在一九四六年十月十六日上絞。

五月九日拂曉，我們的雜牌車隊抵達澤蘭湖。奧地利的這一地區是著名的度假勝地，擁有美麗的鄉村、如詩如畫的風景和清澈的山間湖泊。湖泊四周有許多別墅矗立，自從一九三八年希特勒的第三帝國透過「兼併」的方式併吞了奧地利之後，納粹官員就在這裡享樂遊玩。我們駛入城內，奧地利百姓和德軍士兵睜大眼睛訝異地瞪著我們，根本不敢相信我們反攻大軍居然是這副模樣。我沒辦法想像，我們進城的時候，他們的心裡到底在想什麼。

他們一定沒有對我們這支部隊有什麼好印象。跟形象完美無瑕、裝備和外表都可圈可點的德國陸軍不同，辛克的傘兵搭乘不起眼的卡車抵達。我們沒有大戰車、沒有巨砲，我們的制服只是破舊不堪的褲子和襯衫。德軍士兵人數是我們的好幾倍，他們的服裝儀容超比我們好太多了，更像是軍隊的樣子。那天早上要是我是奧地利人或德軍士兵，我都會捫心自問：「這就是打敗我們的軍隊嗎？怎麼可能！」

不管可不可能，我們就是勝利者。軍事占領是戰爭的戰利品，是戰敗者為戰敗付出的代價，也是勝利者贏得的戰果。二營奉命繼續越過山谷，接收卡普倫和布魯克（Bruck）等村莊。卡普倫位於奧地利阿爾卑斯山的山腳下，可阻擋德軍向南後撤，少數幾條穿越阿爾卑斯山前往義大利的通道依然因為積雪而封閉。我在位於卡普倫中心的旅館開設營部，各連分散在各村莊周圍，只要連長能找到好的住所即可。

我們的首要任務是建立秩序並維持紀律。所以我做的第一件事，就是聯絡當地德軍指揮官。我指示他三項要點：第一，把位於山谷內、以及卡普倫－布魯克村莊一帶的所有武器集中起來，存放在機場、學校和教堂。第二，所有軍官都可以保留個人配槍，憲兵也可保留最低限度的武器。第三，我要在次日視察敵軍的營房、部隊和廚房。德軍指揮官點頭同意，俐落地敬了個禮，接著離開並執行我的命令。

容我說明一下，當時我才二十七歲，大學畢業沒幾年，就跟部隊其他人一樣，身上穿著骯髒、破舊的戰鬥夾克和褲子。讓人感到有點荒謬的是，我居然對著普魯士出身的德國專業軍人，比我年長二十歲的上校下達命令。他穿著整潔的野戰制服，胸前掛滿成排的勳章。在一九三九年至一九四一年間，當我還在念著大學的時候，他就已經歷經入侵波蘭、荷蘭、比利時、法國和蘇聯的戰事。這個景象就如同曾發生在羅伯特．李將軍（Robert E. Lee）身上的那樣，他當時穿著最好的制服，率領北維吉尼亞軍團在阿波馬托克斯法院，向穿著沾滿泥巴的士兵上衣的尤利西斯．格蘭特（Ulysses S. Grant）投降。

在卡普倫的第一個晚上，我下令執行宵禁，並透過當地村長把指示傳達給居民，所有人在晚間一八〇〇時到次日〇六〇〇時都要待在家裡，不能走到街上。到了一八〇〇時，街道空無一人，在營部所在的旅館四周村中心，所有的村民和士兵都站在住家的出入口，或是靠在窗戶旁邊。所有人都配合著新軍隊的占領，不過，突然間，有一位禿頭的奧地利老人出現，他穿著阿爾卑斯風格的皮短褲，大步走到廣場中央，雙手叉腰，做出挑釁好戰的姿勢。我和其他的營部參謀在一座可以俯瞰整個廣場的高樓陽台上目睹了全部過程。我們的替補軍官中最優秀的小拉爾夫．里奇少尉幹勁十足，立即朝我走來，詢問我是否需要他帶幾個人去逮捕那個老傢伙。我回答他：「不，就讓他一個人在那裡，我們先觀察一陣子。」

老人就站在那裡，挺起胸膛挑釁我們。所有居民和部隊除了看著他以外什麼都沒做。過了大約五分鐘之後，每個人都開始覺得這一幕很蠢，然後又過了十分鐘，大家都咯咯地笑了起來，結果老人尷尬地回到家裡。再沒有發生卡普倫村民給我們帶來的其他麻煩，所以我在一週後解除了宵禁。

次日早上，我由尼克森上尉陪同，坐吉普車去視察我下令囤放武器的地方。我對每個地方堆積如山的武器感到十分震驚，接著我就發現，我此時看到的景象，就是聞名遐邇的德國效率的成果。我前一天講的是「所有武器」，意思是指所有軍用武器，但沒有人質疑我的命令或要求我進一步解釋。他們把「所有武器」都交出來，現在我們面前堆滿了獵槍、運動步槍、獵刀、骨董槍，當然也有軍用武器。

在安排好武器回收事宜之後，我接著去視察兵營和廚房。我發現一切都井井有條且正常運作。有些德軍部隊甚至排好隊接受校閱，他們整潔、服裝整齊且狀態良好。廚房井然有序，那天德軍的伙食是用火烹煮大鍋裡的馬鈴薯湯。

對一些營地和部隊的視察，不過是為了在我們總部和他們總部之間建立起溝通管道和聯繫的一種手段。我們不會打擾他們，他們尊重我們，不會惹出麻煩。在最初的視察過後，德軍指揮官每天早上都會派遣一名會說英語的參謀軍官到我的總部。當我們彼此熟悉了以後，他開始回憶起東線戰場的悲慘戰況的故事。他告訴我們，戰車在冬天會變得多麼冰冷，如果你的皮膚直接接觸到戰車的金屬部分，皮膚就會黏住，當你拉開時便會撕裂開來。他也講到在巴斯通和一〇一空降師戰鬥的經驗。我們的新朋友還建議道：「我們的軍隊應該並肩作戰，趕走蘇聯軍隊，」這點反映出當時在許多盟軍軍營裡流傳的共識，我記得自己對這項邀約的回答：「不用了。現在我想做的事就只有退伍，然後回家。」

直到我們抵達卡普倫之前，包括我在內，沒有哪一位軍官徹底了解占領勤務的規模。我畢業於軍官候補學校，曾打過四場大規模戰役，並進行過兩次戰鬥跳傘，但沒有人花時間告訴我要怎麼處理投降事宜。我的責任區裡有上千個前盟軍戰俘，還有成千上萬名流離失所的難民。他們從其他國家被抓來這裡工作，現在又有上萬名德軍戰俘。他們全都各自需要些東西，他們需要幫助、食物、醫療照顧，各種需求都有。我看著這些人，想著他們多麼幸運，現在還活著，因為有許多人已經死去，還有許多人已經殘廢。他們在這裡，全都想著要回家。

儘管奧地利鄉間十分迷人，但占領勤務卻是一團亂。雖然有兩萬五千名德軍歸我管轄，但看起來根本沒有事可做，沒有必須工作的理由。

除了解決問題之外，我們別無選擇，一次一個慢慢來。我們著手工作，安排卡車車隊和火車，盡快讓德軍戰俘依序離開前往位於紐倫堡和慕尼黑的戰俘營。五月十日，施塔佩爾費爾德少尉押送一列火車的德軍士兵、婦女和馬匹前往紐倫堡，並在兩天後搭便車返回二營。俘虜數量非常多，我們根本搞不清楚到底有多少德軍士兵還在山坡上的森林裡，有些人是成群結隊，也有人是獨自行動。我們每天都會派吉普車去巡視次要道路和小徑，試著把這些部隊找出來，引導他們前往我們的機場。就算到了今天，我依然覺得驚訝，這些巡邏隊伍沒有任何人傷亡。要是有任何不打算投降的死硬派德軍，我們就會變成活靶了。很明顯他們渴望回家，就跟我手下的弟兄一樣。我估計，我們在五月九日進入這個地區時，本營共有六百名官兵，周圍大約有兩萬五千名德軍士兵，以及數量幾乎一樣多的奴工。

有一名德軍戰俘吸引了我的注意。他是德軍裝甲部隊的一名少校——貨真價實的德國軍人，相當優秀。我們討論戰術、服役的歷程，且意外地發現彼此都曾在巴斯通互相打得你死我活，這真的太巧了！這位少校在戰爭期間六度負傷，但他還是堅持服役到最後一刻。在我們茅塞頓開的次日，他把自己的手槍交給我，做為我們之間友誼的信物，也代表對俘虜他的我的正式投降。他這樣做是出於自己的意願，而不是把手槍留在某個辦公桌上。當他把配槍交給我時，我注意到這把手槍還沒有發射過，還沒有染過血，它一直是我保留的少數戰爭紀念品其中之一。這把手槍還沒有發射過——它也絕對不會發射。戰爭就應該這樣結束。讓將軍和政治家們參與盛大的儀式吧。在軍人的層面，和平地轉移武器、俐落地敬禮，或其他表示尊重的舉動，就足夠了——對於曾經面對槍林彈雨的軍人而言，就應該要這樣才對。

奴工人數越來越多，持續構成嚴重的難題。我自認之前已經看過很多奴工，但這個地方根本被塞滿了！要把這些民眾餵飽是個問題，我們沒有辦法供應這麼多人的吃喝。我們盡速把這些人集合起來，然後依照他們的國籍去分組：匈牙利人、波蘭人、捷克人和其他東歐國家。組織起來之後，下一步我們派出卡車把他們送往位於德國南部的各主要集結區。

此時團部指示我開始把成堆的擄獲德軍裝備，還有再也不需要、戰鬥中使用過的剩餘美國陸軍裝備集中起來。我們編組卡車，把所有剩餘物資都運到位於法國的倉庫。補給官對下級指揮部做出可笑的要求。當中最沒道理的，就是上級總部下令所有跳傘進入諾曼第的軍官，要把之前發下的絲質逃生地圖交還，不然就要罰款七十五塊美金。我把這幅逃生地圖縫在褲子腰帶襯裡內側，在戰爭期間一直都保留著。打了四場仗之後，這塊地圖對我來說是有意義的。有時候部隊會發出違反常理的規則和命令，沒人會遵守，所以這一次我堅定立場，借用了麥考利夫將軍在巴斯通的名言，寫了一張小紙條給仍在擔任團部參四的索柏上尉，「荒謬！」為了讓索伯更加難堪，我在結尾還署名「指揮官，理察・溫特斯少校」，就這樣。我一直收藏著這幅地圖，現在仍然在我的書房裡占據了光榮的一席之地。當時也沒有付七十五美金的罰款。這類軍隊中的無效率現象，會讓我毫不猶豫地決定不把軍隊當作終身事業。

索柏在返回美國之前還碰上另外一件倒楣事。五月下旬，航空先驅林白和戰略轟炸調查團（Strategic Bombing Survey）的參謀長到澤蘭湖參訪五〇六團。辛克的總部附近有一位名叫馬丁尼（Wolfgang Martini）——這個名字不常見——的德國空軍高階軍官。林白想要訪問馬丁尼的首席通信官，討論有關德軍企圖改善通訊和雷達設施的事宜。直到索柏聽見這個名字後侃侃而談，人們才終於找到馬丁尼。根據辛克的作戰參謀馬瑟森少校回憶，索柏說：「喔，因為他違反宵禁，我在幾個小時前把他關進牢房裡了。」馬瑟森及時把這位德軍軍官救了出來，林白才得以完成訪問。

現在本地區的戰俘和奴工都已經送走了，積壓了一週的壓力終於得以釋放。此時維持占領部隊的運作成了我最大的挑戰。我讓弟兄們把精力主要集中在好好休息這件事上。其實有好幾天的下午我都會去爬山和做日光浴，光是看到那些白雪靄靄的山頭，偶爾還有一兩片雲朵飄進阿爾卑斯山頭，就已經讓人身心舒暢了。除了操心手下阿兵哥之外，什麼事情也沒有，他們都是非常友善、安靜的小伙子，所以一點麻煩也沒有。

隨著部隊任務從作戰轉為占領型態，我們也從之前的前線士兵生活方式轉變為駐防部隊的生活和訓練模式。儘管如此，我們仍然不能忽視訓練，尤其是因為現在第二營的大部分兵力都是補充兵。由於一〇一師可能要部署到太平洋的傳言不斷，我下令修建步槍靶場，以鍛鍊弟兄的射擊技巧。基本教練和部隊檢閱等事項再度出現在每週訓練課表。我們在七月四日進行了歷來規模最大的校閱，不但有閱兵，還放出數百隻鴿子。

我們接著著手組織了競爭激烈的、有系統的體育和健身訓練計畫。在士兵們光著上身、只穿著短褲進行球類比賽時，看到那些戰鬥傷疤讓我意識到，本營除了少數經歷了所有四次戰役的士兵之外，只有極少數幸運兒沒有任何一道傷痕。有些人在他們的胸膛、背部、手臂或腿上有兩、三甚至四個傷疤。要特別提出的是，在卡普倫的時候，我看到的人都是沒有身受重傷的。在這樣的氣氛中，士兵之間建立了一種相互尊重、不言而喻的連結，以及對各自部隊強烈的自豪感。。

上兵喬．霍根的故事，使我們所有人表達出對E連的自豪感。他有一次和另外一個連的士兵吵架，爭論誰家的連比較優秀。結果霍根指出：「我所屬的E連會在十五分鐘內打敗你們的連，如果你們要等到那些開小差的人回來的話，我們就可以在五分鐘內搞定你們。」

我和參謀想出其他方法，讓部隊在等待退伍或待命時不至於無事可做。在卡普倫後方的阿爾卑斯山上高處，有一座漂亮的滑雪小屋，可以俯瞰山谷。用來前往那座小屋的吊椅型纜車無法使用，但能夠沿著山間小徑爬上去抵達小屋。我安排了一套計畫，就是每個排輪流去那座滑雪小屋，學習如何滑雪和打獵，每次七十二小時。這些人一切都是靠自己——沒有軍官，除了一位廚師、幾個僕人和兩位教官之外，再沒有其他人。他們可以徹底放鬆，距離實在是太遠，沒人會想去打擾他們。這處高山休憩場所可以讓官兵逃離一成不變的軍隊日常作息。由於終年都有積雪，弟兄可以滑雪，狩獵山上的山羊，或是如果他們有意願的話，還可以去攀登鄰近的山峰，尋找雪絨花——貨真價實的阿爾卑斯山登山客的標誌——把它插在帽子上，我跟大部分阿兵哥一樣，爬上了高山，找到了屬於我的雪絨花。我直到今天都珍藏著那朵來自高山的小花。經歷了四次戰役和失去了如此多戰友之後，這件事提醒我，美麗與和平可以再次降臨在這片飽經磨難的土地上。

敵人已經投降，但我們的弟兄卻持續在死亡。返回美國的門票需要八十五分的戰分才能取得。軍人以服役時間長短、參與過的戰役次數、獲得的勳章、負傷狀況以及婚姻狀況為基礎來累積戰分點數。那些累積到八十五分的人就有資格立即返國、退伍。大多數人都沒有累積到這麼多點數，他們有的就是酗酒、吃飽太閒。手邊太閒的阿兵哥都不可避免地惹上麻煩，史畢爾上尉寫信給在英格蘭養傷的福瑞斯特・葛斯中士。他在信裡整理出占領勤務的第一個月，E連發生的各種衰事：喬治・魯茲騎摩托車摔車，手臂受傷；中士吉姆・艾利因為一再酗酒被降階；「席福弟」・包爾斯中士贏得返鄉抽獎，卻在返國路上，因他搭乘的卡車意外翻車，接下來的一年都待在醫院。「查克」・格蘭特中士（"Chuck"Charles E. Grant）被酩酊大醉的美軍士兵開槍擊中頭部，要不是一位奧地利外科醫生及時救了他一命，早就一命嗚呼。為了取代格蘭特的副排長職務，史畢爾指派曾因為和他有過爭執而要求解除連士官長職務的佛洛伊德・泰伯特上士接替。二排的約翰・林奇上士（John C. Lynch）接替泰伯特擔任連士官長。

儘管占領勤務舒適愜意，但二營還是缺了兩樣東西：首先是充足的食物。以傳輸的角度來看，五〇六傘降步兵團位於補給線的最末端。在我們受到關照之前，從瑟堡和安特衛普等港口以降，每個人都在為自己、他們的平民女友和黑市的食物上下其手。在德國投降後的前面三個星期，本營尤其吃盡苦頭。向團部抱怨也沒有用。馬鈴薯乾和番茄乾根本沒辦法滿足年輕人身體所需，大家的體重都減輕了許多。為了彌補缺乏配給的狀況，因此宰殺了一些牲口，偶爾還有高山麋鹿，但這些還是很難讓部隊所有人都吃到足夠的肉類。

我決定盡自己所能。有一天我跑去滑雪小屋，然後說服了一個當地的奧地利嚮導帶我上山打山羊。我們爬得比雲還高，超過樹線，甚至超過草線。我們最後發現山羊一家四口在我們右手邊下方的一處岩架上休息，但在我的M一九〇三春田步槍射程之外。我們悄悄地跟蹤著那些山羊，越來越靠近，就快要進入射程的時候，我卻在雪地滑倒，然後翻落到一個岩壁下。我就這樣一路滑下去，又滾下第二個山壁。我以為死定了，好在第二次翻滾後，我剛好背部朝下，及時把槍托塞進雪和冰裡，才沒繼續滑下去。在經歷過那麼多次作戰還可以活下來之後，我不禁想到，要是這樣就死掉也太悲慘了。

我轉過身來往背後的山上看過去，就看到在我摔下去之前原本還在我下方的山羊，現在正低頭看著我。我拉開步槍的槍栓，把槍管裡的雪吹掉，把槍栓往前推，開槍打山羊。牠跌下山，最後停在我身後大約一百碼的另一處雪堆上。我坐了下來，膝蓋在發抖，全身因為驚嚇而發軟。我從第一塊岩架上摔下來時，我的望遠鏡彈起來，打到我的嘴巴，門牙從牙齦線處被打斷，只留下牙神經掛在那裡。嚮導立即下來檢查我的傷勢，我告訴他：「我沒事，如果你想要山羊可以拿走，我只要那對角就好。」他對這個交易超滿意。我小心翼翼地爬回山上，並設法回到了滑雪小屋。我在路上的時候，向上帝和自己保證，我永遠再也不會去登山了。那對山羊角至今還在我手上。

這場狩獵意外立即讓我注意到我們缺的第二項重要的東西——優秀的牙醫。我迫切需要，而且我很確定絕對不要再去找「狡猾」費勒。我們有部隊住在一位民間牙醫的家裡，我就去找他，希望能解決問題。不過牙醫也有他的問題——美國大兵住在他溫暖的家裡。我們隨即達成協議。只要我為部隊找到另外一間房子住，他就會負責處理我的門牙和蛀牙。如此一來我的問題解決了，但其他弟兄呢？大家都有牙齒保健和治療的需求。我們旋即同意，他每天可以幫十二個人做檢查。他從那天起就有穩定的客源，甚至連羅伯特．斯特耶中校都從團部過來找他。

到了六月中旬，師部攝影官艾爾・克羅奇卡中士來卡普倫拜訪我。艾爾跟我說了一個令人非常傷心的故事。他說自己的作戰職務，讓他無從取得一把狀況不錯的德軍魯格手槍。問我可以幫他嗎？如果我幫了他，他可以把他從諾曼第到貝希特斯加登拍攝的一系列照片給我，當中有許多都是在他一路上參訪二營時拍攝的。由於我沒有照相機，所以沒有任何一張照片，我當然會想帶一組那樣的照片回家。我們達成交易——艾爾拿到了他想要的魯格手槍，我也收到了照片。但是之後我發現他的「傷心」故事背後的真相。艾爾其實還弄了好幾組照片，他正與人協商將手槍賣到巴黎，想要弄點錢好好休個假。

除了卡普倫和周邊地區的天然美景外，或許最有意義的活動莫過於在經歷了十一個月的持續戰鬥後，得以進行一番自我反省。我最初的感想包含了我身為傘兵的自豪，以及能與如此多優秀的年輕士兵共事的榮幸。戰爭中傘兵所扮演角色的重要性是無法道盡的。他們已充分證明了其可行性。光我們是「始終存在的威脅」這一點，就足以在整體局勢中占有重要的地位。當我們投入作戰時，實際上敵人往往只是驚慌失措地撤退，顯然是嚇壞了。當然諾曼第的狀況不一樣，因為我們在逼近卡倫坦的路上遭遇德軍傘兵。你總是可以透過敵軍戰鬥激烈和頑強的程度來判定敵人的軍紀狀況。德軍傘兵向來都是我們最危險的對手。

占領勤務差不多就和我剛當上營部幹部的前面那幾個月時一樣無趣。在諾曼第和荷蘭指揮E連後，在營部參謀的靜態職務令人感到極度失落。隨著實際戰鬥的結束，同樣的情況也適用於當下。我們典型的一日作息差不多就像這樣：大約〇七〇〇時起床、吃早餐，早上其餘時間要處理文書，視察衛兵、營房和廚房。吃點午餐後，先是閒晃一下，然後做幾個小時的日光浴，我會讀點東西，或是躺下來想事情。我最享受的就是這個，像這樣無所事事，不用思考什麼特別的東西。到了晚上，我們打排球，我接著會慢跑，做點運動，然後一群人開始聊天，也許試著寫信或讀信，但就一堆沒有營養的話而已。生活其實也沒有那麼糟。

到了深夜，我通常會坐在桌邊，和尼克森、哈利．魏許閒聊。我們通常都在聊過去的作戰，轉調到位於南太平洋的另一支部隊，討論我們認識或曾經認識把一切都SNAFU（一個用以描繪全然失序狀態的軍事縮語）的軍官[1]。這很有趣：士兵開口談論的第一件事，就是過去曾經歷過的戰役，你打算談論什麼話題一點也不重要，因為要不了多久大家就會開始講到戰鬥了。你也許會覺得這樣的對話很無聊，但我們不會，我們一直在講那幾次作戰，不斷重提往事，像是如何消滅布里考特的砲陣地，以及怎麼在巴斯通的寒冬中活下來。

隨後，我們會討論像是為高官舉辦盛大閱兵典禮的發想，像是當軍旗經過閱兵台時施放鴿子啊，在阿爾卑斯山頂吹響號角啊，讓樂聲在山谷間迴盪啊之類的。當然，講到在貝希特斯加登沒收的戰利品時，我們會哈哈大笑，講到一些比較小、更平凡的事情時也會。我還記得一名軍官適時向我報告他發現了一大批銀幣，我把這件事直接跟辛克上校反映。團長立即聯絡附近因斯布魯克（Innsbruck）的銀匠，拜託這位銀匠把銀幣熔掉，然後鑄成銀杯，送給五〇六團的每一位軍官，杯子的底部刻上辛克麾下以軍官身分參與的四場戰役名稱。在大部分閒聊要結束的時候，尼克森和我都會說才不要回家，我們自願去中緬印戰區，也試著說服哈利・魏許跟我們一起去。但他在老家有個名叫凱蒂・格羅根（Kitty Grogan）的愛爾蘭裔女友，正等著他回家。

五月中旬，盟軍遠征部隊最高司令部解除了對軍郵的限制和審查。我們大多數人都趁這個機會寫信回家，企圖把我們自D日以來的所有遭遇訴諸文字，但大多都徒勞無功。我在寫給黛塔・奧爾蒙的信中，從我個人觀點概略敘述了這場戰爭。但我發現根本不可能把最深層

1 編註：作者用SNAFU來形容「搞砸」這件事，原文是Situation Normal: All Fucked Up，「情況正常，一切都搞砸了」的縮寫。這是一個源自二戰時期美軍的俚語。

的感想傳遞給一個沒有經歷過戰鬥的人。我的心裡變得冷漠，想不出來有什麼好寫的，結果反而是輕描淡寫地說我打算自願參與對抗日本人的作戰。現在歐洲的戰事已經結束，我比較好奇的是，要是可以在太平洋戰區發揮我的長處，那坐在這裡六個月左右的占領勤務又會有什麼好處。你可以說這是專業的自豪感，或僅僅是想要參加其他行動的欲望，但我決定志願前往中緬印戰區參加某個傘兵單位或步兵單位的任務。我渴望參與更多戰鬥，跟獲得勳獎無關。我根本不在意別人認不認同——我的回報一直都是我的阿兵哥眼神裡充滿的敬意。在經過十一個月的戰事之後，我理解火力和機動、計畫、以及在戰鬥中領導士兵。在駐地的時候，我很享受帶兵那一部分，但在講到社交活動的時候，我完全是個失敗者。志願前往日本可以讓我擺脫乏味的占領任務。我想我總有一天會死去，那待在卡普倫到底有什麼用？我把我的意見提出來跟辛克上校討論，他直接了當地問我：「你為什麼要離開我？」然後心不甘情不願地同意安排我和第十三空降師師長艾爾布里奇．「蓋瑞」．查普曼少將（Elbridge G. "Gerry" Chapman）面談。第十三空降師獲選參與反攻日本的作戰，預計八月十五日從法國啟程，以參與預計在十一月展開攻擊九州的作戰。

五月二十六日，我向查普曼將軍報到，告知他我想要轉入他麾下的打算。我想說，第十三空降師已經接獲要到南太平洋作戰的通知，戰鬥勤務當然勝過占領勤務。我重述了許多當我的母親首次聽到我打算調往太平洋作戰時，我向她提出的理由，我感覺上帝讓我活過歐戰，已經對我夠好了。我充滿戰鬥力，有本錢做出一些好事來幫助眾多弟兄。我知道自己可以勝任這份工作，比任何其他人都更好，或至少一樣好，我怎麼能夠袖手旁觀，看著其他人帶領弟兄出門，然後因為經驗不足而使得他們陣亡？這些新來的軍官就是沒有「以上」所說的。也許我會因為惹上麻煩而受傷或陣亡，但如果這意味著我可以成功讓許多其他人返家，那算得了什麼？他們的母親也會想要他們活下去，我也一樣。如此一來，我還能怎麼做，才能繼續維持身為軍官和一個人的尊嚴？

查普曼將軍親切地聆聽，並說歡迎我加入他的部隊，但——就跟我的母親說的一樣——我已經做得夠多了，讓其他人有表現的機會。嗯，好吧，至少我已經盡了最大的努力。我感謝他撥冗見我、敬禮，然後離開。回到營部後，不禁想到辛克上校也促成了我這次的面談，但他也要求查普曼將軍婉拒了我的要求。第十三空降師有自己的軍官，他們不需要我。

因此我留在原地，但顯然不會太久。六月中，師長泰勒將軍宣布一〇一空降師奉命前往太平洋，但時間未定，因此嘯鷹師要進行相對應的計畫和訓練。這項宣布使得官兵坐立難安，尤其是留下來的塔可亞老兵。我估計最理想的狀況是會在歐洲再待一陣子，然後在一月時回到美國本土。經過長達一個月的休假後，我預估會在布拉格堡或麥考爾營受訓，直到我們部署海外。經過這麼久的休生養息後，再度投入戰鬥會非常痛苦。隨著時間以星期為單位流逝，我發現我變了。隨著占領勤務的挫折感升高，我真的很痛苦，對每個人、每件事都感到厭煩。我已大致接受了要與缺乏經驗的部隊再次投入戰鬥的事實，但內心卻渴望著想要返回老家。我一直覺得自己運氣很好，好得不得了，從第一天開始就是如此，但我見過太多人犧牲，總是先抬出戰場。我總是知道，如果我待得夠久，總有一天會輪到我，我已經有過太多次機會。我得親自帶頭，我的職務、聲望和工作都與此息息相關。在查普曼將軍拒絕我之後，我對前往太平洋的意願已大為降低。然而，軍令不可違。

六月二十八日，所有滿「八十五點」的人離開了卡普倫。我最滿意的是，大部分塔可亞老兵在回家之前，都會過來道別。如同我告訴國內的朋友黛塔．奧爾蒙：「你沒有在旁邊看到這一幕，其實是件好事，你一定會覺得我們就是一群小女生。如果你聽到一些他們告訴我的事情，就會了解為什麼我想要留下來在前線上親眼見證戰爭的結束。他們當然很感激……所有的一切。」

我在五月十二日時就已經累積到一百點，在一般狀況下早就在返回美國的路上了，但是辛克上校「需要」我在奧地利服務。遺憾的是，許多我們的弟兄留在歐洲的時間比他們應該待的時間還要久，這是因為泰勒將軍在向前線軍人頒發戰鬥勳獎這件事情上，是出了名的吝嗇。在戰爭期間，一〇一空降師只有兩個人獲頒榮譽勳章，其中一人是中校營長羅伯特・柯爾（Robert G. Cole）。一九四四年九月十八日在荷蘭貝斯特（Best），柯爾在橫跨威廉明娜運河的橋梁附近，被狙擊手狙殺陣亡，當時我們正在進攻恩荷芬。就在幾天之前，柯爾才獲悉，他會因為在諾曼第領導一場刺刀衝鋒戰鬥而得到榮譽勳章。第二位獲勳者是上兵喬・曼安（Joe E. Mann）。一九四四年九月十九日，他在恩荷芬城外的威廉明娜運河附近某處，奮不顧身地撲倒在一枚手榴彈上，拯救了他的班其他同袍的性命。出身自西點軍校的軍官獲得獎勵的次數多得離譜，包括泰勒將軍在諾曼第獲頒傑出服役十字勳章。但對基層士兵來說，高層總部實在是把太多褒獎建議都給降階處理了。

事已至此，許多塔可亞老兵才得以回家，但是所有人都將透過他們共同的戰鬥經驗而永遠維繫在一起。在戰爭的過程中，光是E連就有四十八人陣亡，以及超過一百人受傷，傷亡率高達百分之一百五十。在曾於西北歐作戰的類似部隊相比，這樣的比率並非少見。根據作家史蒂芬・安布羅斯的說法：「在它的戰力巔峰期，也就是一九四四年十月在荷蘭，以及一九四五年一月在阿登，它是全世界最好的步槍連。」這麼多人能在諾曼第、荷蘭、巴斯通和德國這些戰役存活下來，要歸功於他們的勇氣、訓練和在槍林彈雨中所表現出來的紀律。

第十四章　歸鄉

占領勤務在七月下旬告一段落，現在的五〇六傘降步兵團二營跟參與巴斯通、阿爾薩斯和貝希特斯加登任務時的二營已經不太像了。除了少數例外，塔可亞時代的老兵都離開了，調回本土。為了消磨時間，我兩個星期內就在歐洲大陸旅行了三趟。我很無聊、疲憊、惱火，想要找出有建設性的辦法來消磨時間。在一次偶然的機會，我負責監督一支要重新部署到太平洋的龐大車隊前往巴黎。根本就是一團亂。所有人上繳的是他們車況最糟糕的卡車和輪胎。連換車胎的工具都沒有，那些司機全都是些「靠不住的傢伙」。許多士兵都是補充兵，戰鬥經驗很少，或者是零。大部分身經百戰的士官都已經返回美國本土，維持紀律變成一大挑戰。我絞盡腦汁把這群烏合之眾集合在一起，同時又驅策他們直到精疲力竭。等到我把那些士兵送回奧地利的時候，他們才知道傘兵的軍官是什麼樣子——嚴厲得像鬼一樣！

不過辛克上校還是對工作結果相當滿意，他允許我休假幾天，然後在五〇六團離開澤蘭湖-卡普倫-布魯克地區的時候，讓我搭上專機，接著搭火車前往法國茹瓦尼（Joigny）。茹瓦尼是一座古老的城鎮，位於巴黎東南方八十英里處，有鵝卵石鋪成的狹小街道。它跟其他法國城鎮類似，炎熱、骯髒，而且很法國化，我沒有什麼好話可以說的。我們進入先前被第十三空降師占領的居住區。對弟兄來說，營區內狀況非常糟糕。廁所幾乎可以說是不存在，我想辦法取得木材和設備搭建了幾間廁所。洗衣間只有兩個小水龍頭，距離他們的住處大約一百碼。弟兄們被迫住得跟豬一樣，顯然沒有人在乎。營部開始設置臉盆架和隔間，以便士兵可以用熱水洗澡和刮鬍子。這座營區看起來曾經是納粹的勞動營，可是第十三空降師似乎甘願在這樣的地方住上了七個月。

和女性交往依然是個問題，就跟在德國和奧地利時一樣。「嚴禁交往政策」規定不能接觸德國、奧地利、匈牙利和羅馬尼亞的所有女性，因此就剩下波蘭、蘇聯和法國外籍勞工，而且要區別這些人的國籍實在有困難。我盡一切努力排解潛在的問題，只說：「不要給我亂搞。」就我所了解，這句話把所有狀況都囊括進去了。但我是當過基層的人，當然知道在看不見的地方，可不是只有一點點的往來而已，但我不知道的事情也傷不了我。就我所知，結果百分之百都沒問題，至少表面上是如此。我表明了自己的立場，也沒有發生狀況。我要求一百分，收到的也許是四十分，但從表面上來看，是我要的結果。在負責管理這幫人大約三個月之後，當他們看到我來的時候，多少會嚇一跳。我說不上是什麼洪水猛獸，但要是有什麼事情不對勁，某人馬上就會曉得。處理不交往問題的整個過程，在某種程度上讓我相信，我終究不是吃軍隊這一行飯的料。

為了排遣無聊，我請了一個禮拜的假，前往英格蘭。尼克森上尉陪著我，透過一些巧妙手法，我們把七天休假延長到十四天。我享受了美好時光——直接前往奧爾本拜訪巴恩斯一家，然後在那邊度過了十天美好的假期。巴恩斯先生在一九四四年十月過世，也就是我們離開並空投進入荷蘭後不久，現在只剩下巴恩斯太太和她的小店。我知道她一定像我離開時一樣，為我保留了房間和床鋪，而且還會有一杯茶等著我。我有去鎮上一次，是為了要看一場表演，其餘時間就只在花園裡閒晃，割割草，或是睡覺。在奧爾本度過十天後，我前往倫敦旅遊，花了四天在那裡，只有看表演。等到我預定要離開的那一天，飛機卻沒有出現，因此我又回到倫敦，抓住渡假的尾巴。那個夜晚是這幾年來我最孤單寂寞的一晚，整個城市都是航空軍的人，沒有一位傘兵或步兵。我跟他們任何人都無法交談，他們只不過是小男生、小孩子，沒有深度可言。天殺的，我馬上離開，一個人窩在休息室的角落裡看書。讓我趕快回到營部吧！

回到單位，每個人都想知道我這幾天過得如何，我在假期之中做了什麼。我提到假期大部分時間都待在奧爾本，大多數人都相當訝異，直到我告訴他們去了奧爾本就彷彿像是回到家一樣。這些人居然忘記家是什麼樣子，真正的家是什麼了。噢，他們寫信回家，寫給他們的長輩和朋友，他們談論並計畫回家，但實際上你沒辦法離家三四年後還記得家是什麼樣子，這恰恰是為什麼在奧爾本「我的家」對我來說如此重要的原因。正如同我寫信給巴恩斯太太：「我最近去拜訪您時，您彷彿把我帶到天堂，我到現在還在天堂流連忘返，我沉醉於那些對您來說珍貴的歌曲和聖詩，以及那些聖經讀經和禱告。」事情就應該是這個樣子，可以在這個瘋狂的世界裡找到一個依然健全、寧靜、和平、有序的小地方，對我來說是個暖心的慰藉。

之後，儘管不太恰當，我試著告訴巴恩斯太太，在戰爭期間她對我的意義是什麼。現在戰爭已經結束，我需要時間放鬆。就現實上來說，即使是在最激烈的戰鬥，我總是做好萬全準備，但精神上我就跟小提琴一樣緊繃。我知道要是有事情不對勁的時候，我可以說出到底哪裡不對勁，但責任、工作、過去問題的累積、還有現在和未來的挑戰，已經讓我呈現出一種精神狀態，也就是我開始更像是軍事機器一樣發揮功能，而不是有同理心的軍官和人類。經過巴恩斯太太長達七天的細心照料後，我重新感受到了許多我幾乎忘記的關愛。正如我告訴她：「有好幾次，您對我的影響讓我可以把思緒和感受一起傳遞給其他軍官及弟兄。」我在信裡寫到：「我最親愛的母親。」我回到美國本土以後，和巴恩斯太太透過暖心的書信往返和交換禮物維持友誼，直到她在一九七〇年代逝世。

八月十一日，辛克上校獲得早就該來的升遷，奉命出任嘯鷹師副師長。戰爭期間，許多軍官獲得了升遷，並在指揮鏈中向上爬，但辛克總是選擇留在五〇六團。戰爭時，我腦海中一直縈繞著這件事。辛克非常以這個團為傲，也為這個團奉獻心力。現在戰爭結束了，我很高興他終於獲得（並接受了）對他服役的肯定。在推薦辛克上校晉升准將時，泰勒將軍描述我們的團長是「性格沉著、果決、在最艱辛的戰鬥條件下都能維持冷靜。他具備一位空降部隊將官所應具備的所有特質。」簡單地說，羅伯特・辛克是才華洋溢的軍官，是五〇六團的核心靈魂人物。他做事很有個人風格，加上他那濃重的南方口音，說話時總帶著一些鄉土氣息的諺語，使得他從一九四二年七月開始就深受他所英勇領導的部隊的愛戴。他總是以男人對男人的立場和麾下士兵講話，他給所有人「我們」的感覺。五〇六傘降步兵團一起打這場仗，而不是以好幾個獨立的營。身為「辛克團」的一員[1]，就是榮譽的標誌。

辛克上校如何把一群雜牌平民士兵鍛造成第一流的戰鬥勁旅，這個主題值得一本專書來討論。陸軍給了他一群剛從街上招募而來的孩子，許多人營養不良，教育水準低，軍官也好不到哪裡去——我就是其中之一。我才大學畢業一年而已，進了軍官候補學校，只是個剛任官的少尉，也就是俗稱的「九十天速成班」。這樣的軍官丟到辛克面前，並且奉命要把那群人打造成精銳的空降部隊。辛克好好整頓了我們，他就是那個把我們團結在一起的人。我一開始對他的能力相當懷疑，但他證明我錯了。就我來看，我們的團長是戰爭中最優秀的西點校友。戰後，辛克上校留在軍中，最後以中將軍階退役。

隨著辛克轉調，副團長查爾斯・蔡斯中校成了五〇六團團長。三天後，也就是八月十四日，日本投降，顯然原子彈的威力相當於一個團的傘兵兵力。對我們國家的領袖來說，不論是對人類使用這兩種武器的哪一種，似乎都不人道。日本投降後過了幾個星期，泰勒將軍離開一〇一師，接任西點軍校校長。辛克上校跟著泰勒在十二月赴西點任職。現在不論戰分點數有多少，每個人都可以回家了。

隨著戰爭終於結束，我在歐洲的日子也步入尾聲。九月二日，也就是日本官員在東京灣的密蘇里號（USS *Missouri*）正式簽署降書的那一天，一些累積到規定點數的軍官搭機返美。儘管辛克上校表示我這個人至關重要，但截至那個月的十五日，所有軍官只要有意願，都獲准離開，我當然也想要走人。我在五月時就已經仔細想過要轉調去太平洋，但經過四個月的占領和「沒事找事做」，我已經準備好要重返平民生活了。我從風向中就能看出軍隊的變化，或者至少我能充分體會到，我不想和它有任何瓜葛。在空降部隊，薪餉確實不錯。但事情也就這樣結束了，之後是一場大型派對，士兵們身心俱疲，迅速地走向頹廢。他們想要什麼就拿去吧；我會先做好備案。

若可以和一〇一空降師一起返鄉，會是一件非常榮幸的事，因為我對這支部隊多少有點感情。然而問題在於，還留著的人當中大概只有六位軍官和士兵值得我去打招呼或道別。某天深夜，史畢爾、魏許和尼克森——我僅剩的好夥伴——來訪，花了幾個小時回想我們曾經

---

1 編註：原文以五〇六的英文諧音，Five-Oh-Sink 來形容作為辛克所帶領的團。

共享過的美好時光。尼克森在一星期後離開茹瓦尼，這讓我感到非常孤單，就像是放假八小時就只想跟海軍女兵結婚、思念愛人的水兵一樣。至於哈利．魏許，他變成我的忠實夥伴，但飲酒依然是他度過時間的宣洩出口。有一次值班的時候，魏許不停地責罵一些其他單位的士兵。身為好朋友，我出來打圓場，把他送出門，然後解釋說哈利其實有點「不正常」：承受過多的迫擊砲彈和砲火轟擊——從戰爭結束到現在還是有副作用。

其他有關茹瓦尼的記憶並不多。我每天都會去跑步，踢足球，或是跟弟兄一起打棒球。九月二十日，我最後一次跳傘，也是我自前一年九月跳傘空投進入荷蘭以後的第一次。恰恰在一年之前，我們在荷蘭著陸，企圖保持長達五十英里道路的開放，以便英軍第二軍團可以完成最後一擊。除了要打破茹瓦尼日常的一成不變以外，我不知道為什麼要安排這次跳傘。這是志願參加的操課，不想參加的人直接拒絕就好。相當多人想出了一些站不住腳的藉口不來跳傘，或是裝病。但真正理由只不過想避免受傷。其他人，像是羅伯特．史密斯上士，他之所以參加，只是因為還想看看「在經過一年又三天沒有跳傘的日子後，他是不是還有種跳傘。」不過就連史密斯也承認，這是他的跳傘經歷中最糟糕的三分鐘，他是四位「高點數」的人之一，不確定自己這麼做是否明智。活過戰爭後，史密斯和曾經空投進入諾曼第的老兵考量到他們的人身安全，不再想要冒任何不必要的險。

傘兵們穿上降落傘並登上飛機，不少人突然變得非常嚴肅。在戰鬥中，這些傘兵在平時登機前通常都是嬉皮笑臉。現在看來有些不同，但老兵們一旦繫好安全帶，就又開始打鬧和逗弄新兵。飛機起飛後，史密斯上士再三考慮冒生命危險參與這次不必要的跳傘是否恰當，用他自己的話來說，他「沒辦法講話，沒辦法移動，覺得渾身僵硬，汗水從眼角滲出來。」然而，一旦出了艙門，恐慌就消失了，取而代之的是感受到一股和緩的拉力，知道傘衣已經完全展開了。就我個人而言，我願意為了十塊美金跳傘，要是一百美金的話，我用頭著地都可以。戰爭期間，如果有人拒絕執行命令，按照標準作業程序就是把他送到禁閉室，以及至少做六個月的苦工，而且還扣薪餉。哎呀，變化真大！現在，他們只是說一句：「今天不行，謝謝」，就結了。好吧，只要他們是上過戰場的老兵，我就不會怪他們。

在我最後一次跳傘的前四天，我深思一年前當我們跳傘進入荷蘭時，我到過哪裡。我多麼希望能夠重溫那些當一個人智取、擊敗並識破敵人時所感受到的刺激和滿足的榮光。太好了！之後有一天，連上的一位少尉（布魯爾少尉）被打中了，我在訓練時跟他講了一百遍，在前線的時候不要那樣走來走去，不然會被打中，結果就真的被打中了。那天我和布魯爾一起到前線，只是要說明我想要他的排怎麼越過開闊的原野前往恩荷芬郊區。他只知道照著做，卻沒有思考——這就是為什麼大部分人被打中的原因。當我走在他後方二百碼左右的地方，我就跟一些人說：「他馬上就會中槍。」幾秒鐘之後他真的被打到了，脖子當場被打穿。布魯爾倒下去，就像是棒球棒打到一樣。為此我被迫做出一個還不壞的決定，我立即接管整個排，並指揮他們向前朝市區推進。之後派另一位少尉來取代他。結果是我不得不留在先頭排，直到我們攻下該城。透過向前推進，我們拯救了更多弟兄，同時醫務兵才可以挽救布魯爾的性命。

雖然我嚮往指揮E連的那段日子，但我不喜歡荷蘭的天氣，令人痛苦無比。首先，我絕不會再過像一年前那樣的夜晚：我渾身濕透，沒有辦法換衣服，身為傘兵這是很正常的事——沒有毯子，什麼都沒有，而且還冷得刺骨。所有事都亂七八糟，在漆黑的夜裡行軍，不知道我們到底在哪裡，不知道其他任何人在哪裡，房舍燃起熊熊大火，人們哭泣，揮著手，每團灌木叢看起來都像是敵影幢幢。

一九四五年九月的最後一個星期，我們做好準備要把剩下的一〇一空降師官兵送回本土。軍營上下流傳著謠言，指稱所有剩下來滿「八十五點」的人和一定數量擁有高點數軍官會立即離開。我立即去找蔡斯上校，表達想要提早離開的意願。所有我想要做的就是離開部隊，回到家鄉，展開我的新生活。如果留下來，我就得每天晚上和老兵一起坐著，透過故事和回憶打一遍又一遍的仗。我沒辦法這樣子活下去。現在仗打完了，這部隊當中有太多搞死人的瑣事了。過了十五分鐘，蔡斯向我保證沒有問題，說我做得很好，現在我需要幫助的時候，他也會盡力幫我。他確實這麼做了。十月一日，團部發出命令，把我調往七十五步兵師，這個師都是積分點數高的官兵，預計在十月初跟著第十六軍司令部返回美國。我在五〇六團的最後一個星期六晚上，參加了由團部舉辦的派對。事實上我只是走個過場，把事情都交給了比我更會交際的下級軍官去處理。

當我得知可以回家的消息時，我幾乎不敢置信，能夠在這一團該死的混亂中活下來，並且拿到返鄉的回程票，我已經夠幸運了。回家！天啊，我的親朋好友還會認得我嗎？我會認得他們嗎？我的妹妹？吃的？用水——熱水，還有牛奶。那個時候我已經超過兩年沒有喝過真正的含鈣牛奶了。然而，回家這件事，事實上比我想像中還要困難。原本基層士兵是安排去蘭斯，但七十五師和軍官卻被計劃從法國南部的馬賽出發，結果運輸人員罷工加上軍隊司空見慣的繁文縟節和官僚主義，延誤了我們重新調差的進度。在表定要離開的兩星期之後，我還在法國的匹茲堡營（Camp Pittsburgh）。我在那裡擔任七十五步兵師二九〇步兵團二營的副營長。我每天免不了要跟營裡的其他軍官打交道，他們當中沒幾個人有真正上過戰場。我和這些軍官僅有的一點往來，就是聽他們講七十五步兵師是怎麼打贏這場戰爭的。他們是在一九四四年聖誕節那一天首度投入戰鬥，地點就在阿登。很顯然，我還清楚記得那一天是怎麼一回事。

為了彌補對我們造成的延誤，總部發給我們三天假，想藉此平息我們想回美國卻被滯留在歐洲的怨氣。但是我轉調七十五師是為了回家，而不是為了這紙假期。更有甚者，總部甚至廢止了所有點數低於一百點的校級軍官不能回家的命令。我現在有一〇八點，就跟海軍女兵軍營裡的男生一樣稀有。

經過長達兩天穿越法國鄉間的旅程，我在十一月一日終於抵達集結待命區。自從營長因為沒有足夠點數而轉調後，我便擔任營長一職。看著一群積分不高的軍官想方設法要擠上船，真是讓人大開眼界。當火車途經鄉間，我的首要重點就是在不要讓一千一百五十個美國大兵跑到車頂，然後跳下火車去親吻女孩。這段經歷確實會這些傢伙從低落的情緒中振作起來。我們在馬賽的一座小山上集結，地面非常堅硬，士兵得動用鐵橇才能搭帳篷。在法國的最後一個下午，我駕駛吉普車在馬賽的街道上兜風。港口有夠大，且狀況還可以，但德軍在一九四四年夏季從法國南部撤退時，弄沉了非常多艘船，炸毀一些碼頭和倉庫。至於城區本身，馬賽是一個龍蛇混雜、堅韌而醜陋的典型港口城市。

十一月四日，我登上伍斯特勝利號（SS *Wooster Victory*），前往維吉尼亞州的漢普頓錨地（Hampton Roads）。船隻離開港口時，我不禁回想起莎瑪麗亞號離開美國啟程時的過程。在這兩趟航行之間，兩年過去了，但我老了二十歲，就像是一生的戰爭都濃縮到這二十二個月裡頭。就像大部分軍人，我已經不再是原本的我，但我會調適，就像我們在一九四三年九月抵達英格蘭時所做的那樣，就像我們在D日首度接受戰火洗禮之後所做的那樣。一九四五年十一月二十九日，美國陸軍在賓州的印第安敦蓋普堡（Indiantown Gap）處理我的退役事宜，這裡距離位於蘭開斯特的我家只有幾英里而已。

次日，一〇一空降師正式解編，五〇六傘降步兵團E連不復存在。我收到這個消息時，難過死了，這個師在三年來的大部分時間曾經是我的家。原本預計一〇一空降師戰後要繼續留在陸軍編制，但隨著泰勒將軍前往西點軍校，加上八十二空降師師長詹姆士·蓋文少將（James Gavin）精心策畫一連串曝光度相當高的公關宣傳活動，陸軍參謀長馬歇爾將軍親自介入挽救了八十二空降師。承平時期的軍隊只需要一個空降師，嘯鷹師因此步入歷史。對我來說，這整件事簡直就是羞辱。

回到家後，我做的第一件事就是直接去郵局，同時也是美國國稅局辦公室所在的地方，並堅持要求依照身為軍官的收入來繳納所得稅。國稅局的傢伙用懷疑的眼神看著我並說：「孩子，雖然規定是這樣沒有錯，但你不需要繳這筆，我們不會要求做這筆申報。」

我回答他：「先生，我想要繳我該繳的稅，我以身為美國人為榮！」

他低下頭來，然後我們算出來該繳多少，我立即全額付清。

我對於重返平民生活的期待，跟大部分得以返家的幸運軍人並沒有不同。我已經準備好要脫下軍裝，換上便服。我的優先要務包括找一份不錯的工作，如此才能有舒適的生活，還要討老婆，組織家庭生活，找到平靜與快樂。此時我仍然在休最後的假，要到一九四六年一月二十二日才正式退伍。經過這一番折騰，我終於又成為溫特斯先生。儘管對自己的戰時軍階感到自豪，我在戰後生活從來沒有把它搬出來過。經過四年的戰爭，我很享受現在的老百姓狀態。

雖然我非常高興能把軍隊的一切拋諸身後，但我明白與四年多前入伍時相比，我已經徹底改頭換面了。這場戰爭在許多方面都改變了我，就跟所有經歷過戰鬥的人一樣。在見證了這麼多大規模的苦難和人類對自身犯下的前所未有的野蠻暴行，我不明白為何有其他倖存者還會再次狠下心腸去傷害任何東西。再者，我現在的識人能力比一九四一年時強多了，至今戰爭已經結束整整六十年，我依然保持這樣的感覺。當我首度和人打交道，並認識他們的時候，我不禁會開始加以判斷，並評價他們。像是他們有領導才華嗎？他們在戰鬥中表現會好嗎？他們會通過考驗嗎？

我也變得比部署到歐洲前我所記得的更加有紀律。我一回到賓州之後，紀律幫助我適應平民生活。就像所有退伍軍人，我得適應社會，適應為了謀生而需要與他人相處的生活方式。我當然從未將工作場所的挑戰與我在戰時的經歷混淆。在商業世界中不會有你死我活的搏鬥。商業幾乎不能等同於戰爭。這樣的比較貶低了「戰爭」這個詞。

回到家不到兩個星期，尼克森就邀請我前往紐約市旅遊，並和他的雙親會面。他的父親在一九四六年一月提供給我工作機會，擔任紐澤西州尼克森市的尼克森硝化廠人事經理，週薪七十五美金。在工作的同時，我利用「美國軍人權利法案」的福利，報讀羅格斯大學（Rutgers University）的在職進修課程，學習商業和人事管理。「美國軍人權利法案」給了我機會，把心境從軍隊轉換到商場。一九四八年，我和艾索（Ethel）成婚，之後又升任尼克森硝化廠的總經理。我一直擔任此職，直到韓國爆發衝突，我被召回部隊為止。

我現在已經是有家室的男人，因為韓戰而在一九五一年六月短暫召回現役，奉命在肯塔基州坎貝爾堡（Fort Campbell）加入第十一空降師。戰爭這件事我看夠了，而英明睿智的軍隊允許後備役軍官可以延後六個月報到轉現役。我因此前往華盛頓特區，拜訪麥考利夫將軍，他現在掌管美國陸軍的人事。我問他是否還記得我，他當然記得。我們先寒暄幾分鐘，我接著告訴他自己不想去韓國，麥考利夫坐在那裡，理解似地點點頭，然後開門見山地問我，他有沒有可能從現在自西點軍校和全國各地大學畢業的軍官中選拔出人選擔任營長。從我在歐洲和美國本土見過的承平時期的軍隊來說，我回答：「不，長官，我不認為您可以。」

「沒有錯，你說的是對的，」他說：「那麼，就沒有太多好說的了。」

我謝謝他撥冗見我，然後離開，回家打包——不是去海外，而是去紐澤西州的迪斯堡（Fort Dix）。我接受部隊指派，在那裡擔任團級計畫和訓練軍官。和我的戰時經驗相比，迪斯堡的訓練實在是太糟糕了。我一向以自己適應各種情況的能力為傲，但訓練那些對上課毫不在意的新軍官卻超出了我的耐心。我等不及想離開，所以我志願去突擊兵學校。不久之後我就收到海外部署的命令。我前往西雅圖，也就是登船港。正當我在進行教令和準備的時候，一名行政軍官走進坐滿軍官的房間，然後宣布：「新命令下來，任何非自願被召回的軍官不用前往韓國。他可以退出，如果這裡有任何軍官想這麼做的話，請上前。」我向前走了一步，我的軍旅生涯就這樣結束了。

我決定不回去尼克森硝化廠，反而去紐澤西州新布朗斯威克（New Brunswick）為嬌生擔任黏性石膏研磨機的生產主管。一九五一年，我在賓州購買了一〇六英畝的土地，位置就在印第安敦蓋普堡以東藍山山脈的山麓丘陵間。我把舊農舍租給一個年輕家庭，最後開始一磚一瓦地為家人建造新家。一九五五年，為了離農場更近些，我們搬回了賓州，在蓋茨堡附近租了房子，我先後在惠特莫耶實驗室（Whitmoyer Laboratories）和幾間其他公司找了幾份農業相關的差事。這段期間，我們盡可能週末都待在農場。到了一九六〇年，當第二個孩子準備上小學一年級時，我們的家終於有個像樣的樣子，可以搬進去了。在這裡，我總算找到了在D日那天承諾要給自己的平靜和安寧。

我在一九七二年創辦了公司，在接下來的二十五年，我向賓州和馬里蘭州的飼料廠經銷動物保健產品和基本維他命預混料。一九七九年開始推動回收工作的時候，好時巧克力公司詢問我有沒有可能把他們的廢糖果作成加工產品出售，用於動物飼料。我計劃運用我多年來建立的人脈，同意和他們簽訂合約，以便管理一座倉庫來存放和加工這些東西。我有兩位員工，加上艾索擔任辦公室主任和秘書，我們把一棟廢棄廠房清理乾淨，讓它恢復運作，雇用更多員工。我們發現牛和豬也跟人類一樣喜愛巧克力，業務便蒸蒸日上，銷售產品給飼料廠和大農場。憑藉經驗和一些靈感，我發現產品的新用途和新組合，我們終於可以把產品賣給國內其他地方和海外的新顧客。隨著生意興隆，好時巧克力公司決定接手倉庫的營運，我繼續擔任營養品預混料的經銷商，直到一九九七年退休為止。

到了一九八〇年代，由於有了員工和辦公室人員在工作上幫助我，我才能夠參加E連的聚會。在那之前的生活過於忙碌，我無暇多想戰時的經歷。像大多數退伍軍人一樣，我一直忙於謀生，但我一直通過電話、書信以及偶爾的探訪——來自離得近的戰友或路過當地的戰友——與他們保持聯繫。

一九八八年在紐奧良的聚會，以及和作家史蒂芬·安布羅斯接觸，讓我重拾回憶戰時經驗的興趣。我致力於梳理我的記憶和弟兄們的來信。我們在赫希的第二個家成為私人信件、以及我曾服役過的連和營官方紀錄的集中保管。述說E連的故事，不僅是我的動力來源，更是我全心投入的熱情所在。因此當安布羅斯提筆寫《兄弟連》，我經年累月收集的各種記錄就成為他的主要素材來源。

自一九四六年起，麥克・芮尼中士、鮑伯・雷德中士和瓦爾特・戈登下士開始籌辦E連的聚會。後來，比爾・葛奈瑞接過了重擔，並鼓勵E連成員保持聯繫，但最初幾次重聚的主要組織者是在北達科塔大學獲得新聞學位的芮尼。他本來想寫回憶錄，還打算寫一本關於E連的歷史，書名都想好了，叫《E連辦到了！》（*Easy Does It!*），但他不幸在一九八八年過世了，才六十五歲，這些計畫也都停擺了。E連失去麥克・芮尼真的很可惜，直到之後我們遇見史蒂芬・安布羅斯才開始緊密合作，撰寫《兄弟連》。麥克天生就是當記者的料，要是他還在，一定可以為這個計畫做出重大貢獻。

剛開始只有少數幾名老兵出席聚會，隨著時間過去，更多塔可亞時代的老兵和之後的補充兵開始參加每年的聚會。早期的聚會參加的軍官並不多，到一九八〇年，我通知「穆斯」・海力格和哈利・魏許，把他們叫來參加在納許維爾（Nashville）的活動，「巴克」・康普頓、克雷倫斯・赫斯特、羅伯特・斯特耶和尼克森這幾位軍官參加了在納許維爾舉行的聚會。大家都沒什麼改變，「黑鬍子」尼克森依然試著要讓大家相信他真的每天都有刮鬍子，但徒勞無功。總計有三十位E連成員出席了在納許維爾的聚會。由於這是我第一次參加，當大家送給我一套鍍金的餐具和一首打油詩，我真是受寵若驚。

一九八七年九月，自二戰結束以來，我首度重返歐洲。在瓦爾特和貝蒂·戈登（Betty Gordon）的陪伴下，艾索和我在巴黎與路易·德·瓦拉維耶共進晚餐。第二天，路易和米歇爾，也就是路易那位在D日當天被子彈打中的弟弟，帶著我們去諾曼第。我非常渴望前往這個在我的生命中，以及對E連來說扮演如此重要地位的地方來趟旅行。米歇爾在六月六日當天被美軍傘兵開槍打中，但卻沒有任何怨恨。他想考驗我，以確保我真的是本人。他把我帶到勒格隆夏曼附近的一處田野，問我有沒有覺得看起來眼熟，我說：「沒有，看起來不像。」然後我們又去了另一處田野，他又重複問了相同的問題，我的回答也一樣。

幾個小時後，他帶我到布里考特莊園外的田野，然後再問我：「這地方看起來眼熟嗎？」「就是這裡，這看起來很眼熟。一號砲在那裡，二號砲在這裡，以此類推，依次排開。」

經過半世紀，塵封的回憶開始湧現。走過那塊曾經是德軍一〇五公厘榴彈砲連所在的田野，一種怪異感油然而生。在心靈深處，我還可以看到「卜派」·文恩、「巴克」·康普頓、比爾·葛奈瑞、喬·托伊、唐·馬拉其、卡伍德·李普頓和其他我們這一小群弟兄的成員，奮不顧身地發動突擊。當我從各個方向走遍那塊田野的時候，我簡直無法用言語來形容當時的感受。樹籬和排水溝大部分都消失了，但樹線和每門砲的位置依然清晰可辨。

在接著下來的十年，我返回布里考特和其他戰場好幾次，最後一次是在二〇〇一年六月HBO影集《諾曼第大空降》的首映。我選擇不參加一開始的旅遊導覽和在巴黎舉辦的派對，因為我不想要參與其中——這不是我的個性。我比較喜歡靜靜地回想，追憶五十七年前E連經歷的戰火洗禮。雖然我總是認為一九四四年十月五日E連在荷蘭堤防上的表現，是我擔任連長的巔峰，對我來說布里考特卻有更特殊的意義。沒有什麼東西比得上D日當天的戰火洗禮。恩尼·派爾曾經寫道，任何開拓事業的初期皆為最美好的時光。這就是我看待布里考特的方式，擊潰那幾門砲有其特殊意義，再也沒有重複發生。布里考特是E連在戰鬥中初試啼聲的考驗，也是我證明自己確實達到領導統御標準的地方，這就是它如此特殊的原因。因此，與其在大飯店和其他老兵在一起，我和艾索花了八天時間，住在布里考特附近一座諾曼式莊園。如此一來我就可以每天早上回到舊戰場，在田野間散步，研究這場作戰。我和太太受到小夏爾·德·瓦拉維耶的熱情歡迎，他是一九四四年布里考特莊園那位法國上校莊園的孫子。將近六十年前，我是第一位沒有夏爾的爺爺允許就擅自闖入德·瓦拉維耶農場的美軍士兵。

這一次我開口詢問並獲准重返布里考特莊園。我站在殘存的戰壕，眺望著戰場對面那道我們當年衝鋒砲兵陣地時曾遭機槍掃射的樹籬，許多特別的回憶清晰地湧上心頭。李普頓中士當年開槍射擊敵人的那棵小樹還在，只是原本那棵大樹早就死了。一天早上，我從勒格隆夏曼沿著當年的足跡穿越田野和溝渠，然而現在這一路上遭遇的障礙遠比D日當天的樹籬還要多更多。六月六日的正式典禮之後，我們及時返回巴黎，和其他人一起參加了告別晚宴。

夏爾・德・瓦拉維耶熱情地邀請我在六十週年紀念時再回來看看，考量到我逐漸老邁，我覺得我最好還是量力而為，在家收看慶祝典禮就好了。即使我無法重返當地，夏爾依然致力於保存曾解放其祖父農場的士兵們的英勇事蹟。「這就像朋友託付你看顧他的長眠之地，」他說，「他們的犧牲是我們不能忘卻的。」

回到赫希之後，我感覺一則以喜、一則以憂，我知道自己可能再也無法重返舊戰場了。即使如此，我仍然擁有終生難忘的回憶，我依然決心要把所有弟兄「不為人所知的故事」傳遞給下一代。只要說出這些弟兄的故事，其餘的會水到渠成。個人獎勵、盈利、表揚和留名對我來說從來都不重要。即便「富蘭克林・羅斯福基金會」於二〇〇一年頒發「富蘭克林・羅斯福四大自由獎／免於恐懼自由獎」（Franklin D. Roosevelt Four Freedoms/Freedom from

Fear Award）時，選擇我代表第二次世界大戰美國陸軍退伍軍人，我當時也僅是以贏得戰爭的美國士兵的代表身份出席。在典禮上，新聞主播湯姆·布羅考（Tom Brokaw）表示，五位軍種代表所展現的勇氣和奉獻，「成就了一個我們今天仍在努力實現的和平、正義和夢想的世界。」

布羅考也稱我們是「英雄」，但我一直對這個稱呼感到渾身不舒服。真正從戰爭中全身而退的英雄並不多，真正的英雄都躺在北非、歐洲和太平洋各地的白色十字架下。每當我站在俯瞰奧馬哈灘頭都會忍不住為那些沒機會享受到我們現在這種和平的英靈落淚。我認識很多英雄，但我絕對不是。比爾·葛奈瑞就是英雄，他離開安全的散兵坑，幫助受重傷的夥伴。佛洛伊德·泰伯特和喬·托伊更是一等一的英雄——「卜派」·文恩、「貝比」·赫夫朗，還有其他幾十個身上帶著戰爭創傷做為榮譽徽章的人都是英雄。

對於何謂真正英雄的最佳詮釋，或許能在麥克·芮尼在一九八二年一月，在他重返醫院接受一連串檢查前夕寄給我的信中找到。歷史學家史蒂芬·安布羅斯把這個段落做為《兄弟連》的結尾，因為芮尼把成為E連特有的凝聚力都濃縮在這些字句裡頭：「在回想起E連的日子時，我倍加珍惜我曾經對孫子說過的話，他問我：『爺爺，你在戰爭中是英雄嗎？』」

我回答：「不是，但我和一群英雄一起當兵。」

麥克・芮尼在信後面署名「您的E連戰友。」

第十五章　史蒂芬・安布羅斯住這

史蒂芬・安布羅斯是我們這個年代首屈一指的歷史學家，他透過友誼和他撰寫的《兄弟連》永遠改變了我的人生。史蒂芬在準備撰寫有關D日的著作時，在空檔時間先寫了《兄弟連》這本書。先說明史蒂芬・安布羅斯是個怎麼樣的人。一九九五年聖誕節的早上，他起了個大早，寫了一封信給我，信上表示：「感謝您教導我身為連長的職務和責任。」之後他對E連在二戰期間立下的功績給予肯定，我感謝他的讚揚，也感謝他從來沒有忘記我。為了確保我絕對不會忘記他和他的友誼，我在房屋和農場的門上加了一塊銅牌匾，上面寫著：「史蒂芬・安布羅斯住這」。

一九九〇年二月二十六日，我首度和史蒂芬・安布羅斯會面。這次會面由安布羅斯作東，在密西西比州貝聖路易（Bay St. Louis）他的家中進行，前來的E連老兵包括卡伍德·李普頓、瓦爾特·戈登和福瑞斯特·葛斯。兩年之前，E連在紐奧良舉辦聚會。安布羅斯把握機會進行團體訪問並錄音，以支持紐奧良大學艾森豪中心（Eisenhower Center）的二戰老兵口述歷史蒐集計畫。我決定不參加那場會談，為的是要讓弟兄們暢所欲言，不用考量我在戰爭中的角色，那場訪問精彩無比。我之後把我寫下的記錄寄給安布羅斯。當讀到團體訪問的逐字稿時，我認為漏掉了一些重要細節，我要求碰巧是安布羅斯鄰居的瓦爾特·戈登安排後續訪問，以澄清事實。安布羅斯欣然同意，並邀請我們到他家。那天下午，我們討論了E連在布里考特莊園的攻擊行動。我稍後建議史蒂芬考慮撰寫E連的隊史，這也許會是安布羅斯的另一本著作《飛馬橋》（*Pegasus Bridge*）極佳的增補內容。他在這本書裡描述在D日奪取奧恩河（Orne River）和奧恩運河（Orne Canal）上重要橋梁的英軍輕步兵連。史蒂芬立即抓住機會，要求我們提供戰時信件、照片、報紙剪報的副本——任何我們所擁有有關E連的東西都行。

次月，戈登寫信給李普頓、葛斯和我這個「無畏三人組」，以討論他剛從安布羅斯那裡收到的一封信。史蒂芬認為我們「點子有夠好，他已經準備好要動筆了。」我提供了我在過去二十年間累積的日記還有信件副本。夏天的時候，安布羅斯親自來到赫希城郊我的農場，我們花了幾天時間討論領導統御和戰鬥疲勞。安布羅斯自己就是一位頗有成就的歷史學家，他看起來迷戀於保羅．福塞爾所言：「緩慢的開端和可怕的領悟」，也就是依照每個軍人在前線上的時間長短，他所體驗到戰鬥的三個階段。「兩個階段的合理化和一個階段的精準洞察，」福塞爾就是這樣描述導致戰鬥疲勞的原因。剛開始的階段是：「這種事不可能發生在我身上。我可不想受傷；我聰明得很；我還年輕。」緊接而來的就是第二階段，這個階段的軍人會開始找藉口合理化：「老天，如果我不小心點的話，我可能就會出事了。」第三階段是：「除非我離開這裡，否則我一定會出事。」我告訴安布羅斯，我在巴斯通已經進入第三階段，他顯得十分驚訝。我覺得我遲早都會變成這樣，只是向上帝祈禱，事情不要變得太糟，我覺得遲早都會被打中，但從來沒有覺得我會崩潰。我在肉體和情緒上都做好了自我準備，不要達到崩潰臨界點。我也沒有感覺到我的判斷力受到太大影響而無法做出正確決定。

經過三天一對一問答，哈利．魏許、喬．托伊、羅德．洛斯托爾和福瑞斯特．葛斯接著加入我們，進行團體訪談。幾個月後，安布羅斯拜訪卡伍德．李普頓、比爾．葛奈瑞、唐．馬拉其和一群住在西岸的E連成員，之後一趟快去快回的歐洲戰場之旅為他的初步研究畫下句點。這就是在一九九二年出版上架的《兄弟連》的起源，適時用來紀念E連在喬治亞州塔可亞營成立五十週年。這本書最初的銷售成績尚可，但當安布羅斯在反攻歐洲五十週年的同時出版《D日：諾曼第的巔峰時刻》之後，它突然之間變得十分暢銷。E連的功績成為全國新聞頭條，幾位老兵還受邀跟各地觀眾分享他們的戰時經歷。安布羅斯用他無與倫比的風格講述我們的故事，我們每個人都很感激他帶來如此出色的巨作。

《兄弟連》出版後，史蒂芬歸還了我的日記和自戰爭以來蒐集的各種剪報。我立即為E連的每位士兵都建立檔案，接下來一整年我都在做這件事。熟悉陸軍部官方記錄的朋友還給我五〇六傘降步兵團和二營的作戰報告。至此，我擁有了E連從開始到結束的完整故事。

史蒂芬．安布羅斯把《兄弟連》的版權賣給史蒂芬．史匹柏和湯姆．漢克斯，此舉讓我的人生有了更加劇烈的轉變。安布羅斯在談判交易的那晚撥空打電話給我，告訴我說湯姆．漢克斯對這項計畫很有興趣，他認為漢克斯打算扮演迪克．溫特斯。當時的對話就像這樣：「我是史蒂芬．安布羅斯，我收到一封湯姆．漢克斯的信，他想要把《兄弟連》買下來，他還寄給我他製作的HBO影集《飛向月球》（*From the Earth to the Moon*），漢克斯想要依照這個模式來製作十二集的影集。他感覺《兄弟連》可以製作成壯烈宏偉、充滿質感，需要耗費好幾個小時細細講述的故事。我猜他想要扮演迪克．溫特斯，但我告訴他演賀伯特．索柏更像（開玩笑）。總之我想把這個好消息跟你分享。」

就在二〇〇一年九月HBO推出《諾曼第大空降》之前，評論員查理・羅斯（Charlie Rose）訪問安布羅斯，並直接問他：「依照您的理解，如果您必須在二戰中服役，我知道您會服役，您會想去哪裡？會跟飛行員一起？跟士兵一起？跟海軍弟兄一起？」

安布羅斯立即回答：「我會和一〇一空降師五〇六傘降步兵團E連一起。」

被問到原因時，安布羅斯洋洋灑灑地解說：「因為這個連的連長迪克・溫特斯幾乎就是梅里韋瑟・路易斯（Meriwether Lewis），他就是那麼棒。如果迪克當時告訴我，又或者他現在告訴我，要我做某件事，我不會問為什麼，我只會直接去做。他有他的個性，他為人誠實，意志堅定，且有明確的方向。他懂很多：如何部署火力基地，每個人的優缺點，如何領導進攻等等。他知道好的連長應該是長什麼樣子。」

不用說，我不斷受到來自四面八方的關注和讚揚，我感到非常榮幸。如同我在二〇〇二年九月艾美獎頒獎典禮上，於史匹柏和漢克斯榮獲最佳迷你影集獎之際所表達的，我僅是代表所有在世及已故的E連袍澤。當獎項頒發給史匹柏時，他總結了我們所有人的心聲：「E連在一九四四年就贏得了這個獎。」從某種程度上來說，自從影集推出後，我們全都變成名人。但我始終依然謹慎小心，提醒自己要保持謙遜，不要被沖昏頭。我們的故事只是一則必須被說出來的故事而已。

我們沒有人預料到，隨著E連的故事公諸於世，信件就如洪水般湧來。大多數發信人都在信中對二戰世代所做的犧牲表示感謝，其他人則想要知道有沒有簡單的辦法可以做出有效的指揮。我們的生活不再有隱私，但這就是成名的代價，現在已經不可能維持低調。每個人都想要從你身上得到一點東西，努力地想要打聽到底是什麼道理，才能使E連變成如此傑出的戰鬥單位。獲得矚目讓人受寵若驚，但沒有人真正認識我。鄰居、我這一生中最熟悉的人，現在都因為這部影集而看到我不同的一面。然而，還是不可能把戰爭的恐怖傳達給沒有經歷過戰鬥殘酷考驗的人。這不是他們的錯，我就像大部分老兵，我是到晚年才開始談論戰爭。第二次世界大戰曾經是，且至今仍然是一段非常個人的經歷。每當我談及那些深刻影響我人生的事件時，我總是談論戰爭，而非我個人。我傾向於維持這種方式，但信件卻不斷寄來。

各方來訊：

天使聖母修道院的恆久朝拜貧窮修女會的隱修修女瑪麗・安德烈・坎貝爾修女（Marie Andre Campbell）和瑪麗・聖保羅修女（Marie St. Paul）來信：

當我們讀到有關您的事蹟時，我們互相跟對方說：「啊，這是一個敬畏上帝的好人！」善良與美好終將引領我們走向真理，無論我們身處何種境地，每個人都在追尋真理，或許這就是為什麼這麼多人讀到您和您的部下在二戰期間於法國、荷蘭、比利時和德國的英勇事蹟後，深受感動的原因。

我們住在法國的時候，我和爸媽去過諾曼第。我們去的時候，墓園是開放的……那是一次我永遠不會忘記的經歷……最後一提：佛洛伊德・泰伯特的故事格外讓我感動。他讓我想起一些越南老兵來到我的大學課堂上講課的許多往事。他們是「機車黨」：黑色皮夾克、長鬍子、有點嚇人，但他們是我所遇過最好的人。戰爭在許多方面深深影響了他們，我永遠無法領會，就好像您在一篇文章裡說的，讀到和聽說戰爭是一回事，但真正經歷過是另一回事。

紐約市警察局的警員麥可・納斯塔西（Michael Nastasi）在二〇〇一年九月十一日紐約世貿中心攻擊事件的劫後餘波中寫信給我：

……當時情況相當糟糕，我們所有人都對當時的局勢感到非常沮喪和困惑，但我們也決心盡一切努力來協助復原工作。藉由收看影集和閱讀關於您和您的弟兄的書籍，激勵了我們所有人，不論在怎樣的情況下都要克盡職責。就我個人而言，更領悟到任何處境都有可能變得更加糟糕。讀到您在巴斯通的經歷讓我深受感動，也讓我理解到在面對微乎其微的勝算時，奉獻和勇氣的真正意義。

「卜派」．文恩的女兒坎蒂絲．麥金利（Candace W. McKinley），對她父親在戰爭期間的經歷有更加深刻的認識：

因為不太了解你們在戰爭時期的事，觀看過影集以後，我多期盼爸爸曾說過多一些過去的事情。不是您們所有人都曾見證的恐怖，也不是您們遭受過的嚴寒和孤立，而是弟兄之間的袍澤情誼……一想到爸爸這麼年輕、這麼精實、這麼有紀律，跟他在生命的最後兩年身體狀況開始惡化的樣子真是天壤之別……當他接受普雷通（Playtone）工作人員的訪談時，我聽到他服役時的點點滴滴，比我在這輩子當中聽過的都還要多。我一直記得他在訪談結束時所說的……當被問及他會不會想起你們在那邊的事，他回答道：「不，我不去想那些，但大夥們……我每天都掛念著他們。」……我很感謝您是爸爸生命中的一部分，而且我也像他一樣，直到生命盡頭的那一天都一直敬重您。

來自奧克拉荷馬州的老太太約瑟芬·布魯斯特（Josephine Bruster），回憶起一九四四年親眼目睹一〇一空降師在荷蘭的著陸：

我想要感謝您拯救我的性命和家人。一九四四年九月十七日星期日下午在費赫爾，機隊臨空，降落傘一朵又一朵張開。這是最美麗的景象。我絕對不會忘記。我是個十歲大的小女孩，住在費赫爾，我們看到這些美國軍人前來把我們從駭人的戰爭中解放出來，感到十分興奮又感激。這些人太勇敢了！就是因為像您這樣的軍人，我今天才會在這裡。我在一九五五年來到美國，和美國人結婚，現在居住在奧克拉荷馬州的一座小鎮。我有兩個兒子和兩個女兒，十一個孫子，能夠身為美國人，我非常引以為豪……我只是想讓您知道，您的士兵對身為十歲小女孩的我而言有什麼意義。

北卡羅來納州的琳達．坎佐納小姐（Linda B. Canzona）來信表示，她更能理解她的爺爺了：

……當我收看影集時，我內心對您及您的同伴們的感激之情難以言喻。我這一代之所以能夠在自由中成長和生活，就是像您這樣的人犧牲奉獻的結果……因為您願意講出您的故事，不但讓我深入理解您的世代為我的世代所做的一切，也讓我更加敬佩我祖父的英勇事蹟，他在突出部之役期間獲頒兩枚銅星勳章和一枚紫心勳章。我和哥哥都曾經問過他，他做了什麼才獲得那些勳章，而他的回答是：「沒做什麼，不過很平常的一天而已。」我開始感激（我叔叔和我爺爺在二次大戰和越南的）這些貢獻……現在終於明白自由到底意味著什麼，以及我這個世代之所以如此幸福快樂，就是因為其他人的犧牲奉獻。

我年輕時，家人曾去過諾曼第的海灘，父親把我舉起，放在他的肩上。我們望著那一片充滿十字架的地方，他告訴我哥哥和我，所有那些人都是為了我們而逝去。

一位在帕邁拉地區高中（Palmyra Area High School）就讀的年輕人瑪姬·布魯奇（Maggie Blouch）來信說，她參加了一場「兄弟連的領導統御」演講之後，為她的歐洲歷史先修課程寫了一篇論文：

當提到退伍軍人節這幾個字的時候，您會想到什麼或想到誰？……這一年，我不只是因為隨便一位老兵的故事而深受感動，而是一個真正的美國英雄，並且是傑出的指揮、誠實、有明確的方向、富有知識的楷模……當（溫特斯少校）開始和我們分享時，他的雙眼綻放出對他的「夥伴」、他的任務、他遭遇到的事件、還有他心目中真正兄弟連的熱情和愛……他也討論高階指揮，還有他的連裡面其他弟兄的奉獻，這些人包括霍爾、文恩、尼克森、柏萊斯、李斯紐斯基、史畢爾中尉和喬·托伊等人。這許許多多無私奉獻、領導力和一心一意投入的模範，恰恰就是E連的核心要素。

……溫特斯少校的故事改變了我對這個特殊節日的理解，讓我更加感謝現在和過去的軍人，並且對我們的自由表示感激。它往往被太過簡化地視為理所當然，還從根本上教導我一些生命中最偉大的教訓：對你自己、你的理想、以及你身邊的人抱持信念的重要性。

也許最簡明扼要的證言出自布萊斯·雷曼（Bryce E. Reiman），他寫道：「（E連）讓我想要當一個更好的人。」

這樣的事情還在不斷發生，成千上萬的反響反映出身處在極端環境的普通人所取得的非凡成就。謝謝你們，E連的弟兄們；也要謝謝您，史蒂芬·安布羅斯。

任何一位E連成員最常被問到的問題，就是「是什麼東西讓您的連如此特別？」安布羅斯盡力答覆了這個問題，但唯有從士兵的視角出發，方能闡釋真正將我們凝聚在一起的原因。赫斯特少校以E連副連長的身分開始投入這場戰爭，到結束時他已經官拜營長，他毫不諱言地宣稱，他動用E連「總是在危機關頭的時候，而且他們從未讓我失望過。」赫斯特很爽快地承認，弟兄之間如此緊密，「他們在前面、在背後、在暗處或在亮處是什麼模樣，他都一清二楚。就算在沒有月光的夜晚，只要瞧一瞧我們移動的方式，我們彼此就可以叫出對方的名字。」

六月五日，羅伯特·史密斯中士在最後關頭被擠下連部的飛機，轉搭另一架飛機，因此逃過降臨在密漢中尉身上的劫難。戰後他離開部隊，在一九五二年又被召回。他接受後備役任官，在戰後的陸軍一路升到中校，這讓他得以站在一個獨特的角度，觀察現代軍事力量的演變歷程。他在寮國擔任一支大規模非正規部隊的文職顧問，並且體能一直維持在可跳傘的狀態直至一九七四年。到了職業生涯末期，他擔任當時只知道稱為三角洲部隊的美國陸軍反恐特種部隊指揮官特別助理。一九七九年時，他寫信給我：「關於『現代化軍隊』有件事情笑死人，迪克。我被派到號稱是美國陸軍最精銳的單位……我相信它確實是這樣。即便如此，若以單兵素質而論，不論什麼時候我還是會選擇我戰時的傘兵連！我們在那裡共度的三年多，是絕無僅有的……至少在我們有生之年，不會再有相同的經歷。」

隆納德·史畢爾也同意：「我怕得要死，從來沒有想過可以在戰爭中活下來，」這位擔任E連連長時間最久的軍官如此寫道。「但我擔任排長和連長期間，跟你們這些傢伙待在一起的時候，是我最美好的日子。」史畢爾提供了另一個觀點，是關於部隊凝聚力的。士兵為小部隊賣命，也許是班，或是排，「士兵充分了解它所屬的團、師以及民主陣營，但真正讓他們有戰鬥力、士氣高昂的，是在散兵坑裡跟他擠在一起的傢伙。這就是弟兄在作戰中堅持不懈的原因。戰鬥疲勞、想逃走的欲望，都靠小部隊的士氣方能遏止。」我完全同意這一點。

我一直以身為五〇六傘降步兵團E連的一份子為豪。一〇一空降師是由好多個優秀、團結的步兵連所組成。我們很特別，你很可能會跟A、B、C連講同樣的話，每位士兵都會認為他所屬的連很特別，獨樹一格。五〇六傘降步兵團E連之所以鶴立雞群，是因為一股非常特殊的凝聚力，在一九四二年的夏天把大家團結在一起，這個黏著劑就是從塔可亞營的賀伯特·索柏上尉身上開始。所有弟兄要挺過索柏的日子，唯一的辦法就是團結一致。最終，士官們在一場反抗其暴虐統治的兵變中更加緊密地團結起來，並且因為畏懼跟著他們毫無信心的指揮官一起上戰場，而變得更加攜手連心。雖然他們在反攻前就已經表現良好，但戰鬥經驗才能把E連弟兄變成完完全全的軍人。訓練中的壓力之後，緊接著便是在諾曼第執行關鍵戰鬥任務，以奪取猶他海灘控制權的重壓。在戰鬥中，你把一項任務完美搞定的獎勵，就是你獲得下一個艱難任務。E連在卡倫坦、荷蘭、巴斯通和德國，這一路上不斷把任務妥善完成。我要為E連不斷選擇去進行困難任務的這一點，要負一部分的責任。E連完全有理由可以對我不爽，不論營部在什麼時候接獲困難任務，我總是選擇E連，因為我明白能夠指望他們。共同經歷訓練和戰鬥中的所有壓力，最終在E連的士兵之間締造了永恆的連結。E連是由戰士和弟兄組成的最特別群體，我很榮幸能夠和他們一起服役。

隨著歲月流逝，活下來的人逐漸凋零，令我感到由衷自豪的是，許多我戰時的同袍都曾表示，我以某種方式為他們的成功做出了貢獻。佛洛伊德・泰伯特去世前不久寫信給我：「迪克，大家都愛你，任何曾在你麾下服役的士兵絕不會忘掉你。你是我交過最好的朋友……你是我的楷模，也是我在戰鬥中的原動力……就我而言，你是我所能期盼遇到的最偉大的軍人。」我亦珍藏著一封信，那是一九九七年十二月雷歐・波義爾上士因帕金森氏症去世之後，他的兒子寫給我的一封信。波義爾的兒子表示，他的父親很少提到戰爭期間的任何人，但是「您就是那一位，顯然他對您的欽佩和尊敬遠超過我所知。迪克・溫特斯要是殺進地獄，他也一定會跟著衝進去。」——這是他的原話，並非我個人的觀點。前E連的同袍唐・馬拉其和比爾・溫格特（Bill Wingett）擔任波義爾的名譽扶靈官，而這就是另一個使E連如此獨特的理由——不論生死，他們一直都是戰友。

安布羅斯總結了曾在E連服役的弟兄的戰後生活，他做的這項工作確實是非常了不起，我不太需要在這裡贅述他的努力。然而，自從《兄弟連》出版後，一些E連的弟兄和他們的指揮官已經離開了人生舞台。

一九四五年十二月，羅伯特．辛克上校離開德國，前往西點軍校擔任泰勒將軍的參謀。辛克是軍官的楷模，他的魅力和領導能力對我擔任指揮官的個人發展產生十分顯著的影響。他之後同時擔任北卡羅來納州布拉格堡，及第十八空降軍指揮官。他最知名的事蹟，就是在一九五〇年代協助組建戰略陸軍兵團（Strategic Army Corps, STRAC）。戰略陸軍兵團由十二萬五千名部隊組成，當中包括兩個空降師。在辛克充滿活力的領導下，戰略陸軍兵團成為一支靈活、訓練紮實、隨時可投入作戰的打擊部隊，有能力隨傳隨到，在世界各地執行作戰任務。辛克將軍的最後一項重要職務，是駐巴拿馬美軍部隊的指揮官。一九六五年，辛克中將因慢性肺氣腫併發症而去世，享年六十歲。在一〇一空降師的歷史中，他永遠有一席之地。羅伯特．辛克紀念圖書館位於肯塔基州坎貝爾堡的嘯鷹大道。

五〇六傘降步兵團二營營長羅伯特．斯特耶中校在一九四五年七月接任五〇七傘降步兵團團長，直到該單位在十二月解編。他在一九四五年十二月晉升上校。離開現役後，他負責編成第二東賓夕法尼亞空降戰鬥指揮部（Eastern Pennsylvania Airborne Combat Command），這是第一個實際作為接收中心運作的後備單位，負責把老百姓變成阿兵哥。

之後他在五角大廈擔任訓練處處長。斯特耶最後一項指揮職務是一五七步兵旅旅長。「鮑伯上校」經常出席E連聚會，直到他在二〇〇二年十二月去世。

索柏上尉的第一任副連長赫斯特中校在一九四六年離開陸軍，為一位承諾會讓他擔任股東的朋友工作了二十六年。當赫斯特要求取得股份時，卻遭到老闆的兒子拒絕，他因此在加州薩克拉門托（Sacramento）創辦赫斯特屋頂材料公司（Hester Roofing Company），他的生意大獲成功，前雇主則在幾年後破產。戰後，赫斯特有一次趁著前往芝加哥出席會議的時候，順道拜訪賀伯特．索柏。他看起來還是沒啥自信，就跟在部隊時沒有兩樣。索柏和赫斯特吃了一頓氣氛尷尬的午餐，兩人客套地互道：「很高興見到你，」但兩人都不想再次見到對方。赫斯特在寫給李普頓的信中表示：「身為前軍人，我一直覺得E連是我的家。」E連給了赫斯特使命感和責任感，讓他變得充滿自信。短短五年內，赫斯特從二兵升到中校，並出任一〇一空降師中的營長。他不太確定E連幫到多少忙，但是「一定有幫到忙，因為那是我總會回去的地方。」赫斯特希望安布羅斯的書可以「展現出美國精神，還有我們年輕人為了信念奮戰，而且願意拚命、冒著生命危險的精神。」克雷倫斯．赫斯特因腎衰竭引起的併發症，於二〇〇〇年以八十四歲高齡去世。

一九四四年十月，當我轉調至營部時，「穆斯」．海力格暫時接管E連的指揮權。由於被部下意外開槍擊中，「穆斯」一直待在醫院，直到一九四七年退伍。他在接下來的四十年一直是首屈一指的園藝專家和景觀顧問。「穆斯」在去世之前曾接受訪問，訪問者問他是否會以身為E連成員感到自豪，「我會自豪嗎？這還用說，我當然會。」我的下一任連長馬上這樣回答。HBO的影集前幾集才剛播出沒多久，「穆斯」．海力格便於二〇〇一年十一月四日去世。對所有認識他的人來說，他的離去是每個人的沉痛損失。

從D日到一九四五年五月八日在貝希特斯加登——歐洲勝利日，這一路走來的每一步，尼克森上尉都跟我在一起。我至今仍認為尼克森是我在槍林彈雨中，曾有幸共事過的最傑出作戰軍官。他從未面露懼色，而在最艱困的時候，他總是可以清晰且迅速地思考。沒有多少人能在敵軍集火砲轟時保持泰然自若，尼克森就是其中一位這樣的軍官。從我們在軍官候補學校相遇開始，他總是信任我。當我們在乘船前往海外之前的訓練期間，尼克森把所有的「翡特六十九」威士忌都藏在我的置物櫃裡放襪子、內衣和運動衫的托盤下面。他如此信任我，把他的寶貝「翡特六十九」威士忌託付給我，我還能要求什麼比這個更強烈的信任、更高的榮譽呢？戰爭過後，尼克森有一陣子過得很不好，經歷過幾段失敗的婚姻，直到他在一九五六年和一名叫葛麗絲的女性結婚，之後一切終於好轉。和葛麗絲結婚之後，他才終於在內心深處找到真正的幸福和平靜。他們一起旅遊，前往世界各地的天涯海角，共同分享許多美妙的經驗。尼克森和我長年保持聯絡，我們總是一同歡笑。E連聚會時，我們總是天南地北講些以前的事。我的朋友尼克森在一九九五年一月去世。葛麗絲希望我在他的喪禮上致悼詞，我當然照辦。出席的還有克雷倫斯・赫斯特和鮑伯・布魯爾。我在致詞中引用了葛麗絲的一段話，她的愛和關心讓尼克森活了非常多年。在葛麗絲的許多信件和聖誕賀卡中，她的內容總是如此：「路易士好勇敢，他從不抱怨。不論我什麼時候進去他的房間，他都面帶微笑——這讓一切都值得了。」七年後，葛麗絲・尼克森和我們一起去洛杉磯參加艾美獎最佳紀錄片的頒獎典禮。

除了尼克森以外，哈利・魏許是我在戰爭期間最要好的朋友。他在戰時獲頒兩枚銅星勳章和兩枚紫心勳章。雙方敵對關係停止後，哈利在一九四五年夏季期間繼續擔任我的參謀。他和我，加上尼克森，都曾仔細考慮過志願前往太平洋作戰。雖然他已經累積到足夠的點數可返家結婚，但我說服哈利再待一陣子。他是一位傑出的軍人，是那種能使部隊高效運作的人，也是那種能帶領部隊贏得勝仗的領袖。哈利最後終於回到賓州的威爾克斯巴里

（Wilkes-Barre），然後和他的兒時青梅竹馬凱蒂．格羅根結婚。他就讀威爾克斯學院（Wilkes College），並在一九五七年以優異的成績畢業，三年後再拿到碩士學位。魏許在學院裡教授政治學長達九年，接下來數十年則擔任威爾克斯巴里學區行政官員，直到他在一九八三年六十五歲時退休。哈利．魏許在一九九五年因心臟衰竭去世，他深愛的凱蒂也跟著在三年後離世。

自從《兄弟連》在一九九二年出版後，其他塔可亞的弟兄也陸續離世。其中一位是喬治．魯茲，他回到位於羅德島州普洛維登斯（Providence）的老家，當雜務工維生。他的第一份工作是在二手家具行上班，時薪七十五美分。過了四個月，魯茲受夠了，於是改行當油漆工，時薪一美元。他宣稱：「事情正在好轉，」之後他又打了幾份零工，最後總算找到一份聯邦政府的差事。魯茲養活了美滿的家庭，並且活得夠久，可以享受兒孫帶來的天倫之樂。他在最後幾封信的其中一封裡寫道：「我這一生過得很精彩。」當魯茲在一九九八年去世時，超過一千六百人出席了他的葬禮——這是他的個人特質以及對社群貢獻的證明。在他於殯儀館停靈期間，牧師注意到擺放在喬治胸前的兩枚勳章，再沒有比這更能彰顯他的人格特質的了：一枚因為在戰鬥中受傷而獲得的紫心勳章，以及因為英勇而獲得的銅星勳章。當牧師向一位家屬提及喬治獲頒勳章，並表示喬治想必對此感到非常自豪時所得到的答案卻是：「我們根本不知道他得過勳章。」真正的英雄就是這樣，默不作聲。魯茲是E連基層士兵的代表——他就像釘子一樣強硬，絕佳的幽默感，並且對E連表現出強烈的忠誠，絕無二心。

許多人認為卡伍德・李普頓是E連最棒的士官，他在戰後重返平民生活，在西維吉尼亞州亨丁頓（Huntington）的馬歇爾大學取得工程學位。他擔任陸軍後備部隊三九八傘降步兵團三營營部連的連長直到韓戰之後，但他的單位沒有轉為現役。李普頓在企業界的表現，跟他在戰鬥中領導士兵的能力一樣出色。他在一家玻璃產品和塑膠包裝製造商歐文斯伊利諾（Owens-Illinois）擔任主管，最後在一九八三年退休。他在生命中的最後二十年到世界各地遊歷，嗜好有高爾夫球和閱讀等等。D日五十週年時，李普頓提到，說出一九四四年六月五日我們大多數人登上要飛往諾曼第的飛機時的心情：「倘若說我們內心有什麼擔憂，那就是擔心自己不夠格。我們想要成為英雄，但不是美國大眾認為的、或是書裡寫的那種，而是彼此的英雄。」事實證明他的話很適合拿來當成墓誌銘。二〇〇一年十二月，卡伍德・李普頓因肺纖維化，在北卡羅來納州南派恩斯（Southern Pines）去世，享壽八十一歲。

李普頓去世後，丹佛・「公牛」・藍道曼在二〇〇三年六月也離開了。「公牛」是E連最佳的士官之一。就像大部分弟兄，他成為商人，事業非常成功，在路易斯安納州的一家重型建築承包商擔任主管多年。他晚年住在阿肯色州的特克薩卡納（Texarkana），於二〇〇三年六月八十二歲時因葡萄球菌感染而去世。

E連老兵大衛·韋伯斯特總是說強尼·馬丁中士是連上最精銳的軍人。戰後，馬丁透過「美國軍人權利法案」就讀於俄亥俄州立大學，之後回到鐵路公司的老本行。一九八一年，他決定改行做房屋承包商，展開新的職業生涯，結果在幾年內就成了百萬富翁。他頻繁參加E連聚會，並且通常開著拉風的車子抵達會場，藉此炫耀其優渥的經濟狀況。一年年過去，他不斷表達其願望：「繼續活著——就這樣。」強尼·馬丁在二〇〇五年一月下旬去世，使得塔可亞時代的第一排只剩下一個人還活在世上。接到他過世的電話時，我忍不住想，要是我以前沒有老是把第一排推到最前面，也許會有更多馬丁的同排弟兄可以活到今天。

除了佛洛伊德·泰伯特之外，喬·托伊是E連最優秀的士兵。他的眾多勳獎包括四枚紫心勳章和兩枚銅星勳章。他在巴斯通失去一條腿，動了幾次手術後，於一九四六年二月從陸軍退役。他一直很敬重比爾·葛奈瑞冒著生命危險把他搶救出來，讓他沒被更多彈片打到。在E連，情況一向如此，托伊說：「一隻嘯鷹幫助另一隻嘯鷹。」儘管身有殘疾，喬伊仍以其在戰時報效國家時所展現的同樣奉獻精神，肩負起養家的重責。他在伯利恆鋼鐵公司工作了二十年後退休。連上的每個人都會跟你說，在戰鬥的危急關頭，他們都希望有托伊在側翼掩護自己。喬·托伊在一九九五年離世，很榮幸他的家人要求我負責致悼詞及扶靈官。他的墓碑道盡了一切：一〇一空降師五〇六傘降步兵團喬·托伊中士。他服役的那段時間對他來說意義重大。

同樣離去的還有「卜派」·文恩，他在D日我們進攻砲兵連時受傷之後跟我道歉。還有波頓·克里斯登生技術士官長，他的D日素描多年來都讓E連老兵相當開心。卡伍德·李普頓在卡倫坦受傷之後取代他擔任第三排副排長的阿莫斯·巴克·泰勒技術士官長（Amos "Buck" Taylor），同時還有「卜派」·文恩和「席福弟」·包爾斯，他們兩位是E連最棒的步槍兵，總能在部隊出發時可靠地擔任尖兵。若沒有克里斯登生鉅細靡遺的研究，E連的歷史就有了缺憾，因為他整理了一份完整清冊，記錄在戰爭期間每一個曾經在連上服役的人。安布羅斯在撰寫《兄弟連》時非常倚賴克里斯登生，以彙編出傷亡、住址和名冊的清單。克里斯登生在一九九九年十二月去世。文恩也跟著在三個月後撒手人寰。他們都沒能活著見證HBO影集上映之後，公眾如潮水般的愛戴與讚揚，實為憾事。

曾經在E連服役過的老兵當中，沒有哪一位擁有比薩夫．「麥特」．馬瑟森更傑出的軍事生涯，他留在軍隊裡打拼，最後升到少將。馬瑟森在一九二〇年八月十一日出生於華盛頓州的西雅圖市。畢業於加州大學洛杉磯分校，之後接受美國陸軍任官，在塔可亞加入E連，是E連最開始的排長之一。斯特耶中校和辛克上校立即認可馬瑟森的天份，先把他轉調到營部，然後又調去擔任團部參謀從諾曼第開始待到貝希特斯加登。戰爭結束後，他在八十二空降師歷任各種指參職務，還打過韓戰跟越戰。韓戰期間，麥特參與了仁川和元山登陸，還有興南的兩棲撤退行動。在越南時，指揮一〇一空降師獨立第一旅，並且在春節攻勢期間擔任魏斯特摩蘭將軍（William Westmoreland）的參謀。他接著在韓國的非軍事區指揮第二步兵師和陸軍第四戰備區，之後才在一九七〇年代初退役。他因為被任命為五〇六團的榮譽團長而感到無比自豪。二〇〇五年一月八日，馬瑟森將軍在加州自宅去世，使我成為塔可亞時代E連唯一還在世的軍官。

要是沒有E連，我的人生鐵定會變得大不相同。我認為我不論在哪一支部隊一定都會表現很好，但E連造就了今天的我。他們激發了我身上最好的一面。如果你內心有任何優點，他們都會將其發掘出來。正因如此，當我回顧戰後六十年的歲月時，我發現每當我與成千上萬的人相遇、互動和交談時，我總是以曾於E連服役的戰士們作為衡量標準，並期盼能再次遇到像他們一樣的人，他們真的是我的「另一個」家。

當我回顧E連的弟兄，以及我們多年來樂在其中的親密互動，讓我想起HBO影集中一位德國高級軍官向他的部下告別時的致詞。他說的話，也許我也會對E連以及五〇六傘降步兵團的軍官和士兵說：「這是一場漫長的戰爭，這是一場艱難的戰爭。你們為國家英勇地、自豪地作戰。你們是一群特別的人，透過只存在於戰鬥中的凝聚力連結在一起。你們共享無法傳達的戰爭經驗，並且經過極端逆境下的考驗。你們一起擠散兵坑，在危急時刻互相扶持。你們見證了死亡，一起度過劫難。你曾置身於一個對於未經戰火洗禮之人而言，全然難以理解的環境。我由衷地感到驕傲和無比榮幸，能與在座的各位並肩作戰。你們全都應該享受長久和平的幸福人生。我祝福你們每一個人一帆風順，並祈求全能的上帝賜福給你們和你們現在的家人，以及後代的子子孫孫。」

第十六章　反思

史蒂芬·安布羅斯在二〇〇三年去世之前跟我提過的最後一件事，「溫特斯，從現在開始，如果你要講點什麼東西，就談領導統御。」領導統御是個很有趣的概念，但某種程度上很難定義。巴頓將軍曾經說過：「領導統御是用來贏得戰爭的，這東西我有，但他媽的我要是知道怎麼去定義就好了。」就像巴頓一樣，我一直對領導統御非常著迷。這是你與生俱來的能力，能助你達成目標。

我是一名成功的領導者嗎？他們說我是，雖然不好意思，但我沒有否認。我並非天真到不明白，迪克·溫特斯今日廣受歡迎的原因是基於我在戰鬥中的領導才能。我也許不是最棒的戰鬥指揮官，但我一直很努力想做到最好。我的弟兄依靠我仔細分析每一個戰術狀況，把我手上可以動用的資源最大化，在壓力下思考，然後以身作則領導他們。我始終認為，我所處的位置是必須做出關鍵決策之處。我並不羞於承認，恐懼是促成我作為領導者成功的其中一個主要因素。我一直害怕讓我的弟兄失望，也怕死。就是這些恐懼結合在一起，進而驅使我去學習跟我的專業有關的每一件事，如此我便可以盡可能多地將幾個弟兄從戰場帶回家。

即使這樣，我還是不確定是否有人就是天生的領導者。有些領導者天生就有特殊的天賦或才能，但我可能會做到的任何成功都是良好的教養、深刻的學習和準備，以及令我與眾不同的體能訓練所造就。我四周也有一群紀律嚴明且訓練有素的部屬，他們能勝任任何任務。把幸運這個成分加進方程式之後，你就可以理解，我成功的秘密在於，我總能設法度過每一天。

近年來，我應要求跟越來越多民間團體、企業講座和政府機關演說，主題就是領導統御。在提到構成成功領導者的要素時，大多數人都在尋求一套制式化的方案，以界定何謂成功的領導者。成功有什麼訣竅？事實上沒有簡單的解決方案，就如同戰鬥中不會有平凡的一天一樣。每個狀況都不相同，都要求領導者要彈性調整他或她的特定領導風格，以適應完成任何任務所要求的特定狀況。這是因人而異的問題，你每天都在做，你不必只用一招對應所有人。

你可以根據談話的對象來調整自己。

如果我要給即將上戰場的年輕指揮官忠告的話，基於我對二戰美軍傘兵團傑出領導人物成功要素的觀察，我可以分享一些訣竅。我深信這些原則無論個人從事任何領域，皆能帶來莫大的成功。

首先也是最重要的，領導人應該盡力追求成為個性無瑕疵、有技術能力和道德勇氣的個人。在安東・米勒（Anton Myrer）的暢銷小說《昔日雄鷹》（*Once an Eagle*，是許多高階軍官的指定必讀書單）裡，主角山姆・達蒙（Sam Damon）說：「你沒辦法決定在哪裡出生，死在哪裡可能也由不得你，但你能夠而且應該盡力把中間的日子過好，做個好人。」要如何才能成為好人？要從根本開始——誠實——然後再塑造品格。有了品格，那意味與你打交道的人就能夠信任你。當你進入戰鬥，碰到一個像是我們在荷蘭堤防上遇到的狀況，當我下令：「預備，瞄準，開火，」除了奉命行事之外，不會多做他想。弟兄們信任你，信服你，並絕對服從命令，不會提出質疑。簡而言之，這就是品格。

品格提供領導者道德上的指引，使其努力聚焦於我們所珍視的價值：勇敢、誠實、無私還有尊敬我們的同胞。品格也讓你可以快速且正確地做決策。有些人也許會質疑我在哈根努違背上級的直接命令，進而「假造」另一次巡邏任務的決定，是違反我所倡導的基本原則。然而，我內心無法接受在毫無緣由的情況下，讓士兵們身陷險境，尤其是當我們顯然沒有任何額外收穫的情況下。這樣的過程需要一些道德勇氣，我認為這比人們的勇敢要更為罕見。我這樣對嗎？就我看來，我認為是對的，我從未為自己的決定而感到後悔。

同樣的東西也適用於培養領導者的能力。那些受到信賴而負責領導的人，一定要學習他們的專業，才能徹底精通戰術和科技。反攻之前，其他士兵在酒吧流連忘返狂歡，我閱讀每一本我可以弄到手的戰術手冊，以增進戰術知識和專業能力。他們在附近的城鎮享受社交生活，我閱讀並自我學習，準備好在作戰時領導弟兄。我住在巴恩斯家裡長達九個月期間，我都在學習，健全自我人格，還有我對指揮這件事的個人見解。這樣刻苦的學習在諾曼第為我帶來巨大的回報。在對諾維勒展開最後攻擊前，我研讀《步兵攻擊手冊》。這手冊我起碼讀了幾百遍，但如果我可以因為多讀一遍而又有一次新的收穫，也許我就可以多救一條命了。說穿了，領導者肩負著守護國家最寶貴資源的重責大任：美國國民的性命。因此他們一定要徹底理解本身的專業。

其次，不要浪費時間企圖去定義領導統御，不需要去查字典。喬治亞州本寧堡的步兵學校已經透過其格言，只用一句話就定義了領導統御：「隨我來！」千萬別要求你的部隊做一些你自己不幹的事。當我身上只帶著一把刀就在聖艾格里斯鎮外著陸時，根本沒有時間去對整體局勢做冗長的評估，或是去找我的腿袋。我跟第一個碰見的傘兵說：「隨我來！」接著就出發了。我們靠近D日的預定目標時，終於有其他傘兵加入。在布里考特莊園、卡倫坦和十月五日荷蘭堤防上的十字路口，我進行迅速但徹底的偵察，然後擬出一套計畫，並親自領導攻擊。你要是沒有在攻擊點，就沒辦法做出全盤的決策。領袖應該隨時要把自己放在要做關鍵決策的地方。精確來講，這個位置應該要在哪裡，則是靠主觀判斷。依我的經驗，領導者應該在越前面越好。成功的領導者一定要常常露面，就算只是為了跟弟兄們一起吃苦。我認為巴頓將軍有個習慣，就是總是搭乘吉普車或戰車視察前線。返回野戰總部後，他通常會把交通方式改成搭乘飛機，以防基層的人看到他往後方移動。

強健體魄是成功的另一項前提。我可以公開承認，我有幸擁有健全體格。只要時間許可，我都會把握機會來提升體能。因為我的體格很好，所以我可以輕易通過塔可亞的考驗。每天都有人被淘汰，完成訓練並在本寧堡獲得傘徽的E連人員都是強悍的佼佼者。E連在奧爾本準備反攻的時候，我感覺我的體能正值顛峰，這一點也不令人意外。這並非偶然的事情。在一天嚴格的訓練過後，每晚和巴恩斯家喝過茶之後我都會去跑步。當他們準備要上床就寢，我會說：「好的，我先去散個步。」即使燈火管制在實施，我還是會摸黑出門跑個幾英里才回來就寢。因為優異的體能狀況，我的疲勞程度從未達到出現精神耗損、進而引發戰鬥疲勞的身體耗損程度。我們都經歷過睡眠被剝奪的狀況——那是壓力的源頭——但經常會體能耗損的領導者，就會在危機關頭做出不良的決策。

E連的成功、也是二營成功的第四個關鍵，集中在團隊合作的建立和培養。索柏上尉在塔可亞開啟了這個過程。這個團結無間的隊伍之所以可以發展起來，大部分功勞無疑要歸功於他，但團隊合作不是僅止於此而已。士官會要求他的班和排維持強健體能，隨時做好戰鬥準備。E連可說是歐洲戰區最強的步兵連，直到許多塔可亞出身的官兵因為傷亡而離開。每個人都知道其他人的優缺點，我們可以把適當的工作交給對的人。羅伯特・史密斯在他的成年後的大部分時間都以某種形式從軍，這當中認識的傑出軍人屈指可數，其中一個就是二排的副排長比爾・葛奈瑞。在巴斯通失去了葛奈瑞、喬・托伊和「巴克」・康普頓很顯然打擊了E連，但其他人立即補上缺口。在這裡，李普頓士官長確保連隊不會分崩離析。

我總是覺得，我對E連和二營成功的主要貢獻，在於我了解每個人的能力，並知道他們能做到什麼程度。在布里考特突擊敵軍火砲陣地時，我選擇E連的「殺手」絕非偶然。當我們在荷蘭的堤防上擊潰敵軍兩個連的時候，我把佛洛伊德．泰伯特部署在我的側翼，這也不是巧合。在哈根努，我就是知道肯．梅西爾中士可以把任務完成。選出對的人去做對的工作後，我接著就可以授權我的部下，允許他們隨機應變來執行任務。如果你已經用對的方式訓練過你的團隊，就不需要告訴他們如何完成自己的任務。這正是為什麼比起泰勒將軍，我更加尊敬麥考利夫准將的原因。史蒂芬．安布羅斯認為我這樣對泰勒不公平，但我不同意。麥考利夫給了我們彈性和自由，去做需要完成的任務。尊敬辛克上校和斯特耶中校也是同樣的道理，他們極少干預小部隊的行動。我可以想到唯一一次的干預，就是當二營守住防線以封閉魯爾口袋時，我對哈利．魏許渡過萊茵河的巡邏任務小心謹慎地劃定安全界線。

我也發現，仔細地準備並預測潛在問題，可以消除許多會在戰場上碰見的障礙。千萬不要等到都爬到山頂了，才開始想接下來打算採取哪些行動。六月六日我在布里考特、還有十月五日我在堤防上進行的偵察，都為E連展開行動時帶來了巨大的回報。梅西爾中士領導戰鬥巡邏隊渡過莫德爾河，打算抓些俘虜之前，實際上每一種可能的偶發事件都經過仔細預先考量並計畫。進攻佛伊時也是這樣，我當時親自指示了火力支援計畫。我唯一沒有預料到的事情，就是進攻的時候連長的精神崩潰。幸運的是史畢爾中尉就在一旁，可以採取補救行動，並指揮接下來的突擊行動。任何作戰若要取得成功，好的準備總是至關重要。可是行動一旦展開，領導者一定要保持彈性。史蒂芬·安布羅斯喜歡引述艾森豪將軍的話，他指出：「投入作戰前，計畫就是一切，一旦投入作戰，就要把計畫給拋諸腦後。」

我也強烈要求領導者要保持謙卑。如果你不擔心誰搶了功勞，那你就可以做到更多。我希望我的手下可以因為布里考特和「島嶼」的作戰而獲得功勳，但只有部分如願。針對D日突擊德軍火砲陣地的行動，我建議每個人都接受戰功褒獎，可惜的是許多表揚都被高層總部降階，但每位士兵都獲得某些程度的認可。在撰寫防衛島嶼的作戰報告時，我故意用第三人稱的角度來寫，一次都沒有用到「我」這個字，也沒有任何理由要這樣做。作戰失敗時，領導者要承擔責難，成功時，要把功勞歸於團隊裡的所有人，畢竟他們做了大部分工作。

自從ＨＢＯ影集推出後，我們許多人都被數百封、甚至數千封來自全國各地的狂熱粉絲的信件淹沒。來自歐洲、加拿大、東亞和澳洲的信件數量也是多到嚇人。六個月期間，我就收到一百五十封光是從英格蘭寄來的信件。人們很容易「迷失在雲端」。受到大眾矚目確實令人受寵若驚，不勝感激，但最好還是記住一九四五年六月十二日艾森豪在倫敦市政廳

（Guildhall Hall）的演說。面對欣喜若狂的英國大眾在倫敦街道上用熱鬧無比的遊行歡迎最高統帥，艾克提醒他們：「任何人若是因為部下的鮮血或朋友的犧牲而獲得喝采，就必須要永遠保持謙卑。」

接著，我會鼓勵領導者在趕著做出重要決策前，先用片刻時間來自我反思。許多領導者沒有花時間仔細思考他們的決策，或他們的行動所造成的影響。作戰時，我會定期把自己的精神上從戰鬥的喧囂和混亂中抽離出來。我發現暫時自我抽離，並仔細思考需要採取哪些行動來完成任務，這點非常有用。自我分析的機會允許你可以找到屬於自己的自我意識，它反過來會告訴你是否偏離了軌道。眼前想做的這件事，明眼人一看就知道行不通，根本不用別人提醒。如果你好好利用個人反思所帶來的好處，且如果你誠實地檢驗自己，就會變成更有效率的領導者。舉例來說，十月五日我們消滅了堤防上的德軍機槍陣地後，當排裡面其他人動身前來時，我便暫時離開現場幾分鐘，獨自一人思考。在我叫他們前進以及他們抵達之間的這個空檔，我認為當時最好的辦法就是發動刺刀衝鋒。在巴斯通，能夠從容地思考隔天的作戰，確保了本營在進攻佛伊與諾維勒時順利成功。

最後，要「堅持不懈！」即使面對逆境，也千萬別放棄。身為領導者，作為眾人效法的榜樣，你必須繼續前進。

要如何知道自己是否已經成功？真正的滿足感來自於把工作給搞定。成功的領導統御關鍵是贏得尊敬——不是因為階級或職位，而是因為你是有品格的領導者。在部隊，總統可以提名你擔任軍官，但他不能為你博得士兵對你的忠誠或信心。這些東西你一定要透過對你的士兵忠誠並照顧他們的福祉來贏得。適當的領導加上正確的對待，即使是你手下最基層的士兵都會有格外英勇的表現。勳表、勳章和表揚，都比不上每天晚上能看著鏡子中的自己，並知道自己已盡了最大努力的那種心安理得。你可以在為你工作的人眼中瞧見尊敬的眼神。羅伯特・史密斯去世前一年，寄給我一封信，信裡面寫著：「迪克，你很有福氣（有人會說是受到眷顧），你獲得一百二十名戰時士兵一致的敬重和愛戴，基本上都是穿著制服的平民，他們追隨你，至死不渝。在人類史上到底有多少人能將這些見識隨之終老……一定沒幾個……而你確實能。從這個觀點去回想，你也許會覺得你不夠格，但那個時候我們認為你有，這才是最重要的。」羅伯特・史密斯有一件事情講對了——我何其有幸，能夠擔任E連連長。沒有任何一個人「配得上」領導如此傑出的一群戰士上戰場的這份殊榮。直到今天，我還以是曾經擁有這樣的經歷而心懷謙遜。

對我們這些參與過二戰的人來說，時光已漸漸流逝。在垂暮之年，我們的思緒回到以往團結奮鬥的快樂日子，不是單打獨鬥，而是團隊通力合作——一個願意犧牲自己以保護其成員的團隊。在我們最終勝利的六十年之後，這些人仍然與眾不同。沒有人會為了想要突顯自己，而在胸前掛著他的傘徽和勳章來逛大街。是每個人內心深處讓他顯得與眾不同，是信心、自豪和品格使得二戰這個世代在任何群體裡都獨樹一格。我曾是這當中的小小一份子，我引以為榮。我當然不會後悔。過去的每一天我都會思念曾跟我並肩作戰，卻從來沒有機會享受和平世界的人。他們共同遺留下來的東西，最適合用朗法羅（Henry W. Longfellow）的《人生頌》（*A Psalm of Life*）來做總結。朗法羅在描述希望和勇氣的歌謠裡寫道：

偉人們的一生都在昭示我們，
我們也能締造不朽的人生，
並在告別塵世時，
於時間的長河中留下永恆的足跡。

我最後想說——希望這聽起來不會太突兀——當我回顧戰爭時，會希望分享一些東西。戰爭會彰顯人性最好和最糟的一面，戰爭不會讓人偉大，但它們會彰顯好人身上的偉大。只有那些遠離戰場喧囂和動盪的人，才會認為戰爭是浪漫的。對我們那些曾在E連服役，以及對那些曾在其他戰區為國服務的人來說，參與作戰的結果，就是我們回來時成為更好的公民。如果需要的話，我們願意再幹一次。每個人都希望，如果我們從這段經歷中學到了什麼，那就是戰爭是如此的不真實，我們衷心期盼它永遠不會再次發生。

附錄　培養刺刀尖下的領導統御學

成功的十個原則

一、努力成為有品格、稱職、具備勇氣的領導者。

二、在前方領導，說：「隨我來！」然後開路向前進。

三、保持最佳體能狀態——體力是精神強度的根本。

四、打造你的團隊。如果你了解你的團隊，就可以公正地設定現實的目標和期望，然後以身作則，就能夠培養出團隊合作精神。

五、把責任授權給你的屬下，讓他們做該做的工作。如果缺乏運用想像力或創造力的機會，你就沒辦法把工作做好。

六、預見問題並準備克服障礙。不要等到都爬上山頂了，才臨危決定。

七、保持謙遜。不要擔心功勞歸誰，千萬不要讓權力或地位沖昏頭。

八、花點時間自我反思。每天晚上看一下鏡中的自己，並問自己有沒有做到最好。

九、真正的滿足感來自於把工作給搞定。成功的領導統御關鍵是贏得尊敬——不是因為階級或職位，而是因為你是有品格的領導者。

十、堅持到底！——千萬別放棄。

一〇一空降師，五〇六傘降步兵團E連

兄弟連

迪克・溫特斯少校

溫特斯

作戰・領導・同袍，一位傘兵指揮官的戰場回憶

Beyond Band of Brothers: The War Memoirs of Major Dick Winters

作者：理察・溫特斯少校（Major Dick Winters）、柯爾・C・金西德上校（Colonel Cole C. Kingseed）合著
譯者：于倉和
主編：區肇威（查理）
封面設計：倪旻鋒
內頁排版：宸遠彩藝

出版：燎原出版／遠足文化事業股份有限公司
發行：遠足文化事業股份有限公司（讀書共和國出版集團）
地址：新北市新店區民權路 108-2 號 9 樓
電話：02-22181417
信箱：sparkspub@gmail.com

讀者服務 

法律顧問：華洋法律事務所／蘇文生律師
印刷：博客斯彩藝有限公司

出版：2025 年 2 月／初版一刷
電子書 2024 年 2 月／初版
定價：580 元

ISBN 978-626-99157-6-7（平裝）
978-626-99157-4-3（EPUB）
978-626-99157-5-0（PDF）

This edition published by arrangement with Dutton, an imprint of Penguin Publishing Group, a division of Penguin Random House LLC.

歡迎團體訂購，另有優惠，請洽業務部（02）2218-1417 分機 1124

國家圖書館出版品預行編目 (CIP) 資料

溫特斯：作戰・領導・同袍，一位傘兵指揮官的戰場回憶 / 理察 . 溫特斯 (Dick Winters), 柯爾 .C. 金西德 (Cole C. Kingseed) 合著 ; 于倉和譯 . -- 初版 . -- 新北市 : 遠足文化事業股份有限公司燎原出版 : 遠足文化事業股份有限公司發行 , 2025.02
416 面 ; 14.8 X 21 公分
譯自 : Beyond band of brothers : the war memoirs of Major Dick Winters.
ISBN 978-626-99157-6-7(平裝)

1. 溫特斯 (Winters, Richard D.)
2. 空降部隊 3. 傳記 4. 美國

785.28 114000312